中华水文化专题丛书

水与哲学思想

◎ 李中锋　张朝霞　著

内容提要

本书为"中华水文化专题丛书"分册之一。任何一种文化都要在哲学的高度上过滤和升华，才能奠定它的理论基石。水文化同样也应从哲学的高度来考察和认识。水哲学思想是人们在认识水和从事水事活动中所形成的世界观、方法论及审美观。本书重点从唯物论、辩证法、唯物史观和人生观等方面认识水与哲学思想的密切关系。

本书适合于水利行业职工、水文化研究者、哲学爱好者及社会大众阅读。

图书在版编目（CIP）数据

水与哲学思想 / 李中锋，张朝霞著. -- 北京：中国水利水电出版社，2015.6
 （中华水文化专题丛书）
 ISBN 978-7-5170-3599-2

Ⅰ. ①水… Ⅱ. ①李… ②张… Ⅲ. ①水－哲学思想－中国 Ⅳ. ①B2

中国版本图书馆CIP数据核字（2015）第210217号

书　　名	中华水文化专题丛书 水与哲学思想
作　　者	李中锋　张朝霞　著
出版发行	中国水利水电出版社 （北京市海淀区玉渊潭南路1号D座　100038） 网址：www.waterpub.com.cn E-mail：sales@waterpub.com.cn 电话：（010）68367658（发行部）
经　　售	北京科水图书销售中心（零售） 电话：（010）88383994、63202643、68545874 全国各地新华书店和相关出版物销售网点
书籍设计	李菲
排　　版	中国水利水电出版社微机排版中心
印　　刷	北京嘉恒彩色印刷有限责任公司
规　　格	170mm×230mm　16开本　12.75印张　240千字
版　　次	2015年6月第1版　2015年6月第1次印刷
印　　数	0001—3000册
定　　价	32.00元

凡购买我社图书，如有缺页、倒页、脱页的，本社发行部负责调换
版权所有·侵权必究

《中华水文化书系》编纂工作领导小组

顾 问： 张印忠　中国职工思想政治工作研究会会长
　　　　　　　　　中华水文化专家委员会主任委员
组 长： 周学文　水利部党组成员、总规划师
成 员： 陈茂山　水利部办公厅巡视员
　　　　　孙高振　水利部人事司副司长
　　　　　刘学钊　水利部直属机关党委常务副书记
　　　　　　　　　水利部精神文明建设指导委员会办公室主任
　　　　　袁建军　水利部精神文明建设指导委员会办公室副主任
　　　　　陈梦晖　水利部新闻宣传中心副主任
　　　　　曹志祥　教育部基础教育课程教材发展中心副主任
　　　　　汤鑫华　中国水利水电出版社社长兼党委书记
　　　　　朱海风　华北水利水电大学党委书记
　　　　　王　凯　南京市水利局巡视员
　　　　　张　焱　中国水利报社副社长
　　　　　王　星　中华水文化专家委员会副主任委员
　　　　　王经国　中华水文化专家委员会副主任委员
　　　　　靳怀堾　水利部海委漳卫南运河管理局副局长
　　　　　　　　　中华水文化专家委员会副主任委员
　　　　　符宁平　浙江水利水电学院党委书记

领导小组下设办公室
主 任： 胡昌支
成 员： 李　亮　淡智慧　周　媛　杨　薇　李晔韬　王艳燕　刘佳宜

《中华水文化书系》包括以下丛书：
《水文化教育读本丛书》
《图说中华水文化丛书》
《中华水文化专题丛书》

《中华水文化专题丛书》编委会

主　任　李中锋
副主任　周　媛
委　员（按姓氏笔画排序）
王国永　王瑞平　毛佩琦　史月梅　史鸿文　白音包力皋　朱海风　伍海平　刘少华　刘　军
刘树坤　刘冠美　邱艳艳　张宇明　张艳斌　张朝霞　陈文学　相玉梅　侯全亮　饶明奇
董文虎　靳怀堾　翟志强　魏天辉

丛书主编　李宗新

《水与哲学思想》编审人员

李中锋　张朝霞　著
朱海风　主审

责任编辑：刘佳宜
美术编辑：李　菲

丛书各分册编写人员

《水与治国理政》：毛佩琦　刘少华　魏天辉　翟志强　著／靳怀堾　主审
《中外水文化比较》：刘冠美　编著／李宗新　主审
《水与水工程文化》：董文虎　刘冠美　编著／李宗新　主审
《水与文学艺术》：朱海风　史月梅　张艳斌　著／舒　怀　主审
《水与生态环境》：刘树坤　白音包力皋　陈文学　编著／王晓松　主审
《水与民风习俗》：王瑞平　史鸿文　邱艳艳　编著／王培君　主审
《水与流域文化》：刘　军　侯全亮　靳怀堾　伍海平　张宇明　相玉梅　编著／李宗新　主审
《水与哲学思想》：李中锋　张朝霞　著／朱海风　主审
《水与制度文化》：饶明奇　王国永　著／尉天骄　主审

弘扬先进水文化
推进治水兴水千秋伟业
——《中华水文化书系》总序

水是人类文明的源泉。我国是一个具有悠久治水传统的国家，在长期实践中，中华民族创造了巨大的物质和精神财富，形成了独特而丰富的水文化。这是中华文化和民族精神的重要组成，也是引领和推动水利事业发展的重要力量。面对当前波澜壮阔的水利改革发展实践，积极顺应时代发展要求和人民群众期盼，大力推进水文化建设，努力创造无愧于时代的先进水文化，既是一项紧迫工作，也是一项长期任务。

水利部党组高度重视水文化建设，近年来坚持从水利工作全局出发谋划水文化发展战略，着力把水文化建设与水利建设紧密结合起来，与培育发展水利行业文化紧密结合起来，与群众性宣传教育活动紧密结合起来，明确发展重点、搭建有效平台、突出行业特色，有力发挥了水文化对水利改革发展的支撑和保障作用。特别是2011年水利部出台《水文化建设规划纲要（2011—2020年）》，明确了新时期水文化建设的指导思想、基本原则和目标任务，勾画了进一步推动水文化繁荣发展的宏伟蓝图。

水文化建设是一项社会系统工程，落实好规划纲要各项部署要求，必须统筹协调各方力量，充分发挥各方优势，广泛汇聚各方智慧，形成共谋文化发展、共建文化兴水的强大合力。为抓紧落实规划纲要明确的编纂水文化丛书、开展水文化教育等任务，中国水利水电出版社在深入调研论证基础上，于2012年组织策划"中华水文化书系"大型图书出版选题，并获得了财政部资助。为推动项目顺利实施，水利部专门成立《中华水文化书系》编纂工作领导小组，启动了编纂工作。在编纂工作领导小组的组织领导下，在各有关部门和单位的鼎力支持下，在所有参与编纂人员的共同努力下，经过历时一年的艰辛付出，《中华水文化书系》终于编纂完成并即将付梓。

《中华水文化书系》包括《水文化教育读本丛书》《图说中华水文化丛书》《中华水文化专题丛书》三套丛书及相应的数字化产品，总计有26个分册，约720万字。《水文化教育读本丛书》分别面向小学、中学、大学、研究生和水利职工及社会大众等不同层面读者群，《图说中华水文化丛书》采用图文并茂形式对水文化知识进行了全面梳理，《中华水文化专题丛书》从理论层面分专题对传统水文化进行了深刻解读。三套丛书既有思想性、理论性、学术性，又兼顾了基础性、普及性、可读性，各自特色鲜明又在内容上相互补充，共同构成了较为系统的水文化理论研究体系、涵盖大中小学的水文化教材体系和普及社会公众的水文化知识传播体系。《中华水文化书系》作为水利部牵头组织实施的一项大型图书出版项目，是动员社会各界人士总结梳理、开发利用中华水文化成果的一次有益尝试，是水文化领域一项具有开创意义的基础性战略性工程。它的出版问世是水文化建设结出的丰硕成果，必将有力推动水文化教育走进学校课堂、水文化传播深入社会大众、水文化研究迈向更高层次，对促进水文化发展繁荣具有十分重要的意义。

文化是民族的血脉和灵魂。习近平总书记明确指出："一个国家、一个民族的强盛，总是以文化兴盛为支撑的，中华民族伟大复兴需要以中华文化发展繁荣为条件。"水文化建设是社会主义文化建设的重要组成部分，大力加强水文化建设，关系社会主义文化大发展大繁荣，关系治水兴水千秋伟业。我们要以《中华水文化书系》出版为契机，紧紧围绕建设社会主义文化强国、推动水利改革发展新跨越，认真践行"节水优先、空间均衡、系统治理、两手发力"新时期水利工作方针，不断加大水文化研究发掘和传播普及力度，继承弘扬优秀传统水文化，创新发展现代特色水文化，努力推出更多高质量、高品位、高水平的水文化产品，充分发挥先进水文化的教育启迪和激励凝聚功能，进一步深化和汇集全社会治水兴水共识，奋力谱写水利改革发展新篇章，为实现"两个一百年"奋斗目标和中华民族伟大复兴的中国梦提供更加坚实的水利支撑和保障。

  是为序。

2014 年 12 月 28 日

丛书序

文化，是一个国家和民族的灵魂和精神家园，是民族凝聚力和创造力的重要源泉，是国家发展和民族振兴的精神支撑，是衡量社会文明和人民生活质量的显著标志。文化是一种软实力，是一个国家或地区凝聚力、生命力、创造力、传播力、感召力和影响力的根基。人类历史充分表明，一个国家，一个民族，如果没有先进文化的积极引领，没有人民精神世界的极大丰富，没有全民族创造精神的发挥，就不可能屹立于世界民族之林。当今时代，文化在综合国力竞争中的地位日益重要，谁占据了文化发展的制高点，谁就能在激烈的竞争中更好地掌握主动权。灿烂的文化之花必然结出丰硕的经济之果。因此，提高国家文化软实力已成为重要的发展战略。

水文化，是以水为载体、以人与水的关系为纽带形成的一种独特的文化形态，是中华文化的重要组成部分。水是生命之源、文明之母、生产之要、生态之基。我们的祖先很早就以文化的眼光来看待水。早在2600多年前，管仲在《管子·水地篇》中说："水者，何也？万物之本原也，诸生之宗室也。"老子在《道德经》中说："上善若水，水善利万物而不争，处众人之所恶，故几于道。"孔子在《论语》中说："智者乐水"，如此等等，不胜枚举，都说明水具有显著的文化意义。

水文化，作为文化领域的一个重要方面，逐步成为全国乃至全球关注的热门话题。2006年，联合国为第十四个世界水日确定的主题为"水与文化"。水文化之所以越来越为人们所重视，是因为在当今社会中，人与水的矛盾、人类所面临的水问题，比以往任何一个时代都更为突出。为了实现人与水的和谐相处，在科技手段之外，需要借助文化的视野进行思考和定位。当前，我国水利事业正面临着前所未有的历史机遇和新的挑战。水利事业的发展需要以先进文化和科学理论为引领，形成新的工作思路，开创新的局面。加强水文化研究和建设正适应了现实社会的客观需求。

文化的功能不仅取决于其内容和形式的独特魅力，还取决于传播能力的强弱。20世纪人类最大的嬗变是文化传播对人类社会和人类生产生活的全面渗透。水文化在传播过程中有着增值功能，主要是继承和传播、选择和创造、积淀和享用。在水利部和财政部的大力支持下，由中国水利水电出版社组织各方力量，以庞大的阵容和宏大的规模实施的"中华水文化书系"及其数字化项目，对挖掘、整理、弘扬和传承先进的中华水文化具有重要的现实意义和深远的历史意义，是我国水文化传播史上的空前壮举。"中华水文化专题丛书"作为项目的三大丛书之一，选取博大精深的水文化中若干重大课题进行较为深入的探讨，对于深入了解中华水文化的丰富内容，构建中华水文化的理论体系有着十分重要的作用。经过广大作者的艰苦努力，"中华水文化专题丛书"终于同广大读者见面了，这是一件可喜可贺的大好事。

水文化的精髓是水的哲学和水的精神。我国著名学者北京大学教授王岳川，在美国马里兰大学和乔治梅森大学以"中国文化的美丽精神"为题的讲演中说："只有认识了中国文化中的几个'关键词'，才能认识中华文化。其中最重要的一个'关键词'就是水，因为水体现了中华文化精神的几大美德：公正、勇敢、坚韧、洁净；体现出了生命时间的观念。'水的哲学、水的精神'是中国人在人与人、人与自然、人与社会的和谐中把握自己本真精神的集中体现。了解了水文化，就了解了中华文明的根本。"

老子说"上善若水"，认为水具有"居善地，心善渊，与善仁，言善信，正善治，事善能，动善时"等七种美德；孔子说"智者乐水"，认为水具有"德、仁、义、智、勇、察、贞、善、正、度、意"等十一种美德。这些都是"水的哲学、水的精神"的生动体现。在波澜壮阔的新中国水利事业中发扬光大这些"水的哲学、水的精神",成为中华民族核心价值观的重要内容,成为一座照亮人们心灵的精神灯塔,在这种核心价值观和精神灯塔的照耀下,人们为国家、为民族、为事业、为自己去创造更加美好的未来。发扬光大中华水文化的哲学和精神,对建立我们对中华文化的自觉、自信和自豪,创新和发展先进的中华文化;对坚定中华民族追求"真、善、美"的信仰,重振民族精神雄风;对践行社会主义核心价值观,铸牢中华文化之魂都有十分重要的意义。

加强水文化建设是发展和繁荣水文化的根本途径。水文化建设不仅是水利行业的大事,也是全社会都应关注的大事。水文化和一般文化一样,有其落后和糟粕的一面,但我们倡导和弘扬的是先进和优秀的水文化,这种水文化的主旋律是一曲颂扬水伟大、水贡献、水精神的高亢赞歌,是一幅描绘人水相亲、人水和谐、人水共荣愿景的美好蓝图,是一部记述人们爱水、治水、管水、护水思想智慧的鸿篇巨制。因此,我们要大力加强水文化建设,促进水文化的发展繁荣。

为加强水文化建设,促进水文化的发展繁荣,就要通过大力传播水文化,动员和吸引全社会特别是水利行业的职工,更加积极地投入水文化建设的行列,有计划、有步骤地实施水文化建设的各项任务。在当前和今后一个时期,水文化建设任务的重点是:培育全社会"人水和谐"的生产生活方式,增强全社会的水意识;弘扬优秀的"水的哲学、水的精神",培育和践行社会主义核心价值观,全面提高人民思想道德素质和科学文化素质;践行"节水优先,空间均衡,系统治理,两手发力"的治水新思路,奋力开创水利事业新局面;不断充实民生水利的文化内涵,使水利工作真正做到保障民生、服务民生、改善民生;加强水生态文明建设,为建设"美丽中国"做出应有贡献;提高水工程的文化品位,满足人民精神文化需求;繁荣水文化事业,发展水文化产业,增强水文化实力;保护和整理优秀的水文化遗产,服务当代水利建设;加强水文化研究,构建水文化的理论体系;加强水文化教育和传播,扩大水文化在国内及国际上的影响力，为人类文明的进步做出更大贡献。

恩格斯在《自然辩证法》中说："一个民族想要站在科学的最高峰，就一刻也不能没有理论思维。"（《马克思恩格斯选集》第三卷第467页）水文化研究正是一项艰苦的理论思维活动。一个拥有五千年中华文明，又在为实现中华民族伟大复兴的"中国梦"而奋斗的伟大民族，在攀登水文化科学最高峰中一定会大有作为！"中华水文化书系"及其数字化项目告成以及"中华水文化专题丛书"的出版，必将使水文化常青的理论之树开出鲜艳的实践之花，为推进我国水事业的改革发展、为建设社会主义文化强国做出新的贡献！

李宗新

2014年12月

前 言

目前已经陆续出版的中华水文化书系主要由三套丛书构成，即《水文化教育读本丛书》《图说中华水文化丛书》和《中华水文化专题丛书》。《中华水文化专题丛书》在最初策划阶段，曾准备称为"中华水文化理论丛书"。但是，考虑到水文化作为一门学科，其理论研究的深度比较有限，所取得的理论研究成果也不是特别丰富，在十分有限的时间内，能否将一些零散的研究上升到理论层次并编撰出版一套理论丛书，这不管是对于丛书编委会来说，还是对于每一本书的具体编撰人员来说，都是一个很大的疑问。后来，经丛书编委会专家反复斟酌并开会讨论，决定将该套丛书的名称改为"中华水文化专题丛书"。这样，一则可以淡化该套丛书的理论特色，二则可以为该套丛书的编撰提供较为合理可行的学术空间。

《水与哲学思想》即是该套丛书中的一本，力求从逻辑思维和哲学表达的方式出发，重点阐述、研究和分析中国古代以水为特质、以水为对象、以水为媒介的自然哲学思想与人文哲学思想。

本书开篇以绪论的形式，辩别了哲学与哲学思想的不同，介绍了中国古代哲学思想的基本特点，简要论述了中外关于水的哲学思想的传承久远性和内容丰富性。

第一章通过对神话传说、河图洛书、水为万物之本源、水几于道、太一生水、易经之水和阴阳五行等六个方面内容的介绍和分析，印证了中国古代哲学思想中以水为源的自然观，体现了中国古代先贤哲人对自然世界和人类世界起源、发展及变化的认识与理解，其中一个共同特点就是将水作为不可或缺的重要起源因素，具有朴素唯物主义的色彩和倾向。

第二章通过清与浊、刚与柔、动与静、利与害这四对与水直接相关的矛盾范畴的阐述，重点说明从辩证的角度思考和认识水，是中国传统文化思想中十分重要的一个方面。以水为象的辩证观，作为一种世界观和方法论，既是明显地从水中来，其观念论点系观水、思水之所得，同时又广泛而深刻地回到水中去，即将辩证思想又运用于治水、用水等活动中。

第三章通过对治国理政之水、军事战略之水、民事日用之水、农业生产之水及工事应用之水等方面的阐述分析，综合体现了中国古代哲学思想中以水为枢的治事观，即水的作用不仅关系到国之要事，同时也关系到百姓生产生活的许多方面，是世俗社会治事的枢纽之所在。

第四章以"以水为鉴的历史观"为题，重点介绍了中国古代先贤以水为意象、以水为隐喻以及以水为镜鉴的历史观，表达了古代先贤关于历史发展变化的时空易逝、运动不息、济民爱民、诚信向善、君民关系如舟水等哲学思想和理念，并分别对儒家、道家、佛家以及科学与文艺中的水历史进行了一些介绍。

第五章主要是对中国古代以水比德的价值观进行分析和论述，分别就上善若水、每临大水必观焉、盈科而后进、源清则流清、中而正、淡泊明志、海纳百川等价值主张的来历、其所包含的哲学思想以及相关历史故事进行了归纳和分析，说明流传至今的很多价值观念与自然之水紧密相关。

第六章分六节阐述了中国古代以水为乐的审美哲学及艺术观念，智者乐水一节主要是介绍儒家的审美思想和审美主张，相忘于江湖一节主要是介绍道家的审美思想和审美主张，黄河之水天上来一节重点论述中国古代经典诗歌——唐诗中关于水的审美意象和审美意蕴，画船听雨眠一节着重分析中国古代经典词曲——宋词中关于水的审美意境和审美情感，高山流水曲一节主要是介绍中国古典音乐中关于水的曲目精华，清明上河图一节主要是介绍中国古典绘画中关于水题材的名家名画。

六章内容涵盖了哲学领域中的多个论题，如关于世界的起源与发展、关于事物的对立与统一、关于世俗事务之治理以及不同表现形式的历史发展观、社会价值观和审美艺术观等。

本书能够完成编撰出版任务，要感谢南昌工程学院张朝霞等老师在撰稿方面所给予的大力支持（其所带领的团队完成了本书第三章到第六章内容的撰写与修改），华北水利水电大学朱海风书记在审稿方面所给予的精心帮助，中国水利水电出版社李亮、周媛、刘佳宜等同事在组稿、编辑和出版方面所付出的辛勤劳动。李宗新、董文虎、沈卫星、童怀、廖路明、王家新、袁建军、侯全亮、靳怀堾、汤鑫华、胡昌支、陈东明、周金辉、王厚军、汤英牛、洪大用、刘精明、王以亮等许多良师益友对本书的写作出版亦十分关心和支持，在此一并表示感谢！

由于作者水平和出版时间都十分有限，不足之处在所难免，敬请各界读者批评指正！

李中锋

2015 年 9 月于北京玉渊潭畔

目　录

弘扬先进水文化　推进治水兴水千秋伟业
——《中华水文化书系》总序

丛书序

前言

绪论	**001**
第一章　以水为源的自然观	**009**
第一节　神话传说	010
第二节　河图洛书	015
第三节　水为万物之本源	016
第四节　水几于道	019
第五节　太一生水	022
第六节　易经之水	024
第七节　阴阳五行	026
第二章　以水为象的辩证观	**031**
第一节　清与浊	032
第二节　刚与柔	034
第三节　动与静	036
第四节　利与害	039

第三章　以水为枢的治事观　　　　　　　　　　　**041**

第一节　治国理政之水　　　　　　　　　　　042
第二节　军事战略之水　　　　　　　　　　　045
第三节　民事日用之水　　　　　　　　　　　049
第四节　农业生产之水　　　　　　　　　　　054
第五节　工事应用之水　　　　　　　　　　　059

第四章　以水为鉴的历史观　　　　　　　　　　　**067**

第一节　水是历史的一面镜子　　　　　　　　068
第二节　历史在哪里　　　　　　　　　　　　073
第三节　载舟覆舟说　　　　　　　　　　　　078
第四节　哲学中的水历史　　　　　　　　　　084
第五节　科学中的水历史　　　　　　　　　　091
第六节　文艺中的水历史　　　　　　　　　　098

第五章　以水比德的价值观　　　　　　　　　　　**105**

第一节　上善若水　　　　　　　　　　　　　106
第二节　每临大水必观焉　　　　　　　　　　111
第三节　盈科而后进　　　　　　　　　　　　117
第四节　源清则流清　　　　　　　　　　　　122
第五节　中而正　　　　　　　　　　　　　　125
第六节　淡泊明志　　　　　　　　　　　　　128
第七节　海纳百川　　　　　　　　　　　　　132

第六章　以水为乐的审美观　　　　　　　　　　　**137**

第一节　智者乐水　　　　　　　　　　　　　138
第二节　相忘于江湖　　　　　　　　　　　　142
第三节　黄河之水天上来　　　　　　　　　　149
第四节　画船听雨眠　　　　　　　　　　　　159
第五节　高山流水曲　　　　　　　　　　　　167
第六节　清明上河图　　　　　　　　　　　　174

绪论

一、哲学与哲学思想

"哲学"一词，汉语中本来没有。1874 年，日本启蒙家西周首先采用它来翻译西语 philosophia 一词。1896 年前后，康有为等人将日本的译法介绍到了中国，之后"哲学"一词才在中国逐渐流行起来。

philosophia 一词源自希腊语，是由"philein（爱）+sophia（智慧）"构成的合成词，意即"爱智慧"。

而"哲"字，在中国起源很早，本意也是"智慧、聪明"的意思，或是指具有聪明智慧、善于思辨、学问精深的人，如孔门十哲、古圣先哲、哲人、明哲、贤哲等，即表达了这些含义。这些含义与西方近世的"哲学家""思想家"的意思比较接近。

通常来说，哲学是"万学之学""知识中的知识"，是人类对各种自然知识、社会知识和思维知识的高度概括与总结。哲学以追求世界的本源、本质、共性或绝对、终极的形而上者为要义，以理论化、系统化和抽象化的方式体现了不同的世界观，代表了作为精神认知及现实行为指针的多种认识论和方法论，是世界观、认识论和方法论的统一体。哲学具有鲜明的思辨性、解释性和概括性的学科特点，其核心是"求真""求知"。

相对于"哲学"而言，"哲学思想"比"哲学"的含义要宽泛得多。一方面，哲学思想可以像某个哲学流派或某家哲学学说那样，具有比较完整的理论体系、建构方法和思想观点；另一方面，哲学思想也可以是以不同形式体现出来的思维意识、思辨成果或思想火花，不一定具有完整意义的系统性和逻辑性。

因此，作为哲学思想，就其形态来说，可以是系统完整的，也可以是散乱零碎的；就其思想领域来说，可以是对自然和社会的精神认知，也可以是对各种不同事物的身心体验；就其形成方法来说，可以是先验的，也可以是经验的。

二、中国古代哲学思想特点

中国古代哲学思想丰富多彩，源远流长。从远古时期的神话传说到先秦时期的诸子百家；从老庄学说、孔孟之道到阴阳五行、理气之辩；从防洪灌溉、治国理政到诗词歌赋、音乐绘画，中国传统文化的很多领域、很多事项都体现出形式不同、主张各异的哲学思考、哲学思想和哲学观点，其中有一部分是显现的直接论述，而更多的却是潜在的、非直接方式的表达。正如张岱年先生所言，中国古典哲学有自己的独立发展过程，因此也就表现出了许多与别的国家不同的特点。

据张岱年先生研究所述，中国古典哲学体现出以下四个基本特点。

（一）本体与现象相统一的观点

在西方哲学或印度哲学中，普遍认为现象是不实在的、虚幻的，而唯一的实在乃是超越现象的本体，本体与现象的区别就是真实与虚幻的区别。而这种观点在中国传统哲学思想中是不存在的。

如"本"的观念，在中国古代哲学中很早就有。《庄子·天下》篇讲述老聃、关尹之学说，他们的基本态度是"以本为精，以物为粗"。本与物相对应，物是个体的东西，本是万物的根源。这里老庄虽然区别了本与物，然而老庄认为物与本都是实在的。

再如程朱学派和王阳明均主张"体用一源"论，无论程朱学派以为"体"是理，还是王阳明以为"体"是心，他们都认为本体是非物质性的，他们本质上都属于唯心主义思想。但他们都强调了本体与事物的密切联系，虽然以为本体是理或心，却又肯定了理或心与事物现象之间的联系。

（二）生活与思想相一致的传统

注重生活与思想的一致性，这实际上就是对"言行"关系或"知行"关系的处理原则。"言"即是议论、学说；"知"即是认识、理解；"行"即是行动、作为。知行关系是中国古代哲学家特别关注的重要问题，它所涵盖的是理论理性和实践理性的统一。中国历史上的哲学家、思想家大多重视言行或者知行的统一。他们所讲的言行或者知行的统一关系，主要包括三方面：一是学说应该以生活中的实际情况为依据；二是学说应该有提高生活、改善行为的作用；三是生活行为应该是学说、信念的体现。

孔子曾说："君子名之必可言也，言之必可行也。君子于其言，无所苟而已矣。"他以"可行"为言的标准。所谓"可行"的言论就是从现实生活出发的，而不是全然脱离实际可能的空谈。孔子又说："知之者不如好之者，好之者不如乐之者。"（《论语·雍也》）所谓"乐之"，就是依其所知以实践，而获得一种乐趣。

墨子对于言之于行的重视程度，更甚于孔子。墨子说："言足以举行者常之，不足以举行者勿常。不足以举行而常之，是荡口也。"（《墨子·耕柱》）墨子还说："言足以迁行者常之，不足以迁行者勿常。不足以迁行而常之，是荡口也。"（《墨子·贵义》）所谓"举行"即提高行为，所谓"迁行"即改善行为。墨子认为，一切言论都必须有改善提高行为的作用，否则就是空言妄语了。

从北宋到明清之际，中国古代许多哲学家都着重探讨过"知行"问题。程伊川、朱晦庵主张知先行后，王阳明讲"知行合一"，王船山提出行先知后。尽管他们在知行关系上观点不尽一致，但都认为知与行关系十分密切，不可分离，在这一点上他们却是共同的。

（三）唯物主义与辩证观念相结合的特质

唯物主义在中国古典哲学思想中不仅具有悠久的传统，而且还具有与辩证观念相结合的突出特质。在西方古代哲学中，也有唯物主义与辩证观念相结合的思想，那就是赫拉克利特的学说；但在赫拉克利特以后的西方唯物主义哲学中，辩证的因素就比较淡薄了。而中国哲学思想中，从周秦一直到明清，许多卓越的唯物主义者同时也是辩证思想家。所以，在中国哲学史中，辩证观念不是由唯心主义哲学家阐发出来的，而主要是由唯物主义哲学家阐发出来的。

《老子》以"有物混成"的"道"为天地之所从出，建立了唯物主义的宇宙观，他所谓道的观念包含了存在与过程相互统一的辩证观点。老子更提出了"有无相生，难易相成""物或损之而益，或益之而损"等客观辩证规律。《易传》对于阴阳变化作了深刻的说明——以正反两方面的相互作用作为变化的源泉，同时以太极（元气）两仪（天地）作为世界的根源。《易传》中体现的宇宙观既是辩证的，又是唯物主义的。

在西方哲学史中，主体的能动作用这个问题主要是由唯心主义者阐发的。在中国古代哲学中，虽也有完全忽视人类的能动作用的唯物主义思想，但是，一部分卓越的唯物主义者也肯定并且阐发了主体的能动作用，如荀子关于心的学说与改造自然的学说。

荀子强调了心的自主能力，论证了改造自然的必要与可能。荀子是一个肯定了主体的能动作用的唯物主义哲学家。后来的唯物主义者如刘禹锡、张载、王夫之、戴震等，也都阐明了积极有为的必要，这与他们的辩证观点是密切联系的。

（四）生死自然的无神论观点具有深刻影响

在印度哲学中，生死轮回的观念很流行；在西方哲学中，灵魂不灭的观念也很有势力。但是在中国哲学思想中，生死观念却迥然不同。中国哲学家向来不看重生死问题，而且宋代以后，在哲学范畴内，无神论取得了极大的优势，甚至唯心主义的学说也容纳了无神论的一些基本观点。

孔子不看重生死问题，他认为生死是不足措意的，不必留心的。子路问死，孔子答道："未知生，焉知死？"（《论语·先进》）孔子又说："朝闻道，夕死可矣。"（《论语·里仁》）还说："志士仁人，无求生以害仁，有杀身以成仁。"（《论语·卫灵公》）在孔子思想中，实现道德理想，比维持生命更为重要。孔子反对追问死后的事情，他虽然没有明确地提出无神论，然而已经接近无神论了。孔子的后代，代表儒者与墨子争辩的公孟子（从年代推算，应该是孔子再传弟子），公开地提出"无鬼神"的学说。这是中国无神论的开端。儒家不讲"来世"，不追求死后的"极乐世界"，而明确地重视现世，要求解决现实生活中的问题，这是儒家一贯的态度。

道家提出了生死自然的学说。最豁达的要数庄子。庄子谈论生死变迁时说："察其始，而本无生；非徒无生也，而本无形；非徒无形也，而本无气。杂乎芒芴之间，变而有气，气变而有形，形变而有生。今又变而之死，是相与为春秋冬夏四时行也。"（《庄子·外篇》）在庄子看来，由无生到有生，由生而死，都是自然而然的过程。

汉代的扬雄继承了儒道的观点，排斥了追求长生的幻想。他说："有生者必有死，有始者必有终。自然之道也。"（《法言·君子》）东晋的陶渊明更是用诗的语言表达了儒道两家关于生死的态度："纵浪大化中，不喜亦不惧。应尽便须尽，无复独多虑。"（《形影神赠答诗》）

在中国古代哲学思想中也有"不朽"的观念，但这个观念并不是指灵魂不灭，而是指伟大人物的道德、事业、言论具有长久的影响。在孔子以前的贵族学者叔孙豹曾经阐明了"三不朽"的学说："太上有立德，其次有立功，其次有立言，虽久不废，此之谓不朽。"（《左传·襄公二十四年》）汉末徐干所著《中论》记述荀爽的言论道："古人有言，死而不朽。其身殁矣，其道犹存，故谓之不朽。夫形体固自朽弊消亡之物，寿与不寿，不过数十岁。德义立与不立，差数千岁，岂可同日言也哉？"这是对于叔孙氏"三不朽"学说的阐发。

三、中外关于水的哲学思想

中外关于水的哲学思想可以说是灿若星汉，不胜枚举。不仅许多哲学家、思想家就水所表达的哲理与意蕴作了大量的论述，而且相当一批文学家、艺术家对水也给予了很多倾心聚力的关注和审美意趣的抒发。他们所留下的思想资料和文艺作品中，包含了大量的关于水的哲学思想。

中国古代关于世界的起源、关于人类的起源，在史书记载中并没有明确的答案，但民间传说中却不乏丰富多彩的各种认识和观点，如"盘古开天""女娲造人"等神话传说，即是对世界起源和人类起源的形象解释与说明。

在世界的起源生成及发展演变这个哲学问题上，中国古代哲学思想流派中持有多种学说，如关于"气"的一元论、关于"阴阳"的二元论、关于"金木水火土"的五行说等。根据现有可信材料，第一个在哲学意义上使用"阴阳"概念的是西周末年周太史伯阳父。伯阳父认为，在冬去春来之际，气是从地下向上蒸发，万物便出苗生长；如果沉滞不能蒸发，农作物就不能茁壮生长。阴气是沉滞下降的，阳气是蒸发上升的。阴阳二气相互协调，配合有序，流转正常，就风调雨顺，否则就要发生灾难。

春秋时的管子继承了"盘古开天"这一神话的观点。他在《管子•水地第三十九》中认为："水者，地之血气，如筋脉之通流者也。故曰：水，具材也。"老子崇尚"上善若水""水善利万物而不争"。庄子认为，气是产生万物的材料，"至阴肃肃，至阳赫赫。肃肃出乎天，赫赫出乎地，两者交通成和而物生焉"（《庄子•田子方》）。东汉时期的思想家王充认为，是天地之气的上下运动形成了缤纷多彩的万物世界，他说："天覆于上，地偃于下，下气蒸上，上气降下，万物自生其中间矣。"（《论衡•自然》）王充认为人也是由气而生，即"气之生人，犹水之为冰也。水凝为冰，气凝为人"（《论衡•论死》）。

后代的哲学家、思想家也多认为水与冰、水与气相互转化，万物得以生成。北宋哲学家张载在前人思想的基础上，提出自己的气本体论，他认为一切存在都是气，即"凡可状皆有也，凡有皆像也，凡象皆气也"（《正蒙•乾称》），"太虚无形，气之本体，其聚其散，变化之客形尔"（《正蒙•太和》）。他还用水与冰的关系来说明太虚与气的关系，认为"水凝则为冰，冰为水；太虚聚则为气，气散则为太虚"（《正蒙•太和》）。张载还认为，人的天性就像不同形态的水一样，虽表象不同，但实质具有同一性，即认为"天性在人，正犹水性之在冰，凝释虽异，为物一也"（《正蒙•诚明》）。明代王廷相认为，没有一成不变的理，理之不同是由于气之不同，事物间之所以有不同的根源在于气，"气一则理一，气万则理万"，并提出"气种说"，认为"天地、水火、万物皆从元气而化，盖由元气本体具有此种，故能化出天地、水火、万物"（《王廷相集》）。

中国古代关于水的哲学思想不仅贯穿于世界和人类万物的起源问题上，而且同时也贯串于其他很多方面，如人性哲学、政治哲学、道德哲学、教育哲学、治水哲学等领域。管子说："水淖弱以清，而好洒人之恶，仁也。"同时，他还认为水是"九德出焉""美恶、贤不肖、愚俊之所产也"。孔子、荀子都曾强调"载舟覆舟"，提出了"水可载舟，亦可覆舟"的说法，以舟与水的关系比喻君民关系。这个观点，到唐太宗李世民时期，被进一步发扬光大，成为贞观之治的一个重要治国法宝。在当时是对历史上经验和教训的总结，是对历史理性的思考，在今天看来这种比喻在一定程度上反映了人民群众与历史人物的关系。在中国古代，许多著名的政治家、思想家和教育家，都曾以水为喻规劝帝王，教化国民，教育学生。

在中国源远流长的治水活动中，也形成和积累了丰富的哲学思想和方法。例如，大禹治水成功的根本原因在于他正确地处理了堵与疏的关系，变"以堵为主"为"以疏为主"；西汉贾让提出的治河三策体现了治水中的不同策略：上策是人为洪水让路，避免形成灾害；中策是两岸开渠，引水灌溉，减轻洪水压力；下策是加高堤防，人水相争。其他概念，如对治河中的分与合、利与害、局部治理与系统治理、单一措施与综合措施等，在不同时代的治水文献中也多有体现，其中包含了丰富的系统观和辨证观。

可以说，中国古代关于水的哲学思想呈现出多方面的璀璨光芒，既涉及人文、社会、政治、道德，也涉及自然、科技、工程、水事，是一个十分值得挖掘和弘扬的文化思想宝藏。

囿于文献资料的局限性，我们目前对于国外关于水的哲学思想了解得还比较有限。但从已知的一些介绍材料来看，国外关于水的哲学思想也是体现在不同性质的文献中，有的来自哲学思想文献，也有的来自不同体裁文学文献，还有的来自宗教教义或民间习俗，等等。

古希腊是西欧哲学思想史上的第一个高峰。作为欧洲历史上第一个哲学家，泰勒斯（约公元前624—前547）的哲学思想中有一个著名的论断就是"水是万物的始基"。关于"始基"的含义，亚里士多德曾做过解释："一样东西，万物都是由它构成的，都是首先从它产生，最后又化为它的（实体始终不变，只是变换它的形态），那就是万物的元素、万物的本源了。"（亚里士多德《形而上学》）就是说，"始基"即实体或本原。在泰勒斯看来，世界的本源是水，万物起源于水又复归于水，而地球就是漂浮在水中的圆盘，天空是由稀薄的水汽形成的盖子。恩培多克勒（公元前490—前430）综合了多家的思想观点，认为永恒不动的存在不是单一的，也不仅仅是思想的对象，而是构成万物的基本元素，他用"四根说"来解释自然界，明确宣称水、火、土、气是万物之根。

俄国作家和哲学家车尔尼雪夫斯基（1828—1889）在分析水的美时说：水，由于它的形态而显出美。辽阔的、一平如镜的、宁静的水在我们心里产生宏伟的形象。奔腾的瀑布，它的气势是令人震惊的，它的奇怪而突出的形象也是令人神往的。水，还有它的灿烂的透明，它的淡青色彩的光辉令人迷恋；水把周围的一切如画的反映出来，把这一切屈曲的摇曳着，我们看到水是一流的写生画家。水由于它的晶莹的透明而显得美；浪花之所以美，是因为它顺着波涛飞跑疾驱，是因为它反映着太阳光，当波涛迸散的时候，浪花就像晨雾一样飞溅开去。车尔尼雪夫斯基对水的审美趣味指向了水的多种姿态，有静态的，有动态的；有宏伟的，有细微的；有透明的，有迷蒙的。

英国现代哲学家罗素（1872—1970）基于对人生的探索和思考，提出了著名的"人生如河流"的观点，他在《论老之将至》一文中说："每一个人的生活都应该像河水一样——开始是细小的，被限制在狭窄的两岸之间，然后热烈地冲过巨石，滑下瀑布。渐渐地，河道变宽了，河岸扩展了，河水流得更平稳了。最后，河水流入了海洋，不再有明显的间断和停顿，而后便毫无痛苦地摆脱了自身的存在。能够这样理解自己一生的老人，将不会因害怕死亡而痛苦，因为他所珍爱的一切都将继续存在下去。"罗素这种积极乐观、豁达自然的人生观，几十年来在全世界很多国家和地区产生了广泛而深刻的影响。

统观中外哲学家、思想家对于水的观照和思考可以看出，水既是他们思考的对象，认为水是世界的本源，而且也是借喻的本体，从水、河流联想到自然、人生等跨领域对象，同时水还是他们审美欣赏的客体，在对水的各种形式美的欣赏过程中得到对人生思想和道德的洗礼与升华。

第一章 以水为源的自然观

关于自然世界、人类社会的起源问题，是哲学思想的一个基本问题。这个问题不论在东方还是西方，都引起了古代哲人的广泛关注和思考。西方社会关于水的最有名的论述，当出自古希腊的泰勒斯，他认为"水是万物的始基""水是最好的"。后来的恩培多克勒则提出了著名的"四根说"，认为万物是由水、火、土、气以不同的比例结合而成，其组合与分离的动力来自于"爱"和"斗争"。在中国古代哲学思想中，这个话题同样是一个基本而深刻的命题，这一命题在华夏民族神话传说、诸子百家思想学说以及很多经典著述中广有涉及，生动而形象地体现出远古以来华夏民族对这一哲学命题的各种认识与理解。

第一节 神 话 传 说

中国古代神话传说中与水相关的内容很多，从总体上来说描述的对象和事情也比较庞杂，而且相互之间没有明显的系统性、逻辑性以及关联性。从目前掌握的资料来看，中国古代神话传说呈现出片断性和零散性的特点。这一特点在有的学者看来，主要是传承过程中的资料遗失和目前对于资料还原的不完整所造成的。这可能是一种原因。但也有可能这些神话传说原本就是零散的、不连续的故事片断。马克思说："任何神话都是用想象和借助想象以征服自然力，支配自然力，把自然力加以形象化。"(《〈政治经济学批判〉导言》)神话传说作为人类童年期的想象故事，如果没有对其进行系统的加工和创作，其零散化、非系统地存在和传承也很有可能。但零散化的存在和传承，并不影响其对于自然观念和人文观念的表达。可以说，分散在《山海经》《楚辞》《吕氏春秋》《淮南子》《列子》《庄子》《太平御览》等典籍中的诸多神话传说，正是华夏民族童年时期以形象化的方式对自然世界和人类社会的生动解读。

与水相关的中国古代神话传说，从反映内容上来说大致可分为三种类型：一是关于自然世界的起源；二是关于人类社会的起源；三是关于洪水的神话传说。

一、关于自然世界的起源

人类是自然世界的一部分，但人又不同自然世界的其他构成对象。人区别于自然世界其他事物的最显著标志，就是人所具有的认识自然对象的能力和人的自我意识与感知。天从哪里来的，地从哪里来的，河流从哪里来的，山川从哪里来的……这一系列关于自然世界的起源问题，其实就是人脱离于纯粹自然世界的开始，也就是人类意识的童年时期，这一时期留传下来的重要文化成果就是世界很多民族普遍具有的神话传说。这些神话传说回答的一个重要问题就是自然世界的起源问题。

在中国古代，回答这一问题的最典型的神话传说是"盘古开天"和"女娲补天"。

"盘古开天"这则神话，以拟人化、形象化的方式回答了自然世界的起源问题。盘古，这个长得像人一样的神，巨斧一抡，就将漆黑的混沌世界一劈为二，一边为天，一边为地，并且为了使天和地不再混沌成一体，头顶着天，脚蹬着地，不停地长啊长，直到天地彻底分开。天地分开之后，盘古虽然累得不行，要倒下来，但他并没有回归混沌世界，而是双目成日月、肌肤成大地、血液成江河、汗水成雨露等。这则神话其实就是告诉人们，盘古就是天地的开始，盘古身体的各个部分就是自然世界各种对象的起源之所在。这则神话将盘古的血液比喻为江河、汗水比喻为雨露，这高度体现了水对于人类和自然世界所具有的特别重要的作用和意义。人失去血液就会失去生命，自然界失去江河也会失去生命。盘古死了，他的血汗所化成的江河雨露，却孕育滋养了万事万物，让单调的自然界焕发出蓬勃的生机与活力。从这些方面而言，盘古不仅是天地的缔造者，而且也是日月星辰、江河大地和缤纷万物的缔造者。这则神话所传达出的主旨就是：盘古是全世界的造物神。

"女娲补天"是另一则与自然界的产生和变化密切相关的神话故事。这则神话说，在远古的时候，支撑天的四根柱子坏了，九州大地开裂；天不能全部覆盖万物，地也不能完全承载万物；烈火燃烧不息，洪水汪洋一片且不消退；猛兽吞食善良的人民，凶猛的禽鸟抓取老弱者吃掉。于是，女娲炼出五色石以补天，斩断大龟的四脚以竖立天的四根梁柱，杀死黑龙以拯救冀州，堆积芦苇的灰烬以抵御过量的洪水。从此，苍天得以修补，四根天柱得以扶正；过多的洪水干涸了，冀州太平了；恶禽猛兽死去，善良的百姓过上平安的生活。

从这则神话里可以看出，早期的自然环境是不适合人类生存的，地震的威胁、野火的威胁、洪水的威胁、猛禽恶兽的威胁等，随时可能会夺去人们的生命。因而，在那时人类的理想中，就希望有一位能力超强的神，能够消除这些威胁，保障人们的平安生活。而女娲的形象，在这则神话中，就是救世主的形象。正是她，通过斩除邪恶、炼石补天、治理洪水，将一个乱世变成了治世，为人类创造了一个得以生养繁衍的平安环境。

二、关于人类社会的起源

在中国古代神话传说中，关于人类社会的起源，主要有两个流传比较广泛的神话，一个是女娲造人说,另一个是伏羲兄妹育人说。

《太平御览》曾载,在开天辟地之初的时候,尚没有人类,女娲一开始用一团团的黄泥捏成人,但因为想捏出很多很多的人,一个一个地捏感到太费劲,于是便想了一个办法:拿一根绳子,将其伸进泥潭,挥搅泥浆,向四面挥洒,泥点溅落,就变成了许许多多活蹦乱跳的小人。这个传说经鲁迅先生的《故事新编·补天》改写后,其传播与影响就更加广泛。以泥和水造人,反映了人们对人体物质起源的朴素认识。这一意识在曹雪芹《红楼梦》一书中也有反映,即贾宝玉曾半痴半疯地说:"男人是泥做的,女人是水做的。"

关于伏羲兄妹婚配繁衍人类的神话传说,主要见于唐代李冗所撰的《独异志》一书,这部书除记述唐代流传的奇闻逸事外,还对唐代以前的各种各样的传说作了记载,起到了保存文献的作用。其中有些故事,在未发现新的古佚书之前,出处可以说是最早的,如伏羲兄妹结为夫妇一事。这则神话的主要内容如下:

有一次,下雨三日不停,洪水暴涨,人全淹死了,伏羲兄妹躲在一个葫芦瓢里,幸免于难。等到雨停水退,他们从葫芦瓢里走出来时,世上已杳无人迹。一个仙人对他们说:"这世界上已没有人了,你们结为夫妻吧,不然人类要灭绝了。"他们没有同意,因为过去听老人说过,亲兄妹不能结为夫妻。他们向前走去,一只乌鸦飞来,劝他们结为夫妻。他们很生气,砍下了乌鸦的头说:"如果你能接活,我们就结为夫妻。"刚说完,乌鸦的头与身就又连在一起,呱呱叫着飞走了。可是伏羲兄妹仍不肯结为夫妻,继续向前走,又遇到了观音娘娘。观音娘娘劝他们结为夫妻,并说这是天意,他们不信。观音娘娘说:"你们各自去一个山头,各燃起一堆火,如果两股烟能合到一起,就说明天意要你们结为夫妻。"他们照做了,果真两股烟合在了一起,于是他们就结为夫妻了。后来,他们生下了一个怪胎,是一个肉团。他们很难过,但观音娘娘让他们把肉团剁碎,并撒向大地。他们将其撒在山冈上,就长出了瑶人;撒在平原上,就长出了汉人;撒在山边和圩边,就长出了壮人……

这则神话是世界各民族普遍流传的洪水神话的一个体现。洪水神话一般是说人类因为犯了不可饶恕的错误,遇到了一场特别大的洪水的惩罚,整个人类及自然界的动植物都被洪水淹死,世界又沦为一片荒野。恰巧其中有善良的人幸运而存,于是他们就成了新生人类的始祖。在这一点上,《圣经》中的诺亚方舟与中国葫芦瓢中的伏羲兄妹确有一些相似的情节。

三、关于洪水的神话传说

关于洪水的神话传说,广为流传的是共工与洪水的故事。

《淮南子·本经训》记述："舜之时，共工振滔洪水，以薄空桑。龙门未开，吕梁未发，江、淮通流，四海溟涬，民皆上丘陵，赴树木。"这则记述认为滔天的洪水是水神共工"振荡"所致。

随同共工振荡洪水的水神还有共工的臣子相柳（又叫相繇）。《山海经·海外北经》说："共工之臣曰相柳氏，九首，以食于九山。相柳之所抵，厥为泽溪。禹杀相柳，其血腥，不可以树五谷种。禹厥之，三仞三沮，乃以为众帝之台。在昆仑之北，柔利东。相柳者，九首人面，蛇身而青。"相柳与共工一样，充满蛇的特征，且比共工更接近自然水神，所以它发动洪水更为直接，走到哪里，就把洪水带到哪里。

关于洪水神话传说中的共工，他一方面作为水神振荡洪水，另一方面也因为争夺帝位而触发洪水，前者是水神的自然力量和本质的体现，后者则上升为因社会矛盾而引发的自然灾害。《淮南子·天文训》记述："昔者，共工与颛顼争为帝，怒而触不周之山，天柱折，地维绝。天倾西北，故日月星辰移焉；地不满东南，故水潦尘埃归焉。"按照这则神话的说法，由于共工触坏了天柱和地极，所以天空朝西北倾斜，太阳、月亮、星辰都不自觉地朝那边跑，落向西天；东南的大地，陷下了一个沉坑，所以大川小河里的水，也都流奔那里，经常形成浩大的洪水。

从创世纪神话到英雄神话，是一个由神而人的演进过程，也是一个神性退隐、人性逐渐凸显的递进过程。它是人类原始悟性文化向理性文化靠拢的早期阶段。

面对滔天的洪水，光靠神的启示来躲避水灾毕竟不是良策。于是，古人便开始设想对洪水进行富有成效的治理，有关治水的英雄神话便应运而生。先是有女娲面对天倾地裂、洪水泛滥的人间灾难，挺身而出，补苍天，治洪水，拯救万民于水深火热之中，再就是有著名的鲧禹治水的神话。

鲧禹治水的神话分为两部分：一部分为鲧治水遭到失败，被天帝杀死在羽山；另一部分为禹历尽千难万险终于降服洪水，为民造福。

尧帝时，中原大地江河泛滥，洪水滔天，民无所居。当时，鲧在河南崇地治水有功，尧帝便命鲧去治水。鲧治水时采用了壅土挡水的办法。他历尽艰难整整干了九年，但天下依然是"洪水滔天，无所止极"。无计可施的鲧为了救天下百姓于水深火热，不得不铤而走险——"窃帝之息壤以堙洪水，不待帝命，帝令祝融杀鲧于羽郊。""滔滔洪水，无所止极，伯鲧乃以息石息壤，以填洪水。"（《山海经·海内经》）

为了制服洪魔，鲧置生死荣辱于度外，窃取了天帝的治洪法宝息壤（一种自生自长的泥土），却不幸被天帝派来的火神祝融斩杀，并夺回了剩余的息壤，结果洪水又卷土重来。正所谓"为山九仞，功亏一篑"。对于鲧"九年而水不息，功用不成"的治水败绩，人们普遍认为是他采用的方法不对，一味采取"堙"（堵塞洪水）的办法，且为"堙"水而偷息壤，不仅治水未能成功，反而导致自身被杀，实为冤屈、失败之英雄。

但英雄毕竟是英雄。"鲧死三岁不腐，剖之以吴刀，化为黄龙。""鲧复生禹。帝乃命禹卒布以定九州。"（《山海经·海内经》）壮志未酬的鲧，竟复生为禹，继续进行治水大业，按照舜帝的命令，又踏上了艰辛的治水征程。

大禹为了降伏洪水，"尽力沟洫，道川夷岳，黄龙曳尾于前，玄龟负泥于后。"（《拾遗记》）"禹乃决江疏河，通之四渎，致之于海，大小相引，百川顺流，各归其所。"（《新语·道基》）"砥柱，山名也，昔禹治洪水，破山以通河，三穿既决，水流疏分，指状表目，亦谓之'三门'矣。"（《水经注·河水》）大禹在治水过程中，充分汲取了父亲鲧单纯用"堙"导致治水失败的教训，采取疏导与堵塞相结合、以疏导为主的办法，取得了治理洪水的成功。

大禹治水的传说中有许多感人的情节和形象化的描述。如大禹降伏淮水水神无支祁，就历尽了千难万险。据《太平广记》记载，大禹为了治理淮河，三次来到淮河源头桐柏山。他每次到那里，都遇上淮河水怪制造出的狂风呼啸、电闪雷鸣、飞沙走石等重重阻挠，使工程无法进行。大禹对此十分恼怒，就召集百种精灵，命令夔龙、桐柏等山神前来听从调遣。经过一场围剿，囚禁了鸿蒙氏、章商氏等参战不利的神。这样，众神才抖擞精神，终于围住了无支祁。不过这无支祁能言善辩，神通广大，虽然围住了他，但却不能将其缚住。禹先后派童律、乌木由出战，没能将其治服。最后，派庚辰出马，击退了各路神怪的反抗，才制伏了他。无支祁被镇锁在淮阴的龟山脚下，淮河从此驯服，安流入海。

相传大禹为了治水，一直没有成家。后来治水到了涂山，涂山之女娇，天生丽质，与大禹一见钟情。但禹因治水重任在肩，无暇顾及儿女私情，依然继续南行。直到三十岁，禹才与涂山女成家。结婚仅四天，禹便离别了新婚的妻子，又出门治水去了。《史记·河渠书》说"禹治水十三年，三过家门而不入"。相传有一块"夫妇石"，就是因为涂山女总见不到禹回家，久久伫立在那里等候而变成的。也有另一种说法，禹在河南登封嵩山南麓治水时，为了开通辕山，排泄洪水，禹每天变成一个力大无比的熊开掘河道。禹为了避免妻子看到自己化为熊时的丑陋样子曾叮嘱涂山氏说："如果你想送饭给我，一定要听到鼓声才能来。"一次，禹撬石头时，没想到石头竟飞起来，落在了鼓上，并发出"咚"的一声。正巧被前来送饭的涂山氏听见。涂山氏进入山洞后，发现禹正化作一头熊在开通水道，这一场景把她吓坏了，继而又羞又愧，转身便向嵩山上跑去。禹连忙追赶,等禹赶到时,涂山氏已变成了石头。涂山氏已有身孕在身,禹就对她说:"归还我的儿子。"石头便开启一条裂缝,启就这样诞生了。

禹为治理洪水不辞辛劳,风餐露宿,手上的指甲脱落了,腿上的汗毛磨尽了,两股流血,面容黑瘦,嘴尖脖细,呼吸也上气不接下气。因积劳成疾,他的腿也跛了,走起路来只能前腿拖着后腿往前挪,这种步法被称作"禹步"。后来的巫师奉水为水神,作法时还模仿禹步,以为神异。自古以来,上至最高统治者,中至官吏、文化人,下至平民百姓,无不敬颂大禹的治水之功。大禹在治水中所表现出的不畏难险、坚忍不拔、无私奉献、为民造福的精神,已成为中华民族伟大精神的象征,并对中华文化的发展产生了深刻的影响。

第二节 河 图 洛 书

河图洛书是中国远古历史上流传下来的十分著名的传说,早期记载见之于《易传》《尚书》《礼记》等经典著作中,如《易·系辞上》说:"河出图,洛出书,圣人则之。"《尚书·顾命》载:"大玉、夷玉、天球、河图在东序。"《礼记·礼运》注引《中侯·握河纪》称:"伏羲氏有天下,龙马负图出于河,遂法之画八卦。"后来诸子百家及许多学者,如汉代刘歆、孔安国、扬雄、班固等,对河图洛书也多有论述,如《管子·小匡》讲:"昔人之受命者,龙龟假,河出图,洛出书,地出乘黄,今三祥未见有者。"《论语·子罕》称:"凤鸟不至,河不出图,吾已矣夫。"关于河图洛书的传说,既有其比物想象的成分,也有其丰富合理的内蕴。

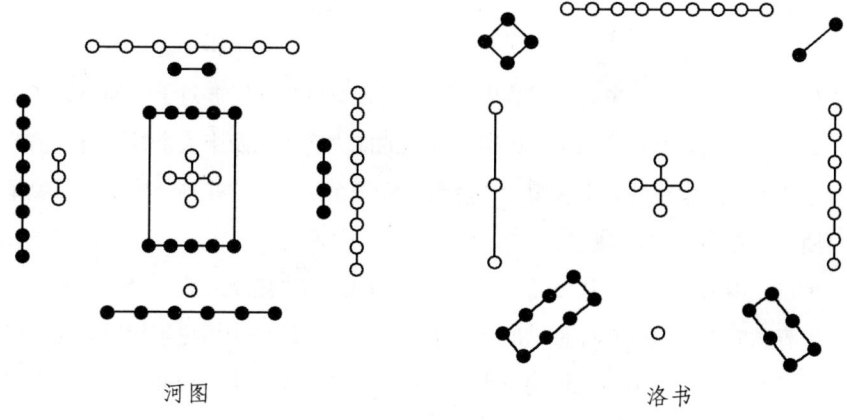

河图　　　　　　　　　　洛书

关于河图的传说是这样的：远古时期，在今河南省洛阳市孟津县境内的黄河支流中，出现一头形似骆驼、左右生翼、马身龙鳞、高八尺五寸的水兽，这头水兽可以在惊涛骇浪中踏波奔走，如履平地，它背上呈现出很有规则的斑点，人们见它又像龙又像马，于是就叫它"龙马"。伏羲氏听说后，特地从他的都城宛丘（今河南省淮阳县）乘筏子来孟津观看，细看其背部，斑点排列的规律是左三八、右四九、中五十、前二七、后一六。他从龙马背上的斑点受到启发，后来就发明了八卦，八卦文化成为远古文明传递后世的一个重要领域。

关于洛书，有两种传说：一是黄帝东巡至洛水，有灵龟从洛水中浮现出来，将背上带有纹理、类似象形符号的东西献给轩辕黄帝，这就是所谓的洛书；二是夏禹治水时，洛水中浮出了神龟，背部有一至九个数字，排列成"戴九履一，左三右七，二四为肩，六八为足，五居中央"的图形，大禹用它作成九畴，后被称为洛书。据《尚书·洪范》记载，所谓"九畴"，就是一要五行，二要敬用五德，三要农用五事，四要协用五纪，五要建用皇极，六要义用三德，七要明用稽疑，八要念用庶征，九要威用六极。

从这些传说中可以看出，不管是河图传说中的伏羲氏，还是洛书传说中的黄帝或大禹，他们都是中华民族早期文化发源时期半人半神式的传说形象，他们创造的河图洛书，实质上既是一种由近及远、由具体到抽象、由简单到复杂的数理思维，同时也提供了一种以近推远、以简测繁、以数论事的预测理论和工具。河图与洛书本身说不上是水文化，但其源头却是从河里所见，其论断也是由水中而得，可以说是因水而缘生的文化。

第三节　水为万物之本源

中国古代神话传说中的水意象、水故事，可以说是早期华夏民族对于水的原始意识和原始思维的体现，其中不乏朴素的拟人想象、诉诸于神性的能力夸张以及半人半神的混合情节，其特点是故事性胜于史实性、主观性大于客观性、片断性强于系统性。这些神话传说可以说是信史出现之前中华早期文化的重要组成部分。

据史家考证，中国的信史是从公元前841年开始的。信史出现以后，诸子百家对于水的议论逐渐多起来，春秋时期齐国的管仲是早期代表之一，他不仅所处的历史年代早，而且对水的论述范围也非常广泛和丰富。在中国古代关于水是万物之本源的思想中，管仲的理论可以说最具有代表性。作为齐国著名的政治家、改革家，他在齐国的经济、政治、军事等领域实行了一系列卓有成效的改革，辅佐齐桓公"九合诸侯，一匡天下"（《史记·管晏列传》），成就了一代霸业。后人追述其言论著成的《管子》一书，是一部丛集诸说、涉及百家、包罗万象、宏博精深的奇书。据考证，《管子》一书是战国初期至西汉初期数代"管仲学派"的集体著述，最后由刘向"定著"的，共计86篇，亡佚10篇。尽管该书"非一人之笔，亦非一时之书"，但其中的多数篇章记录或反映了管仲的治国思想。书中《水地》《牧民》等篇关于"水"的论述堪称大观，别具特色，蕴涵着丰富的"水文化"内容。

《水地》篇是管子较为集中论述水的一篇文章。在这篇文章中，管子重点论述了水何以是"具材"的论点。如果整篇阅读《水地》篇原文，我们会发现一个很有意思的问题。这篇文章开篇就说"地者，万物之本原、诸生之根菀也"，就是说，地是万物的本源，是一切生命的植根之处。文章论述到最后时，又说"故水者何也？万物之本原，诸生之宗室也"。意思是，所以说水是什么呢？水是万物的本源，是一切生命的源头所居。这两个观点如果平行来看，显然是矛盾的：一开始说地是万物之源，怎么到后来，水也成了万物之源呢？二者到底谁是万物之源呢？如果说水和地都是万物之源，这在逻辑上说不通啊！也许，正是由于这个看似存在的矛盾，才是管子这篇文章的核心论题。

《水地》篇开篇的话是这么说的："地者，万物之本原，诸生之根菀也，美恶、贤不肖、愚俊之所生也。水者，地之血气，如筋脉之通流者也。故曰：水，具材也。"在这里，管子将水视为大地的血和气，如同贯通涌流全身的筋络和血脉，称赞水为"具材"。何谓"具材"？现在很多人将"具材"理解为具备一切的东西，这其实是将"具"作为"俱"来解释了，与原文意思出入较大。如果我们再读下文的话，我们会发现，管子所说的这个"具"实际是"器具""工具""量具"的意思。《水地》篇接着说："何以知其然也？曰：夫水淖弱以清，而好洒人之恶，仁也。视之黑而白，精也。量之不可概，至满而止，正也。唯无不流，至平而止，义也。人皆赴高，己独赴下，卑也。卑也者，道之室，王者之器也，而水以为都居。"意思是，怎么知道水是具材呢？水柔软而清澈，善于洗涤污秽，这是它的仁。看水的颜色虽黑，但本质则是白的，这是它的诚实。计量水不必使用平斗斜的概，满了就自动停止，这是它的正。不拘什么地方都可以流去，一直流到平衡而止，这是它的义。人皆攀高，水独就下，这是它的谦卑。谦卑是纳"道"之室，是王天下的器量，而水就聚集在这里。管子进而又指出，水有平准之性，可以作为量器，所以水的"准"是五量之宗师；水虽无色，而五色又非它不成，所以水的"素"是五色之质；水虽无味，而五味需水来中和，所以水的"淡"是五味之中。可见，管子关于水是"具材"的思想，本质上是从水的形态和功能上来进行论述的。

《水地》篇对水在世界上广泛存在的普遍性以及水对于动植物的繁育培养作用也进行了论述。说水"无不满，无不居也，集于天地而藏于万物，产于金石，集于诸生，故曰水神。集于草木，根得其度，华得其数，实得其量。鸟兽得之，形体肥大，羽毛丰茂，文理明著。万物莫不尽其几，反其常者，水之内度适也。"这段话是对水的自然存在和生态功能的一个生动说明：水浮天载地，无处不在，世间万物中都有水的存在，这是水独具的神奇之处。草木得到水，根深叶茂，春华秋实；鸟兽得到水，身体肥硕，毛色润泽，形态明丽。万物之所以繁衍生息，充满生机与活力，靠的是水的滋养哺育。如果没有水，万物就失去了生存的根本。

现在我们经常说水是生命之源、生态之基，没有水就没有生命，没有水就没有良好的生态系统。从管子上述思想观点看，管子是目前文献资料中最早明确提出这些观点的代表人物。

在《水地》篇中，管子认为水不仅是一般动物、植物的生命之源和构成之本，而且人也是由水生成的。他说："人，水也。男女精气合，而水流形。……凝蹇而为人，而九窍五虑出焉。"九窍是指人的两眼、两耳、两鼻孔、口、尿道和肛门，五虑指人的耳、目、鼻、口、心等五种感官的功能。管子强调的是，男女精气相合，靠水的存在和流动形成一个人最初的形态，进而形成身体各个组成部分，然后人的各种感觉、知觉功能才可以生化出来。由此可见，管子认为水是人生命的重要载体和构成，没有水就没有人的生命繁衍，就没有人的各种生理与心理活动。如果说中国远古神话中关于人类起源于水的传说仅仅是一种主观想象的话，管子则是从客观存在的事实出发，将人的生命与水的关系作了唯物主义的阐发和描述，与人和世界万物是上帝创造的唯心论有显著区别，具有鲜明的自然唯物主义倾向和特色。

管子关于人水关系的论述，还涉及水与人的性格及行为问题。他认为水不仅是孕育人生命的根本载体，而且还是产生美与丑、贤良与不肖、愚蠢与俊秀的基础条件，即人的形貌、性格、品德、习俗等都与水密切相关，认为"夫齐之水道躁而复，故其民贪粗而好勇。楚之水淖弱而清，故其民轻而果敢。越之水浊重而自洎，故其民愚疾而垢。秦之水泔冣而稽，淤滞而杂，故其民贪戾罔而好事。晋之水枯旱而浑，淤滞而杂，故其民谄谀葆诈，巧佞而好利。燕之水萃下而弱，沉滞而杂，故其民愚戆而好贞，轻疾而易死。宋之水轻劲而清，故其民简易而好正"。(《管子·水地》)这些论述今天看来，可能存在着一些偏颇之处，但也不乏其中存在一些客观事实。不同的地方，在人体生理特征、心理特点以及性格行为等方面，确实存在着一些差别，古今中外很多专家学者对此都怀着浓厚的兴趣进行过研究和评论，有的还写出过非常有影响的著作论述这些问题。民间日常生活及用语中对此也有很多体现，如"一方水土养一方人""穷山恶水出刁民""燕赵多慷慨悲歌之士"等，其中也蕴含着一定的道理。

管子关于水的存在与水的作用的思想，是其《水地》篇的核心内容，包含着明显的唯物主义的世界观和思想方法。他将水与地统一而不是割裂地作为世界万物的本源和载体，这或许就是此篇为什么叫做"水地篇"的最主要原因。地载万物，其中有水；水孕万物，包含人类。水与地，水与人，实乃异中有同、同而归一的存在体、生命体。恩格斯在谈到古代的自然观时，曾以泰勒斯为例，称古代最初的朴素唯物主义哲学完全是一种原始的、自发的唯物主义，在自己的萌芽时期就十分自然地把自然现象的无限多样性的统一看做是不言而喻的，并且在各种具有固定形态的东西中，在某种特殊的东西中寻找这个统一。（恩格斯：《自然辩证法》，人民出版社1971年8月版，第164页）泰勒斯约生于公元前640年或前629年，约死于公元前551年；而管子约生活在公元前725—前645年，约早于泰勒斯一个世纪。管子其以水为核心的自然哲学思想，同样也是这样一种从异中求同的哲学思维，将生命与水、人与水等不同的命题，高度而集中地统一到水的存在与变化中。在管子看来，正是因为水是人类生存和社会发展的最重要的物质基础，也是影响人的性格和行为的决定性因素，所以管子得出结论说"是以圣人之治于世也，不人告也，不户说也，其枢在水"（《管子·水地》），将解决水问题作为治国理政的基础和关键，并认为这是不需要向人人宣传和户户告诫的事情。从现在能获得的资料看，管子的水哲学思想产生的时间不仅比泰勒斯要早得多，而且在论述内容上也要比后者丰富得多、宽广得多和深刻得多。

有的学者认为管子盛赞水为"具材"的思想似乎是受道家鼻祖老子的影响，以自然之水的品性和功用比附于"道"或君子之德，要求人们取法于水。其实这在时间关系和思想关系上正好是搞颠倒了。老子约生活在公元前571—前471年之间，其出生时，管子已去世几十年了，其思想形成和传播的时期更要晚很多年，他的思想怎么能够影响到前世之人呢？有可能的情形是，老子成长时期，管子的思想观念及行为事迹依然在中原大地流传，老子思想的形成倒是在吸收和批判管子学说的基础上，以超凡脱世的态度，抛弃了管子偏重实用主义和现实主义的思想倾向，而开创了道家大道至上、物我两忘的思维模式和基本论点。

第四节　水　几　于　道

老子，姓李，名耳，字聃，是我国古代伟大的哲学家和思想家、道家学派的创始人，约生活于公元前571—前471年之间。他所著的《道德经》虽然只有五千言，但却包含着丰富而辩证的哲学思想和社会主张，其中关于水的论述，更是非常独特而富于影响力。老子对水的论述，大概可以分为四个方面：一是自然之水；二是道德之水；三是辩证之水；四是变化之水。四个方面相互既有所区别，同时彼此间又有密切联系。这里先就老子的自然之水思想作一些研究和分析，其他方面的论水思想在后面有关章节中会涉及。

大家知道，老子哲学思想的核心，本质上就是一个"道"字，这也是百家之中道家之所以为道家的主要原因。

什么是"道"呢？

《道德经》开篇即说："道可道，非常道；名可名，非常名。"（《道德经·第一章》）这两句话一上来就让人不知所云，如果仅仅从字面上进行理解的话，很难一下子明白这两句话所要表达的真正意思。这种简约精练而语义奥深的文字风格，或许是老子表达其哲学思想的特别魅力之一。我们揣摩其意，大致可以这么理解：可以说出来的道，并不是真正的道，真正的道是无法用语言来描述的；可以叫出来的名，也不是真正的名，真正的名是不可命名的。许多研究老子思想的学者认为，老子的哲学思想是一种典型的本体论者，即真正的客体或主体，均不以具象而存在，它既不是某种有形的物质或物体本身，也不是某种具体的思想或理论。

"道"又是怎么产生的呢？

老子说："有物混成，先天地生。寂兮寥兮，独立而不改，周行而不殆，可以为天下母。吾不知其名，强字之曰道，强为之名曰大。大曰逝，逝曰远，远曰反。故道大，天大，地大，人亦大。域中有四大，而人居其一焉。人法地，地法天，天法道，道法自然。"（《道德经·第二十五章》）这段话的意思是说，有一个混混沌沌的东西，在天地形成之前它就存在了。它寂无声息，寥无形体，独立存在而不消失，循环运行而不停止，它可以作为天地万物的根源。我不知道它的名字，勉强给它起了一个名字叫做"道"，再勉强形容它叫做"大"。"大"是说运行不止，运行不止就无处不到，无处不到最终必将返回本源。所以说宇宙间有四大：道大、天大、地大，人也大。人是四大之一，人取法于地，地取法于天，天取法于道，而道是取法于自然。

这一段话进一步论证了老子关于"道"从哪里来、"道"有什么特点以及"道"与天地人的关系。在老子看来，"道"是先天地而生的，在没有天和地的时候，"道"就已经有了，"道"既独立于天地，同时又运行不止，而天地万物又都是以"道"为生成变化的根本。"道"的特点是寂无声、大而远、行不止。宇宙间的"四大"唯"道"为首，天、地、人虽也大，但都排在"道"之后。天、地、人三者当中，天是最大的，天取法于道，是按着"道"的规律和特点来进行构造和运行的，而"道"则是取法于自然，是自然规律和特点的体现。

在《道德经·第四十二章》里老子还说："道生一，一生二，二生三，三生万物，万物负阴而抱阳，冲气以为和。"正像对老子其他很多话的理解一样，对这段话的理解也有不同的认识和解析。有人认为，这里的"一""二""三"没有具体所指，而是泛指由"道"生成万物的一个过程描述；也有人认为，这里的"一"代表天，"二"代表地，"三"代表人；还有人认为，这里的"一"不是一般的数字一，而是一个哲学用词，表示初始之意，指宇宙万物的原始状态，而"二"和"三"表示由原始状态而发展变化的不同层级递进。这三种理解都有其解释的合理性，但究竟哪一种更符合老子的原意，可能还需要进一步考证。但不管是哪一种理解，可以看出都有一个共同点，那就是把"道"作为万物的最高统帅，天地万物的生成变化均受"道"的制约和调控。

可见，在老子的世界观和宇宙观里，"道"是最高的思想理念，世界万事万物均寓于"道"的规律和法则中，而这些规律和法则又是寓于自然之中，自然又超越于"道"，是"道"之为道的法则与源泉。因此，从这个意义来说，老子哲学也可以说是一种自然哲学，因为他把万事万物生成和变化的根本原因归结为具有自然属性的"道"之中。

理解了老子"道"的思想观念，就不难理解老子关于水的一系列论述了。老子对水最著名的论述是"上善若水"。这句话的原文出处是"上善若水。水善利万物而不争，处众人之所恶，故几于道。居善地，心善渊，与善仁，言善信，正善治，事善能，动善时。夫唯不争，故无忧。"（《道德经·第八章》）这话听起来给人的第一感觉，是一种基于道德出发对水作出的评价和赞美。这个感觉应该说没什么错误，在推理上也不存在逻辑上的颠倒或混乱。但如果在了解了老子关于"道"的思想理念后，这种道德上的评价其实就已经成为第二位的事了。

在老子思想观念中，既然世界上万事万物都源于取法自然的"道"，那么，作为一种具体物质的水，当然也不会是例外，应该也是由"道"而生、循"道"而行。然而，作为自然界的水，其存在形态、运动方式、功能作用等，又与其他很多物质大不相同，气态的水可以如烟如雾似混沌世界，就像"道"在初始世界里的状态；液态的水可以四处流动，激流澎湃若雷霆万钧，点滴之水虽细弱无力，但经年累月却可以滴穿磐石；固态的水可以是雪，可以是冰，能够塑造出无数动人心魄的美丽风景。自然界中的水，时刻处于变化之中，不像其他物质那样形状稳定和易于辨识、把握。水形的千变万化、水势的趋下不争、水利的包孕万物以及水性的至刚至柔等现象，给老子的思想以很多很深的启示和联想。水的无所不在，水的浩大无边，水的流转不息，这些不就是

"道"的特征和属性吗？老子从对水的观察与思考中，似乎找到了自然界中"道"的身影和形象。

但是，在老子的思想深处，"道"是先天而生的，可想而不可知，可念而不可即，是看不见、听不到、抓不着、说不清的。而作为自然世界具体的、形象的水，是天与地的构成因素之一，不可能先天地而生，顶多与天地同时而生，而且是可见、可听、可感、可知的。水的这些特点，分明又与先天之"道"构成认识和理解上的矛盾。

在老子以"道"为核心、为最高统帅的思想中，"道"在物质上是万事万物之宗，在伦理上属于"上善"，即最美好、最高尚的品质。可问题是，作为万物之宗和"上善"之品的"道"，在现实世界中都是找不到的。而只有水，一方面很有"道"的特点和味道，另一方面又确确实实不是"道"。因此，水在老子的思想王国里，就成了现实世界中"道"的替身，说水"几于道"，就是接近"道"，也正是因为水"几于道"，所以才有"上善若水"，即最高尚的品格就像水一样。

第五节 太 一 生 水

1993年秋，湖北荆门市博物馆考古人员在沙洋县纪山镇的郭店村，抢救性地清理发掘了一座楚墓。该墓规模虽然不算大，而且在发掘前曾两次被盗，但出土的随葬器物却很丰富，有礼器、乐器、车马器、生活用器、丧葬器、料器、竹简等。据考证墓中陪葬物得知，该墓主人生活在战国中晚期，其身份为楚国上士。在郭店楚墓出土的随葬物中，有800余枚竹简十分引人注目，因出土于楚墓，有时也被称为郭店楚简。这些竹简经过专家们数年的整理研究，确定为16篇先秦时期的文献，其中道家典籍2篇，篇名分别为《老子》（甲、乙、丙）和《太一生水》；儒家典籍14篇，篇名分别为《缁衣》《鲁穆公问子思》《穷达以时》《五行》《唐虞之道》《忠性之道》《成之闻之》《尊德义》《性自命出》《六德》《语丛一》《语丛二》《语丛三》《语丛四》。这批典籍中除《老子》《缁衣》见诸传世本，《五行》见于长沙马王堆出土的帛书外，其余皆为两千多年前的先秦佚籍，属于被秦始皇焚烧的那一类典籍。

《太一生水》这篇典籍由14枚竹简构成，这些竹简两端平齐，每枚简标准长度为26.5厘米，个别简因有损坏而略短一些。这些简经整理出版后，引起海内外许多专家学者的浓厚兴趣，对这篇仅305字的古佚文从不同角度进行了大量的研究和考证，发表了一批研究论文。

《太一生水》经整理后的原文内容是：

太一生水，水反辅太一，是以成天。天反辅太一，是以成地。天地复相辅也，是以成神明。神明复相辅也，是以成阴阳。阴阳复相辅也，是以成四时。四时复辅也，是以成沧热。沧热复相辅也，是以成湿燥。湿燥复相辅也，成岁而止。故岁者，湿燥之所生也。湿燥者，沧热之所生也。沧热者、四时者，阴阳之所生。阴阳者，神明之所生也。神明者，天地之所生也。天地者，太一之所生也。是故太一藏于水，行于时，周而又始，以己为万物母；一缺一盈，以纪为万物经。此天之所不能杀，地之所不能理，阴阳之所不能成。君子知此之谓……

天道贵弱，削成者以益生者，伐于强，责于……下，土也，而谓之地。上，气也，而谓之天。道亦其字也，青昏其名。以道从事者，必托其名，故事成而身长。圣人之从事也，亦托其名，故功成而身不伤。天地名字并立，故过其方，天不足于西北，其下高以强。地不足于东南，其上……不足于上者，有余于下。不足于下者，有余于上。

对《太一生水》这篇文献的具体作者，现在已经很难进行考证。有人推测可能是老子继《道德经》之后的续作，也有人认为可能是离老子时代不远且传承了老子思想的弟子所作。不管作者到底是谁，可以看出，《太一生水》这篇文献无论在文风上还是在内容上，都明显受到《道德经》的影响，具有《道德经》的内容烙印和形式烙印。《太一生水》所阐述的核心问题与老子在《道德经》中所阐述的基本问题，在本质上是十分接近、非常相像的，即关于世界的起源和生成变化问题。老子认为世界起源于"道"，"道生一，一生二，二生三，三生万物"，而《太一生水》认为是起源于"太一"，太一首先生成水，水与太一相互作用形成天，天与太一相互作用形成地，天地相互作用形成神明，神明相互作用形成阴阳，阴阳相互作用形成四季。四季间的作用又形成寒热、湿燥，湿燥的变化形成年。这就完成了一个自然周期，即所谓"成岁而止"。

有学者认为《太一生水》所提到的"寒""热""湿""燥"，实际就是一年中四季的基本特征，认为它们之间不是生成关系，而是并列关系，并列举后世的一些典籍作为证明。

例如《吕氏春秋·书数》载有"天生阴阳寒暑燥湿"。又如，《吕氏春秋·贵信》里说："天行不信，不能成岁；地行不信，草木不大。春之德风，风不信，其华不盛，华不盛则果实不生。夏之德暑，暑不信，其土不肥，土不肥则长遂不精。秋之德雨，雨不信，其谷不坚，谷不坚则五种不成。冬之德寒，寒不信，其地不刚，地不刚则冻闭不问。天地之大，四时之化，而犹不能以不信成物，又况乎人事？"这里将春之德归结为"风"、夏之德归结为"暑"、秋之德归结为"雨"、冬之德归结为"寒"，"四时之德"即风、暑、雨、寒。《史记·天官书》有"春风秋雨，冬寒夏暑"，《文子·九守》里也有"天有风雨寒暑"。《春秋繁露·四时之副》中也说："天之道，春暖以生，夏暑以养，秋清以杀，冬寒以藏。暖暑清寒，异气而同功，皆天之所以成岁也。"由此可以看出，《太一生水》所讲到的"寒""热""湿""燥"，实际是在论述天地间因神明、阴阳而带来的冷暖、干湿条件，是形成季节变化的根本原因。

"太一"是天地万物生成、四季交替变化的最根本、最原始的动因，在这个意义上，"太一"的作用和地位相当于老子的"道"。而"太一"在哪里呢？这篇文献说"太一藏于水，行于时"。这一说法可以说与老子的理论既相似，又不同。

在老子的思想中，水的形状、作用与状态与"道"十分相近，无形、无声而又无所不在、无所不为，所以老子说水"几于道"。而《太一生水》说"太一藏于水"，"太一"是世界起源的第一推动力和作用力，而这一最重要的因素却蕴含在水中。两者的共同点就是：都把水的存在与作用看得很高，放在其世界观里非常重要、非常核心的地位上，不管是水"几于道"还是"太一藏于水"，都说明了世界的起源与发展变化离不开水；两者的不同之处是：老子的"道"是高度抽象和极度概括的唯心理念，在客观世界里是看不见、听不到、抓不着、说不清的，而《太一生水》中的"太一"是藏在水中的，虽然也不能为人所直接看见，但水作为它的载体，却给世界带来各种各样的具体变化，在这一点上"太一"论更具有唯物主义的思想成分。

《太一生水》在论述"天道"问题上与老子的思想也十分相近。《太一生水》说："天道贵弱，削成者以益生者。"而老子在《道德经》中体现的贵弱思想也十分明显，如《道德经·第四十章》说"弱者道之用"，认为道的作用就是弱。《道德经·第七十八章》则说"天下莫柔弱于水，而攻坚强者，莫之能胜"，盛赞水的柔弱品质。《道德经》第七十七章又说"天之道，损有余而补不足"，相对于《太一生水》所说的"天道贵弱，削成者以益生者"而言，只是同一个意思的不同表达而已。《太一生水》与《道德经》对"天道"问题的论述虽然高度相似，但老子论天道似乎并不是其目的，老子论天道的深层目的是为了批评人道，天道是损有余而补不足，而"人道则不然，损不足，奉有余"。

第六节 易 经 之 水

《易经》是中国传统文化中十分古老、系统而又厚重的典籍，易学则是以《易经》为源头和基础的相关学说的统称。《易经》的起源非常久远，可以追溯到远古时期的伏羲和舜帝，后经周文王、老子和孔子的推演、发展与整理，逐渐成为一门有着核心理论和不同观点的重要学说，生动而丰富地体现了中国古代哲人对自然、人生及社会复杂多变的思想认识及智慧判别。而作为源于《易经》和基于《易经》的易学，其形成的标志则是孔子。2005年8月，在青岛召开的易学与儒学国际学术研讨会上，"中华文明探源工程"首席科学家、专家组组长李学勤先生宣布孔子是易学的开创者。易学在历史发展中，形成两个流派，分别是道家易学和儒家易学。而就易学的理论主张与体现形式来看，又可分为易理易学、象数易学、数理易学、纳音易学等不同的类别。易理易学又称义理易学，是专门讲述《易经》本经哲学义理的易学，象数易学宗旨在于运用，数理易学是研究易经中的科学思想与数学思想，纳音易学则结合了易理易学和象数易学的思想。

关于《易经》的不同版本和基本主张，《礼记·春官·大卜》中记载："掌《三易》之法，一曰《连山》，二曰《归藏》，三曰《周易》，其经卦皆八，其别皆六十有四。"所谓"三易"，即《连山易》《归藏易》和《周易》，分别代表着夏、商、周三个朝代对易的相似而又有别的基本理论和观点。"三易"的相似点是都以八卦及演化出的六十四卦为核心理论和基本观点，但不同的是"三易"的八卦名则不完全相同。《连山易》的八卦名称是君、臣、民、兵、物、阴、阳、兵、象；《归藏易》的八卦名称是地、木、风、火、水、山、金、天；《周易》的八卦名称是天、地、山、水、风、雷、火、泽。这就可以看出，"三易"的八卦实质是远古先人们在对宇宙的认识和把握过程中所归纳出的八种最基本要素，《连山易》主张的八种最基本要素中，君、臣、民、兵是具体的社会要素，阴、阳、物、象则是抽象的自然要素，而《归藏易》和《周易》的八种最基本要素则都是自然现象。"三易"之中，《归藏易》和《周易》均将水作为八卦之一，这也从一个侧面又一次说明中国古代以自然之水为重要源泉的哲学观念和哲学思想。

由于《连山易》和《归藏易》均未流传下来，只有《周易》流传下来，因而现在人们通常又将《易经》与《周易》等而论之。《易经》八卦有两个基本符号：一个是连续一横的"—"，另一个是中间断开的"--"。在早期的《易经》中并没有"阴阳"二字，到了数百年之后的《易传》里，才把符号"—"称为阳爻，把符号"--"称为阴爻。八卦的基本卦是由三条爻构成的，也称经卦。每两个经卦组成一个别卦，八八六十四，共构成六十四个别卦。别卦下部的经卦是主卦，代表主方；上部的经卦是客卦，代表客方。为便于记忆，对经卦的卦形有个口诀："乾三连，坤六断，震仰盂，艮覆碗，离中虚，坎中满，兑上缺，巽下断。"《周易》的八卦名称卦象及其代表的意义如下：

卦名	卦象	自然	性情	家族	方位
乾	☰	天	健	父	西北
兑	☱	泽	悦	少女	西
离	☲	火	丽	中女	南
震	☳	雷	动	长男	东
巽	☴	风	入	长女	东南
坎	☵	水	陷	中男	北
艮	☶	山	止	少男	东北
坤	☷	地	顺	母	西南

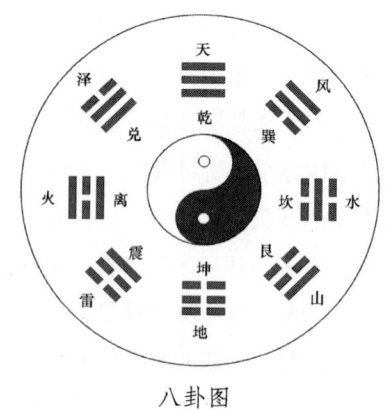

八卦图

在这八个经卦中，坎卦直接象征着水，因而有人也称坎卦为"水卦"。而象征着泽的兑卦，亦与水密切相关。可见，《周易》八卦之中，1/4 的卦与水紧密相关。而在六十四个别卦中，与水相关的卦则多达 20 多个。

坎卦的基本卦形是☵，在六十四卦中的第二十九卦里，坎卦的象形上下均为☵，也就是人们常说的坎（☵）下坎（☵）上，卦意表述为"习坎。有孚，维心亨，行有尚"。唐代孔颖达在《周易正义》中解释说"两坎相重，谓之重险"，即坎卦代表着重叠产生的险难之意。

兑卦的基本卦形是☱，而在六十四卦中的第五十八卦里，兑卦的象形上下均为☱，也就是人们常说的兑（☱）下兑（☱）上，卦意表述为"亨。利贞"。《象》曰：丽泽，兑。君子以朋友讲习。这也就是说，兑卦的卦象为两泽相连，相互流通，相互滋润，彼此受益，因而又象征着沟通和喜悦。因此，君子应当效法这一精神，乐于与志同道合的朋友一道研讨学业，讲习道义，享受人生这一最大的乐趣。

第七节 阴 阳 五 行

阴阳五行学说，是阴阳学说与五行学说的合称。这一学说起源早、流传广、影响深，是中国传统文化中非常重要的组成部分，广泛地贯穿于数千年中国人日常生产、生活的很多方面，如天文地理、农业生产、建筑构造、医疗卫生、饮食起居、性格品德等，在不同领域和不同方面深刻地影响着人们的思想和行为。

从哲学的意义上而言，阴阳五行学说既是世界观，同时也是方法论，因此可以说这一学说是世界观与方法论的统一体。阴阳学说认为世界由阴阳两种因素构成，两种因素既相互对立，又相互作用，同时还可以相互转化。五行学说认为世界由五种最基本的物质构成，这五种物质最基本、最原始的形态是金、木、水、火、土，这五种物质彼此间的关系是既相生又相克，既有相互滋生的一面，又有相互制约的一面，从而形成了大千世界的生生不息和绚丽多彩。

就阴阳学说的起源，学术界最早会追溯到中国古文字的产生。作为中国最早文字起源的甲骨文，形态上是象形文字。据考证，甲骨文时代，即有阴阳二字，这说明关于阴阳的文字观念产生得很早。有学者认为，虽然甲骨文中有阴阳二字，但没有材料说明殷商时期人们已有阴阳变化的思想，那时候的"阴"是表示天气，"阳"是用于地名。近代学者梁启超在考察《诗经》《书经》《易》等文献中有关阴阳文字记载的基础上指出："商周以前所谓阴阳者，不过自然界中一种粗浅微末之现象，绝不含有何等深邃之意义。"现代学者宫哲兵认为，阴阳概念最早形成于周初，其最早出处不是《易经》而是《诗经》，《诗经》的《大雅·公刘》中载有"笃公刘，既溥既长，既景乃冈，相其阴阳，观其流泉"的诗句，这里的阴阳是指山的北面和南面，宫哲兵教授认为这是地理方位的概念而不是哲学的概念。真正具备哲学概念的阴阳说是从周宣王时代开始的。《国语·周上》记有周宣王时期虢文公说的一段话，其中有立春前后"阳气愤盈，土气震发""阳气俱蒸，土膏其动""阴阳分布，震雷出滞"等语句，说明阴阳二字这时已不仅具有地理方位的概念，而且更具有了哲学意义的概念。到周幽王时期，关于阴阳二字具备哲学意义的记载就更加明显了。《国语·周上》还记有这么一段文字：

幽王二年，西周三川皆震。伯阳父曰："周将亡矣！夫天地之气，不失其序，若过其序，民乱之也，阳伏而不能出，阴迫而不能蒸，于是有地震，今三川实震，是阳失其所而镇阴也。阳失而在阴，川源必塞；源塞，国必亡。夫水土演而民用也。水土无所演，民乏财用，不亡何待？昔伊、洛竭而夏亡，河竭而商亡。今周德若二代之季矣，其川源又塞，塞必竭。夫国必依山川，山崩川竭，亡之征也。川竭，山必崩。若国亡不过十年，数之纪也。夫天之所弃，不过其纪。"是岁也，三川竭，岐山崩。十一年，幽王乃灭，周乃东迁。

在这段话里，伯阳父将地震的原因归结为阳受到阴的迫制，不能蒸腾散发而导致的，这个解释会让现代人感到新奇而不可思议，怎么阳受到阴的压迫就会发生地震了呢？阴受到阳的压迫又会发生什么呢？即使是现代科学已很发达，但对地震原因的解释和分析仍是非常有限，地震的预测预报对世界各国依然是个难题。当代科学如能清晰完整地解释地震的原因和机理，那无疑可以为预防和减轻地震灾害提供十分有效的工具和手段。但是，这一点当前世界各国都没能做到。伯阳父认为地震的原因是阴阳不和导致的，如果我们将这里的阴阳理解为大自然中存在的某种确定和不确定的力量，未尝不是对地震原因的一种合理解释。

这段话里还有一个非常重要的观点，即"河竭而国亡"，这可以说是一个典型的水文化命题。"夫水土演而民用也。水土无所演，民乏财用，不亡何待？昔伊、洛竭而夏亡，河竭而商亡"。这里伯阳父将国家的命运与水的命运紧紧地联系起来，认为对水土资源的开发利用是形成社会财富的根本，没有水土资源或水土资源发挥不了作用，百姓就会缺乏财用，国家肯定就会灭亡。伯阳父还以夏、商两代为例，认为夏代之所以灭亡是因为伊河、洛河的枯竭，商代之所以灭亡是因为黄河的枯竭，河流的枯竭对于一个朝代来说无异于断绝了生存和延续的命脉。伯阳父关于朝代灭亡的观点，就其本质来说，可能有一定的片面性，但从水对人类与社会的极端重要性来看，其观点也具有一定的合理性和必然性。

阴阳学说在西周时期可以说是一个萌芽时期，到了春秋战国时代，这一学说则得到了进一步的发展和演变，可以说是这一学说的生长期和繁荣期。齐国的管子主张阴阳消长说，如《管子·形势解》说"春者，阳气始上，故万物生。夏者，阳气毕上，故万物长。秋者，阴气始下，故万物收。冬者，阴气毕下，故万物藏；故春夏生长，秋冬收藏，四时之节也"。《侈靡》中也说"阴阳时贷，其冬厚则夏热，其阳厚则阴寒"，体现了管子对一年四季中阴阳寒暑关系的理解，他认为正是阴阳二气的消长变化，引起了季节气候的变化和特点的区分。越国的范蠡则提出了阴阳转化说，他在《国语·越语下》中说"天道"就是"赢缩转化"，具体表现就是"阳至而阴，阴至而阳；日困而还，月盈而匡"，就是说阴阳二气都不是绝对的、静止的，而是发展到一定程度和阶段时可以互为转化的。楚国的道家学派主张阴阳统一说，认为对立的阴阳二气处于一种统一的和合状态，如老子说"万物负阴而抱阳，冲气以为和"（《道德经·第四十二章》），庄子说"阴阳和静，鬼神不扰"（《庄子·外篇·缮性》），屈原说"阴阳三合，何本何化"（《楚辞·天问》）。

五行学说起源很早，最早提出见于《尚书·甘誓》，记载的是夏后启征伐有扈氏时，称有扈氏"威侮五行，怠弃三正"。这里的"五行"，据范文澜先生考证，系与"六府"同义，即水、火、金、木、土、谷，是百物生长、百姓生活和社会发展的最基本的物质，"三正"是指正德、利用、厚生。"威侮五行，怠弃三正"，就是说有扈氏不重视发展生产、不顾百姓生活，又德行不正，不好好做事，作为国君是不合格的，自然要受到讨伐。宫哲兵教授认为，作为口耳相传的一个词语，"五行"至迟在夏初已经形成，而作为见诸文字的一个概念，在殷代也已经出现，但这时的"五行"还不具有哲学的意义。具有哲学意义的"五行",其明确提出大约在殷周之际,其标志文献是《尚书·洪范》这篇文章。《尚书·洪范》最早明确提出并阐发了"五行"学说,载有"天乃赐禹洪范九畴",且第一畴就是五行,称"五行:一曰水,二曰火,三曰木,四曰金,五曰土。水曰润下,火曰炎上,木曰曲直,金曰从革,土爰稼穑。润下作咸,炎上作苦,曲直作酸,从革作辛,稼穑作甘"。在这里,五行已不再仅仅是表示为五种或六种基本的生产生活物质,而是既代表了五种物质,同时也代表了五种属性、五种味道,在九畴的其他畴里,还联系着五事、五纪、五福等。这样,"五行"就真正地形成了哲学意义上的范畴学说。

中国古代的五行学说,作为一种哲学观念,具有显著的朴素唯物主义特征,与古印度的"地""水""风""火"四要素说和古希腊的"光""气""水""土"四要素说具有高度的相似性,体现了多元论的朴素唯物主义学说所具有的共同特征。而中国早期五行学说与古印度和古希腊四要素说所不同的是,中国早期的五行学说特别重视水的地位和作用,将水列为五行之中的首要元素,这充分体现了中国早期唯物主义哲学对水的存在价值和生成价值的高度肯定。

五行学说后来也产生了很多发展和变化,先后演化出五行相杂说、五行相胜说、五行无常胜说、五行相生说、五行相克说、五行生胜说等。在这些学说中,虽然五个基本的要素并没有产生增加或减少方面的任何变化,但因为对其中的交替、冲突、生成、转换、循环、变化等多种关系的不同理解和阐释,因而这些理论对五行的排序及关系组合也进行了不同的调整,体现出明显的变化。五行相杂说认为百物所成得益于土与金、木、水、火相混杂,排序是土、金、木、水、火;五行相胜说认为水胜火、火胜金、金胜木、木胜土、土胜水,排序是水、火、金、木、土;五行无常胜说认为五行中的彼此间并不是简单的谁胜谁,而在于谁的数量多、优势大,如《墨子·经下》说"火烁金,火多也;金靡炭,金多也",既然无常胜,也就不存在先后排序问题;五行相生说主张金生水、水生木、木生火、火生土、土生金,排序是金、水、木、火、土;五行相克说认为金克木、木克土、土克水、水克火、火克金,排序是金、木、土、水、火;五行生胜说也称五德终始说,即五德以"土德后,木德继之,金德次之,火德次之,水德次之"的顺序终而复始地进行交替和轮换,五行排序是土、木、金、火、水。

有学者认为,中国早期的阴阳学说与五行学说本属两种不同的文化体系,它们在彼此独立的状态下,各自经过了长期的发展过程。二者混合到一起,最早是由春秋时期的管子实现的。管子的《幼官》《四时》《五行》《轻重己》等四篇文章,与以往历史文献中只有部分地渗透有阴阳五行思想的文章明显不同,这四篇文章通篇都贯穿着阴阳五行思想,是代表阴阳五行学说思想走向成熟的标志作品。如《四时》篇开宗明义，提出了阴阳之理是刑德之施的根据的观点："阴阳者天地之大理也，四时者阴阳之大经也，刑德者四时之合也。刑德合于时则生福，诡则生祸"。阴阳与刑德又有什么关系呢？管子在《四时》中又说"阳为德，阴为刑"，"德始于春，长于夏，刑始于秋，流于冬"，这也成为中国古代历代统治者春夏行德政、秋冬施刑政的主要根据。

管子在《四时》之中还分别阐述了区位、四季与阴阳五行的关系和变化规律，他说：

"东方曰星，其时曰春，其气曰风，风生木与骨。"

"南方曰日，其时曰夏，其气曰阳，阳生火与气。"

"中央曰土，土德实，辅四时入出，以风雨节，土益力。"

"西方曰辰，其时曰秋，其气曰阴，阴生金与甲。"

"北方曰月，其时曰冬，其气曰寒，寒生水与血。"

由此可见，管子的哲学思想是非常丰富多彩的，他不仅是水为万物之本源的倡导者，而且还是阴阳学说与五行学说的结合者。管子建立阴阳五行思想的目的，主要是为了总结自然和社会规律，寻找治国治民之道，从自然走入社会，并成为后代治国理政的重要理论，这可以说是中国阴阳五行学说发展应用的一个方面，另外还有一个重要方面就是阴阳五行学说在中医里的发展与应用，其影响与作用也是非常悠久和深远。此外，阴阳五行思想还影响到人们日常生活与社会生活的很多方面和领域，这里就不一一罗列了。

第二章

以水为象的辩证观

辩证思维是中国古代哲学思想的一个十分显著而重要的特点，传承久远，影响广泛。李约瑟在《中国科学技术史》第三卷中曾经对中国古代光辉的辩证思维予以评价说："当希腊人和印度人很早就仔细地考虑形式逻辑的时候，中国则一直倾向于发展辩证逻辑，与此相应，在希腊人和印度人发展机械原子论的时候，中国人则发展了有机宇宙的哲学。"李约瑟所说的辩证逻辑，其实就是辩证思维的方式与方法，就是运用对立统一的观点和方法来认识、分析各种自然现象及其相关的发展与变化。中国古代哲学思想中辩证思维这一特点的来源，可以说与水有着十分密切的关系，或者换个角度说，正是由于中国古代先哲们对丰富多彩的水世界和水景观进行了大量的思考与观察，才促成了中国古代哲学思想中辩证思维的诞生。在上一章以水为源的自然观中，有些学说已经带有强烈的辩证色彩，如阴阳说、五行说，但对水的辩证分析和赞美还远不止这些内容。本章试从对水的辩证赏析的角度谈一谈以水为象的辩证观。

第一节 清与浊

水给人的第一印象就是清与浊，清澈明净的水给人以美好的印象和感受，这些感受不仅来自视觉、听觉和味觉，而且还来自内心深处的精神世界，而浑浊不堪的水则给人以难受、污秽和丑恶的感觉。因此，由对水清与浊的观察和区分，古代思想家们便由自然推及社会、由水的品质联想到人的品质。清与浊便成了一对矛盾的对立体，清象征着纯洁美好，浊则象征着丑恶污秽，二者界线分明，难以混淆。正是基于这一理念，中国传统语汇中便留下很多以清和浊作为品质区分的词语，如"泾渭分明""浑水摸鱼""激浊扬清""清者自清，浊者自浊"等。

战国时期楚国著名诗人屈原在保持做人清白、不愿与他人同流合污方面就留下了一曲动人的篇章。据屈原所作《渔父》载：

屈原既放，游于江潭，行吟泽畔，颜色憔悴，形容枯槁。

渔父见而问之曰：子非三闾大夫与？何故而至于斯？

屈原曰：举世皆浊我独清，众人皆醉我独醒，是以见放。

渔父曰：圣人不凝滞于物，而能与世推移。世人皆浊，何不淈其泥而扬其波？众人皆醉，何不哺其糟而啜其醨？何故深思高举，自令放为？

屈原曰：吾闻之，新沐者必弹冠，新浴者必振衣。安能以身之察察，受物之汶汶者乎？宁赴湘流，葬于江鱼之腹中，安能以皓皓之白，而蒙世俗之尘埃乎？

渔父莞尔而笑，鼓枻而去，乃歌曰：沧浪之水清兮，可以濯吾缨，沧浪之水浊兮，可以濯吾足。遂去，不复与言。

从《渔父》这篇诗歌中可以看出，屈原是一个非常有气节的诗人，他宁愿玉碎，不为瓦全，宁愿投江为鱼所食，不愿浑浊不堪地与世人混在一起，牺牲了自己的清白与气节。在屈原看来，清者只能清，绝不能浊，清者若为了苟全生命而牺牲清纯的气节，则生不如死，没有什么价值。

屈原

相反，渔父作为一个普通人，所持则是实用主义的人生哲学。他先是劝屈原随波逐流，与世人和醉者同俗共醉，以避流放之苦。见屈原不为其言所动，坚持自己的高风亮节，遂唱着小曲离去，不再理屈原了。而这支小曲反映的，可谓是对清与浊辩证思维的典型之作了。

在渔父心目中，圣人不是顽固不化的，而是与世推移的，沧浪之水清也好，浊也好，都是可以利用的，水清可以洗面，水浊可以洗脚，不管是清是浊，都有它的所用之处。清水可以变成浊水，浊水也可以变成清水，沧浪之水也并不是永远都是清的或浑的，而是变化的，有清时，有浑时，作为具体的人，不能因水浑浊就拒绝与其共处。

战国时期的荀子对水的清与浊现象亦十分关注，并将其引申到国家治理中国君与臣民的关系处理上。他认为，一国之君是治国理政的本源，国君的思想和行为对群臣和百姓具有根本性、决定性和广泛性的影响，因而国君在各方面应该做臣民的榜样和模范，这样国家才能治理好。他说："君者，民之原也；原清则流清，原浊则流浊。"荀子这里想要表达的核心意思就是，君主要治理好国家，必须首先治理好自己，君主就像河流的源头，百姓就像河中的水流，源头是清水，流下来的自然就是清水，如果源头水就是浑浊的，那么流下来的肯定也是浑浊之水。荀子这里重点阐述的其实还不是清与浊的问题，而是源与流的问题。荀子在对清与浊的认识上，这里是以不变为特点的，即清就是清，浊就是浊，而不是辩证地认识和分析清与浊的问题。

事实上，各地河流的形态在清与浊方面体现出不同的变化规律和特点，有的河流四季常清，很少出现浑浊现象；大部分河流是洪水季节或暴雨过后河水比较浑浊，其他季节水比较清；而北方一些河流含沙量很大，几乎常年浑浊。河流是一个动态系统，河水有涨有落，河床有冲有淤。作为中华民族母亲河的黄河，就以浑浊而著称，其含沙量之高，居世界各国河流之首位。黄河下游河道又经常改道,"三十年河东,三十年河西",这句话形象地反映了黄河下游河道的变迁。引起黄河河道频繁变迁的根本原因就是黄河的水少沙多,也就是黄河的水太过于浑浊。中国历史上也有"圣人出,黄河清"的说法,但据科学家研究认为,黄河历史上从来也没有清过,从地质地理的角度说,黄河客观上不可能清,也不能清,一旦黄河真正清的话,也会引起难以处理的更加严重的新矛盾和新问题。正是由于黄河的浑,才造就了广阔的黄淮海平原;也正是由于黄河的浑,也造就了黄河作为地上河对两岸人民的洪灾威胁与引水灌溉的便利。

第二节 刚 与 柔

对水的刚与柔这一范畴,最早进行深刻而形象论述的应该是老子。前面已经述及,老子哲学思想中推崇的最高理念是"道",但"道"是形而上的东西,看不见、摸不着,只在思维和想象中存在。在老子看来,自然界里最接近于"道"的东西就是水,所以老子说水"几于道"。但老子说水"几于道",肯定是在他关于"道"的思想形成之后才这么说的。我们进一步设想,老子"道"的思想没形成之前,他是怎么看"水"的?或者说老子关于"道"的思想是从哪里来的?这样一想的话,也许可以说,老子关于"道"的思想是从"水"里来。正是由于看到了水的广阔无际、千变万化、处下不争、弱无常形等自然特征,激扬起老子思想深处对"道"的畅想与追求。

至柔至刚,在老子的哲学思想中,既是"水"的辩证特征之所在,同时也是其"道"的辩证特征之一。

老子说:"天下莫柔弱于水,而攻坚强者莫之能胜,以其无以易之。弱之胜强,柔之胜刚,天下莫不知,莫能行。"(《道德经·第七十八章》)"天下之至柔,驰骋天下之至坚。"(《道德经·第四十三章》)在老子看来,"柔"或"弱"是水的表面现象,或者说是水形态的一个方面,这种"柔"或"弱"并不意味着缺乏力量,柔弱无力,而是寓刚于柔,柔中有刚,是刚与柔、弱与强的统一辩证体。水的柔弱之中包含有刚强无比、坚忍不拔的性格。遍览天下万物,没有什么东西比水更柔弱了,然而能够攻坚破强者,却也没有什么东西可以胜过水,更没有什么东西能够代替水。弱者可以战胜强者,柔者能够胜过刚者,天下人都知道,但是却没有人能够实行。水是天下最柔弱者,然而却能在天下最强硬者中奔流不息,驰骋万里。有诗云"天下至柔驰至坚,江流浩荡万山穿",包括长江三峡在内的国内外许多山川峡谷,其险峻、幽深、狭长、悠远,十有八九是亘古以来受水流的力量冲击、侵蚀、切割而形成的，民间谚语常说的"水滴石穿"，即房檐下不起眼的点滴的雨水，长年累月可以将地面上的石头滴破，这些说法可以说就是老子《道德经》原文原意的翻版，具有异曲同工的表情达意之效。

弱可胜强、柔能克刚。反过来说，刚强和坚硬的东西反而易于受损和被毁坏。这是包括水在内的自然物的特点，例如气态的水柔弱似无、液态的水柔弱无物，但却难以使其受损，固态的水为冰，冰很坚硬，但却易损、易碎，而且也容易融化；同时，这一特点也适用于人类社会中人的性格、品质、道德及行为等方面，如性格暴躁的人脾气火爆，争强好胜，但有时却因此而易受挫折和遭受损失。老子进而将尚柔的观点由自然之水推及社会之人，说"人之生也柔弱，其死也坚强。草木之生也柔脆，其死也枯槁"（《道德经·第七十六章》），并将尚柔的观点推及军事，说"是以兵强则灭，木强则折"（《道德经·第七十六章》）。

老子尚柔的哲学思想对后代影响非常之大。以老子为渊源、后经历代发展演变而形成的道家思想，是中华传统文化的一个重要方面。道家思想对人类的贡献非常之多，其中一个重要领域是关于养生。如果我们认真观察自然界的动植物生命特征时，如花草、禽类、哺乳类等，我们就会发现，这些动植物在其萌芽期、出生期或幼年期，大都是嫩嫩的、软软的，看似非常柔弱，其实这时的生命却是最坚强、最有力、最能适应外界环境的。人的童年时代也是这样：处于人生最初阶段的婴儿，大都是胖乎乎、水灵灵的，让人感觉很柔弱、很无力，然而处于此时的婴儿，却是人一生中最富于生命力的阶段，不仅生长速度很快，几乎一天一个样子，而且抗干扰、抗摔打能力也特别强，电闪雷鸣、狂风暴雨不影响其酣然入睡，磕一下、碰一下，对成人轻则皮肉破损，重则伤筋动骨以至断胳膊、断腿，而对婴儿则几乎没什么影响。婴儿之所以身体健康、抵抗力强，除其天生的免疫力尚未受损外，还与其身体中饱含的大量水分有关系。据专家测算，一个成年人体内的含水量约占自身体重的65%左右，而这一数字在人的不同生命时期是不一样的。在婴儿时期，人体内的含水量可达72%以上，随着年龄的增长，人体的含水量反而不断下降，到成年时期可降到65%左右，而到老年阶段还可能进一步降低到50%左右。人体各个部分，只有饱含足够的水分，才能保证正常机能的健康良性运行。如果水分不够，就会出现某种形式的退化或病变。如皮肤水分不足，就会影响皮肤的生理结构和新陈代谢，皮肤表面就会失去原有的张力和弹性，致使皮肤表面因结构松弛而呈现出不同形状的皱纹。骨骼中如果水分不足，一则影响骨骼营养物质的输送和代谢，使骨质因缺乏营养而趋于疏松；二则骨骼本身因为缺水，会使骨头的结构发生改变，弹性和韧性降低，硬化度、脆化度增加。柔性和弹性，既是人体健康的重要标志，同时也是人体不同组成部分含水量多少的物理见证。因此，从广义的角度说，水的有无不仅决定着生命的是否存在，而且水的多少还在一定程度上决定生命的生存质量和发展状态。

老子对世界刚与柔的思考，形而上的角度是以道而论，形而下的角度则是以水而论、以人而论、以事而论。他说："知其雄，守其雌，为天下溪。为天下溪，恒德不离，复归于婴儿。"（《道德经·第二十八章》）在这里，我们可以看到，老子对"天下溪""婴儿"是非常推崇的，"天下溪""婴儿"虽看似不同，但本质上都是因水而生、因水而长、因水而胜，共同点都是以柔克刚、以弱胜强。老子实际上是以具体可见、可感可知的水意象，来进一步阐明"水"理念和"道"理念中刚柔一体、柔能胜刚的辩证观点。

第三节 动 与 静

水的辩证理念，同时也体现于水的动与静的双重特性里。这一点，中国历代的诗人、文学家、思想家、哲学家等，也有很多的精彩描写与论述。

唐代诗人李白描写动态之水的诗句特别多。如《将进酒》中开头即是"黄河之水天上来，奔流到海不复回"，短短两句话14个字，即将黄河之水的惊天动地之势、万里亘流之美生动形象地描述出来，可以说是描写流动之水的传神之作。又如他的另一首诗《宣州谢朓楼饯别校书叔云》中有一句诗道"抽刀断水水更流"，表面看似写流水难断，实则是以流水和刀作喻，描写心中烦恼与忧愁的顽固与绵长。至于他的《望庐山瀑布》这首诗，对流水的描写更是令人拍手称绝，"飞流直下三千尺，疑是银河落九天"，这是何等的气势和想象。

其实早在先秦时期，儒家的创始人孔子就对水的运动进行过深刻的观察和思考，并发出"逝者如斯夫，不舍昼夜"（《论语·子罕》）的感叹。三国时期，作为一代枭雄的曹操对动态之水的描写也很著名，他在《观沧海》一诗中吟道"水何澹澹，山岛竦峙""秋风萧瑟，洪波涌起"，在《短歌行》一诗中感叹道"对酒当歌，人生几何？譬如朝露，去日苦多"。宋代的著名文学家苏轼在《念奴娇·赤壁怀古》中抒发道"大江东去，浪淘尽，千古风流人物"。这些描景状物的感情展现，面对的共同对象都是流动的水、变化的水，虽然有的是河水，有的是海水，有的是露水，有的是江水，但都是寓情于景、以景抒情，借助不同形态的水来抒发表达人类对自然与时空的紧迫感、对人生短暂的无奈感、对社会变化的沧桑感以及对历史人物的失去感等多种复杂难舍的感情。

至于先秦时期军事家孙子所说的"激水之疾,至于漂石者,势也"(《孙子兵法·势篇》),虽然也是描写流水动态的形象之语,但孙子强调的是流水的力量和优势,以速流之水可漂巨石来比喻战争中必须是集中显著优势来取得对敌斗争的胜利。

同样,静态的水也非常惹人喜爱,发人深省、深思、深虑。早在先秦时期,作为道家另一代表人物的庄子,就十分推崇"静水",并提出了"水静犹明"的论点:"圣人之静也,非曰静也善,故静也;万物无足以铙心者,故静也。水静则明烛须眉,平中准,大匠取法焉。水静犹明,而况精神!"(《庄子·天道》)就是说,圣明的人内心宁静,并不是说宁静美好,所以才去追求宁静;是因为任何事物都不能动摇和扰乱他的内心,所以才能心神宁静。水在宁静时能清晰地照见人的眉毛和胡子,水的平面合乎水平测定的标准,高明的工匠都会取其作为法则。水平静下来尚且清澈澄明,又何况是人的精神!庄子对"水静犹明"的论述,是以自然界的水作为借喻,从水得以清澈澄明的原因是静,看到了人消除外界事物对内心的种种干扰从而获得精神安宁的必要性。庄子还认为"水之性,不杂则清,莫动则平"(《庄子·刻意》),这又一次揭示了水的特性,就是只要不往水里掺杂其他物质,水就能够清澈澄明;只要不搅动水,水就能够平静。庄子对于水的观察与思考,其实也是对社会和人生的观察与思考,其最高境界就是物我两忘、宁静归真。他笔下的水,诸如"北冥""南冥""秋水""相濡以沫,不如相忘于江湖"等水意象、水故事,所传达的意念就是要通过水的博大无涯、浩渺无边来感受到作为人与物的渺小与不堪,"相濡以沫"的那点可怜的"沫",与其说是相互关爱与珍惜的有限资源,不如说是共处困境、难脱厄运的真实反映,与其这样,哪如作为各自存在的一条鱼,自由自在地巡游于江湖之间,而不必相互牵挂和关照。

后代的文人墨客对水的静态之美也多有描述。唐代诗人白居易的诗句"日出江花红胜火,春来江水绿如蓝",亦早已成为千古名句,历来脍炙人口,虽是写春水之静、之美,实则寓动于静,将春天的生机与活力、绚烂与多彩淋漓尽致地表达出来。北宋史学家刘敞创作的七言绝句《雨后池上》的开头两句"一雨池塘水面平,淡磨明镜照檐楹",也生动传神地吟咏了静水之美。现代四川九寨沟的水,其动人心魄的碧蓝清幽、明净绚丽之美同样深深吸引了海内外众多的游客。长海、熊猫海、犀牛海等地,俯视水中,水下一览无余,有青青的水草随波摇曳,有忙碌的小鱼不停地穿梭,还有沉入水中的千年古树挂满了绿苔。广阔的水面犹如一面宽大的明镜,静静地见不到一丝波纹,为翠绿的群山簇拥着、环抱着,白云飘过蓝天时,人面可感受到徐徐清风,而水面却似动不动,凝视水中,白云拂掠蓝天、绿树、雪山而去,恍惚之间让人如入无天、无地、无水之仙境。

大体而言，动水多为山谷中的溪流、江河之水和海水，静态之水多为湖水、潭水或水库蓄纳之水。不过，如果仅仅从视觉上判断水是运动的或是静止的话，那则是非常片面的。其实，不管何时、何地、何种水，其运动是绝对的，静止则是相对的。即使表面是静止之水，如果从分子尺度衡量的话，它们也是无时无刻不处于运动之中，只不过它们的运动形式不易为人们所察觉罢了。

就物理运动而言，水除了受地球重力影响会自高处向低处流动外，还有两种重要形式的运动就是克服地球引力而向上的蒸发运动和水平方向的蔓延渗透运动。水的向下、向上和水平方向的三种运动形式，对于自然界的地貌特征、气候类型、动植物分布、农作物生长乃至人体生命健康等来说，实在是太具有根本性的重要意义了。

在前面刚与柔一节中已有所述及，水力的侵蚀、冲击、切割等向下方向运动所形成的物理作用，塑造了世界各地的幽深峡谷和著名江河景观，这主要是得益于陆地表面的水流运动所形成的地貌。而向上的蒸发、蒸腾作用，一则形成了地球表面海洋与陆地间不同区域、范围和程度的暖湿气流交换，进而在不同的海陆位置形成不同的气候区；二则蒸发、蒸腾作用散发出去的水汽，并不能脱离大气层，在上升到一定高度会凝结形成降雨，正是由于降雨，不仅带来了全球范围内海陆之间的物质、能量的迁移和转换，而且带来了自然界不同类型的水体之间的交换与循环，还带来了各类水体中不同生命的繁衍替代及水体中相关物质和能量的季节交替、年度循环以及更长周期的更新代谢，蒸腾的水可以说是自然界物质与能量交换的最基础媒介，同时也是人类社会赖以生存和发展的最重要的环境因素；三则受水热条件的变化和影响，自然界的各种生物，不论是生长发育还是循环代谢，都需要借助水分的渗透和蒸发，在确保与外界进行的物质和能量交换实现后，才能进行生长、发育与新陈代谢，这既是农业社会立足之本，同时也是工业社会和信息社会的运营之基。

水的动与静遵循着一定的自然规律，不以人的意志为转移。而人类社会团体追求的则是自身利益的最大化，往往不顾其他社会团体，忽视自然规律。这就为水的开发与利用提出了需要统筹考虑和综合协调的任务和难题。在一个流域内，干支流、上下游、左右岸及水质与水量、动态水与静态水以及可容纳人口、自然净化能力等因子，组成了一个有机的整体。不同的影响因子间，彼此也是相互联系、交互反应的：例如，当河流的水量变大时，该河的水质就可以有所提高，纳污能力可以进一步增强；当水质下降时，则可用水量减少，并可能增加上下游的水事矛盾。这些因素要求我们，即使是对于静态的水，也应根据各方面的实际需求实行综合的动态管理。

第四节 利 与 害

水是一柄双刃剑，它既可以造福于人，也可以给人类带来灭顶之灾。水对人类社会的生存与发展具有广泛意义的支撑性与破坏性。支撑性是指水对于人类社会的日常生活、工农业生产等社会行为与活动来说，是必不可少的资源支撑和环境支撑，离开水就谈不上人类社会的生存，谈不上工农业生产和国民经济发展，谈不上生态环境的保障，更谈不上社会文明的进步与提升；破坏性是指水的超常运动和变化如洪水、干旱以及水的长期作用如侵蚀、腐蚀，也会把人类的辛勤劳动成果毁于一旦或逐渐使之变得无影无踪。

天然水的突出特征之一是其存在与运动的流域性，这与人类的原始文明分布是一致的，古代各民族的历史文明基本上都是呈流域性的大河文明。但随着人类社会生产力的提高和人类自身的发展，区域性成为人类社会存在和发展的一种基本特征。人类社会的集团性特征，不再以流域性为主要表征，而是以经过战火或其他手段所形成的行政统治区域为主。人类社会存在和发展的模式，摆脱了流域性的自然限制，走向以行使政治权力和行政统治为界限的形式，并在几千年的历史中发生了广泛而深刻的变化。水的自然性与人的社会性其实就是一对利害关系相互影响、相互依存、相互转化的矛盾。

从"水利"一词的由来，也可以见证"水利"与"水害"的矛盾辩证关系。"水利"一词最早见于战国末期的《吕氏春秋》中的《孝行览·慎人》："舜之耕渔，其贤不肖与为天子同。其未遇时也，以其徒属堀地财，取水利，编蒲苇，结罘网，手足胼胝不居，然后免于冻馁之患。"这里所说的取"水利"，主要讲的还是捕鱼之利。到了西汉，史学家、文学家司马迁在《史记·河渠书》中记载了汉武帝关于黄河瓠子堵口的一段历史。这段历史记述的是当时黄河决口造成了大面积的灾害，情景悲惨，相关权贵因利益掺杂其中，认为决口是天意，不宜堵口复堤，汉武帝为解民困、复民生，决定堵口。但堵口十分不易，汉武帝不仅派得力大臣组织堵口工程，而且他也亲临现场，并命令随从官员自将军以下都参加堵口劳动。工程十分艰巨，工程完成后对百姓十分有利，汉武帝亲自作《瓠子歌》纪念此事。司马迁有感于此段历史，发出了"甚哉水之为利害也"的感叹，并指出"自是之后，用事者争言水利"。从此，"水利"一词就正式诞生了，并具有防洪、灌溉、航运等除害兴利的含义。

水利或者是水害，都是相对于人类社会一定区域及一定需求的个体或群体而言的。就人类社会而言，在水资源总量保持不变的情况下，某个社会集团或某个人占用较多的水量，意味着另一个社会集团或另一个人可利用水量的减少乃至消失。这种情况在一个国家内如此，在一个流域内如此，在一个经济体的不同产业中亦如此。许多地方的用水紧张问题，除了特大干旱年份，与其说是水资源短缺，不如说是人类社会之间用水地位、生存与发展权利的不平等。对自然界本身来说，因为水多或水少，会形成不同的气候、地理和生物景观，但对自然本身来说不会造成利或害的问题，因为自然本身是无所谓利害的。

水的利害双重性，在一定的条件下是可以进行转化和转移的。例如，在洪水多发的河流通过修建大型水库，不仅可以控制洪水的泛滥，避免水灾，而且可以通过对洪水的拦蓄，将洪水用于发电、干旱季节的灌溉、养鱼以及城乡供水等兴利事业，这是化害为利。居于同一条河流同一河段的南北两岸，经常属于不同的地区管辖，由于经济实力的差距，北岸的堤防防洪标准达到了100年一遇，而南岸堤防防洪标准则是5年一遇，这就意味着，如果发生大洪水，洪水危害将注定由南岸承担，这就是水害转移。水利与水害关系的可转变性还表现在，在同一条河流的上下游、左右岸的不同地段，或同一流域的干支流之间，或不同流域的有关地段之间，通过修建有关工程或改变土地利用方式，就可能将甲方的水利或水害转移给乙方或其他方。南水北调工程将南方的水调到北方来，这在宏观尺度上优化了不同流域间的水资源配置，但其中不同流域和不同地区间的水资源利害关系的调整和转移还是非常复杂的。

认识到水的利害双重性，就要求我们在开发利用水资源时，要尊重科学规律和自然规律，而不能违背规律蛮干。事实上，我们在对河流的开发利用方面已经有了很多深刻的教训。如在西北内陆河水资源的开发中，由于过分重视发展粮食生产，到处开荒种地，这固然得到了一时之利，确实也是水利的功劳，但过度的水资源开发，致使局地小气候恶变，大片土地沙化，不仅使当地自然资源和生态环境受到极大破坏，而且逐年加剧的沙尘暴天气，对我国东部地区的自然环境也构成了巨大威胁，使东部地区的社会生产和经济发展也受到消极影响和损失。类似这样的教训是非常深刻而又沉重的。

从哲学辩证的角度思考和认识水，是中国传统文化思想中十分重要的一个方面，对于思想史、治水史和文化史来说，具有显著的学术研究意义，对当前的水利活动和文化思想活动，也具有一定的理论指导意义和实践指导意义，有利于我们在具体的实践工作中科学、准确、辩证地运用自然规律、人文规律和社会规律，妥善处理好不同矛盾范畴间辩证而又统一、独立而又互相交织的复杂关系。

第三章 以水为枢的治事观

人们常言："形而上者为之道，形而下者为之器。"①此处所述的"道"与"器"之间的关系总是那么耐人寻味。究其原因，在于我们都可以从日常生活中的事物窥见"道"与"器"的影子。如果基于"水"的考察视角，则作为万物之源的"水"理所当然地离不开"道"与"器"的境域。相对于水的"形而上"之性质而言，"器"则更值得而且更应当发人深省。因为，无论是国事、军事、民事、农事、工事乃至于水事，都无不例外地渗透着"水"之"道"与"器"的理念。

第一节 治国理政之水

国事，指国家的重大事件（重大问题），泛指一切跟国家有关的具体事情，尤指与政治有关的事。如果把国事理解为"治国理政"，则"水"在国事中占有至关重要的位置。国事是整体，水堪称是局部。因此，水之于治国理政的关系就是局部与整体的辩证关系。辩证唯物主义与历史唯物主义认为，没有局部则不存在整体，而离开整体的局部也不是健全的局部。只有二者相得益彰，才能构成良好的结构生态。从这个意义上说，水就是治国理政的重要局部要素，如何发挥水的功能与作用，对国家的发展至关重要。诚如管仲在《管子·水地》中说："是以圣人之化世也，其解在水。……是以圣人治于世也，不人告也，不户说也，其枢在水。"就比较清晰、形象地阐明了"水"与"国事"间的合理性的辩证关系本质。

一、水之于治国理政的正面效应

众所周知，大禹因治水有功而成为部落首领，直接导致了原始公社禅让制的瓦解。同时，大禹又把自己的位置传给儿子启，催生了中国历史上第一个奴隶制国家"夏"的诞生。综而言之，大禹因治水直接催生出中国社会的国家机器，进而在一定意义上促成了中华民族进入文明时期。

春秋前期，秦的势力已经拓展到了渭水流域，秦人在东迁过程中，已经学会了农作物耕种与水利灌溉并使秦很快变得富裕。到了秦昭王（公元前306—前251），秦国势力已经拓展到今天的四川一带，在国力大增的同时，岷江水患也给两岸人民带来深重灾难，而随着李冰父子都江堰工程的建设，使灾害频繁的成都平原一跃成为"水旱从人"、旱涝保收的"天府之国"，成为秦国重

---

① 摘自《易传·系辞》。

要的粮食供应基地，增强了秦国的国力。到秦庄襄王时，秦国已经据有天下1/3的土地、3/5的财富。《战国策》形容秦国是"积粟如丘山"。秦始皇嬴政在关中要地兴建了沟通泾水与洛水的大型灌溉工程郑国渠与沟通湘江与漓江、把长江水系与珠江水系连接起来的灵渠，为秦始皇统一中国打下了坚实的经济基础。

为发展农业生产和航运交通，汉武帝（公元前156—前87）先后修建了漕渠、龙首渠、六辅渠、白渠等工程。汉武帝还亲自指挥了黄河在南岸濮阳瓠子决口的堵口工程。因对水利的高度重视，使西汉时期出现了"用事者争言水利"的局面，从而推动了这一时期历史水利事业的大发展。

唐朝是我国封建社会辉煌的历史时期之一，也是我国水利事业发展的重要阶段。唐太宗李世民不仅新修水利而且善于以水教子，一次唐太宗见到太子李治（即后来的唐高宗）去乘船时，他便对太子说："水能载船，水也能覆船。民众好比水，人君好比船。"在这里唐太宗把水、民众和人君紧密地联系起来，在治水用水的同时，也丰富发展了水文化。

水利事业的发展为创造大明帝国的繁荣立下了不朽的功勋。面对经济的一派凋敝不堪，明太祖朱元璋实行与民休息的政策，采取了释放奴婢、垦荒屯田、兴修水利等措施，要求全国地方官员，凡是老百姓对水利有好的建议，必须及时报告。明洪武二十七年（1394年），又特别向工部发出指示，要求全国凡是陂塘湖堰能够蓄水、泄水以防洪涝旱灾的，都要根据地势一一修治。同时分别派遣国子监生和专门人才到各地"督修水利"。在他的关心和督促下，全国各地水利都取得了显著成绩，奠定了明初经济的恢复和发展的坚实基础。

清朝的"盛世"也是与统治者重视水利的建设是分不开的。康熙皇帝曾经说过："朕听政以来，以三藩及河务、漕运为三大事，夙夜廑念，曾书而悬之宫中柱上。"（《清圣祖实录》卷一五四）"三藩"是政治问题，另两件大事都与水利有关。所谓"河务"即黄河的防洪问题；所谓"漕运"即通过运河进行的南粮北调问题。将河务、漕运与平叛三藩并列，作为施政的头等大事来抓，足见其重视程度及治水在当时国家政治生活中所处的地位。康熙皇帝还对黄河、淮河、运河、辽河、永定河的治理进行过调查研究，甚至亲自进行测量，提出治理方案。据《清史稿·河渠志》统计，乾隆年间对永定河进行较大规模的治理活动有17次之多。乾隆皇帝还注意培养和选拔水利人才，清代选官基本是通过科举，使得工程技术人员奇缺。为改变这种状况，皇帝规定担任过河官或熟悉治水业务的地方官员，可以在履历中注明，优先提拔使用。这种办法鼓励有更多的官员重视水利、热心水利，献身水利，促进了水利发展。正由于康、乾两帝对水利高度重视，使清朝前期"全国水利普遍发展，远超前代"[1]，水利事业发展为创建"康乾盛世"创造了有利条件。

二、水之于治国理政的负面影响

兴水安邦、兴水而强国富民的事例还可大量列举，而水衰而民困，民困而国亡的事例在我国历史上也是屡见不鲜。

"盘庚迁殷"是发生在商朝中期的一次历史事件，是指盘庚继位后，为了挽救政治危机，决定迁都于殷（今河南安阳）。商汤建立商朝的时候，最早的国都在亳（音 bó，今河南商丘）。在以后300年当中，都城一共搬迁了五次。这是因为王族内部经常争夺王位，发生内乱；再加上黄河下游常常闹水灾。有一次发大水，把都城全淹了，同时在统治者之间，对王位的争夺也十分激烈，有的人说应当父死子继，有的人说应当兄终弟及，叔侄之间、兄弟之间，为争夺王位，常常展开你死我活的斗争。他们为私利把国家搞得混乱不堪，就不得不考虑迁都的问题。自盘庚迁殷后，商族才定下来不再迁徙。从此政局稳定，诸侯来朝，商朝遂强盛起来。在这个典型的历史事件中，如果仅从表面来审视，会得出"盘庚迁殷"的原因是因各政治团体之间为了权力的相互倾轧。然而，仔细审视即可发现，这个时候主要矛盾看起来是政治集团之间的相互排斥，水患则是次要矛盾，而实际上，马克思辩证唯物主义就认为，事物主要矛盾与次要是相互包含、相互渗透以及相互转化的。在一定时候，主要矛盾会转换成次要矛盾，而次要矛盾也会转换成主要矛盾。在这次著名的历史事件中，水患从当初的次要矛盾就成为最后的主要矛盾，进而影响着中国历史的进程乃至后来的走向，可见水患对治国理政影响很大。

除了如上例子外，历史上类似的例子不胜枚举。例如，西汉末年王匡及王凤领导的绿林军起义和樊崇领导的赤眉起义、东汉末年张角领导的黄巾军起义、唐朝末年的黄巢起义、宋朝的方腊起义、元末的红巾军起义、明末的李自成起义等所有的农民起义，其中爆发的重要原因之一，都是由于水利工程失修，造成水旱灾害严重，或是"庐舍为墟，饿殍载道"，或是"赤地千里，人相食"。水旱灾害引发的各次农民起义都沉重地打击了封建统治，把历史的车轮不断地推向前进。

如上正反两方面的事实，都充分说明水利是社会安定的重要因素，是定国安邦的重大国策，

---

[1] 姚汉源.中国水利史纲要[M].北京：水利电力出版社，1987：18.

是名副其实的"国事"。可见,"水"的问题不仅仅是事关饮食,也关切到定国安邦的国家问题,是沟通国家与群众的中间"藕带"。也正是这种意义,水的问题就变成了彻底的政治问题。也只有把"水"这个典型的"局部"的问题彻底解决好,才能真正实现国富民强,人民的安居乐业,"整体"的利益才能最大限度得到发展。

第二节 军事战略之水

在辩证唯物主义视野中,事物总是作为"普遍性"与"特殊性"的辩证统一。所谓"普遍性"是指事物所存在的"客观物质性",而"特殊性"则是指事物所具有的个别特征。在二者关系上,"特殊"总是"普遍"的特殊,而"普遍"也是"特殊"的普遍,二者之间是辩证统一的关系。作为自然界的一种常见物质,水既具有物质的"普遍性",又具有刚柔相济的"特殊性",是"普遍性"与"特殊性"的有机统一。正因为如此,水常被人们引入战争中作为防御或者进攻的武器。《孙子·虚实篇》中即指出:"夫兵形象水,水之形避高而趋下;兵之形避实而击虚。水因地而制流,兵因敌而制胜。故兵无常势,水无常形;能因敌变化而取胜者,谓之神。"《刘子·兵术篇》也说到:"兵形象水,水之行,避高而就下;兵之势,避实而击虚,避强而攻弱,避治而取乱,避锐而击衰。"在古代战争史中,把这种以水攻敌的方法叫做"水攻",或称之为"以水代兵"。纵观中国古代战争史,水曾无数次与军事斗争结缘,水的特性和功用,使得以水助攻、以水代兵、依江河战等必然会成为兵家重视的"地利"。

一、理论上的"以水代兵"

水的"军事"特性被历朝历代军事家所用。如孙子曾说:"以水攻者强。"同时指出:"水可以绝,不可以夺。"(孙武《孙子兵法》)历代兵法家对此有不同阐述。曹操说:"火佐者,取胜明也。水佐者,但可以绝敌道,分敌军,不可以夺敌蓄积。"杜佑言:"水但能绝其敌道,分敌军耳,不可以夺敌蓄积及计数也。"张预曰:"水止能隔绝敌军,使前后不相及。"

唐宋军事家提出不少有创造性意见,并设有专门"水攻"篇对以水代兵进行阐述,进一步丰富了"以水代兵"的内容。唐代著名军事家李筌对孙子的观点进行了阐述,虽然认为"军者必守卫数而佐之水火。以水绝敌人之军,分为二则可,难以夺敌人之蓄积",但是在《神机制敌太白阴经》(简称《太白阴经》)卷四中他又认为"以水佐攻者强,水因地而成势,为源高于城,本大于末,可以遏而止,可以决而流。先设水平,测其高下,可以漂城灌军,浸营败将也。"为了进行有效水攻,他还详细记录了当时世界上最先进的测量工具——水平仪。水平仪是由"水平""照板""度竿"组成,水平是主件,其中水平槽"长二尺四寸,两头中间凿为三池。池横阔一寸八分,纵阔一寸,深三寸三分。池间相去一尺四寸,中间有通水渠,阔三分,深一寸三分"。竹在三个水池中各入有一块浮木,"木阔狭微小于池匡,空三分。上建立齿,高八分,阔一寸七分,厚一分"。在水槽的底面中心设有"转关脚"(即脚架),其高矮"与眼等"。把水注入水槽中,"三池浮木齐起一,观测者可借助三组立齿的连线瞄准远处目标,三齿齐平,以为天下准"。这样"或十步,或一里,乃至十数里,目力能及,随置照板、度竿,亦以白绳计其尺寸,则高下丈尺分寸可知也"。因为观测受目力的限制,所以配有"形如方扇,长四尺,下二尺黑,上二尺白,阔三尺,柄长一尺,大可握"的"照板"和"长二丈,刻作二百寸二干分,每寸内刻小分其分"的度竿。照板由持度竿者握平,置于竿后,随观测者的指挥上下移动,"三浮木齿及照扳黑映齐平,则召主板人以度竿上分寸为高下,递相往来,尺寸相乘,则水源高下可以分寸度也"。

宋代许洞在《虎钤经》中阐述了善用水攻者必须掌握"因""逆""贼""绝"四种以水代兵的方法。其中有:"因水之用,其道有二:或敌绝中流而栅,我得上游,因风之利,可以鼓棹纵火,顺流冲之,栅绝而过,风转则止;又若故在下,士马逆流,我得上游,可以攻之。此二者,所谓因者也。逆水之用也,则为崇堤以障其下,注溢于内,然后引致以灌,所谓逆者也。贼水之用也,敌所以赖水也,当潜以水攻,审地理,阴为畎浍,导之他处,竭敌所赖,所谓贼也。绝水之用也,或以薪木土石,实舟沈之于上,别为长渠泄之;或为沙囊于上流以壅其水,欲水行则以决囊,所谓绝者也。用水之道,有其地非所用而必用,反为所害,顺则善矣。"许洞的论述主要是在于利用河道与水源附近的地形、地势,再辅以人工构筑的工程实施水攻,以收克敌制胜之功。

宋代的曾公亮在《武经总要》中对以水代兵做了评价:"夫水攻者,所以绝敌之道,沉敌之城,漂敌之庐舍,坏敌之积聚,百万之众,可使为鱼;害之轻者,犹使缘木而居,县釜而炊。"曾公亮对以水代兵的利害关系作了阐述并指出地形的重要性,说:"汾水可以灌平阳,济水可以灌安邑,河水灌大梁,洧水灌颍川。"故有古代军事家认为:"韩信夹潍水决沙囊而斩龙沮,曹公引沂泗注下邳而克吕布,皆控带山阜,得地形之利也。若平陆引水,劳力费工,利害相半。智伯以水攻而亡,此又水攻者之宜戒也。"可见,地形在以水代兵的战争中有着非常的重要性。曾公亮认为:"凡水,因地而成势,谓源高于城,本变于末,则可以遏而止,可以决而流。或引而绝路，或堰以灌城，或注毒于上流，或决壅于半济，其道非一，须先设水平，测度高下，始可用也。"书中不仅转载阐述了用唐代李筌水平仪进行水攻的方法，还加以图示说明，直观形象地示范了水平仪的用法。可见，中国古代的水攻理论是随着以水代兵的军事实践不断丰富和发展的。

二、形式上的"以水代兵"

水同火一样，在战争中有两种用途，处于胜战时，则可以使敌人陷入绝境，然后乘胜攻之；处于败战时，可以阻绝敌人，使其无法进攻。归纳起来，水攻可分为进攻和防御两种形式。进攻型的水攻，按不同的形式具体还可分为以下几种类型：

一是利用自然水灾"以水代兵"。南朝梁武帝天监五年（506 年），魏将元英率众攻钟离，梁将曹景宗、韦毅等拒之，双方对峙不下。次年三月，"春水生，淮水暴长六七尺"。梁军"乘舰登岸，击魏洲上军尽噎。（魏军）诸垒相次土崩，悉弃其器甲，争投水死，淮水为之不流。英以匹马入梁城。缘淮百余里，尸骸枕藉，生擒五万余人，收其军粮器械，积如山岳，牛马驴骡，不可胜计"。梁军趁着水灾大败魏军，充分发挥水灾的积极功能，最终取得南北之战中辉煌胜利。

二是人工筑堰或者堤坝，利用水位差进行以水代兵。秦昭襄王二十八年（公元前 279 年，周赧王三十六年）秦将白起伐楚，以水攻陷鄢城（今湖北宜城东南）。鄢城距楚都郢（今江陵西北）甚近，是捍卫郢都的军事要地，楚国在此集结重兵，意欲阻止秦军南下攻郢。白起所率秦军在此遭到楚军顽抗。白起利用夷水从楚西山长谷出而流向东南的有利条件，采取以水灌城的方法，在鄢城西边百里处筑堤蓄水，并修长渠直达鄢城，尔后开渠灌城，把水从城西灌向城东，城东北角溃破，楚军主力受到严重打击，城中军民溺死数十万人。郦道元在《水经注•沔水》中记述了此事："夷水又东注于沔。昔白起攻楚，引西山谷水，即是水也。旧堨去城一百许里，水从城西灌城东，入注为渊，令熨斗陂是也。水溃城东北角，百姓随水流，死于城东者数十万，城东皆臭，因名其陂为臭池。"

三是决开上游的堤防直接冲淹敌兵或城池。这种方法在古代战争中运用很多，且多决黄河水。如公元前 359 年，楚国出师伐魏，借助黄河水"以水代兵"进攻长垣城淹灌魏军。《竹书纪年》即云："楚师出河水，以水长垣之外。"1642 年 9 月，李自成率领的农民起义军与明军战于开封。明河南巡抚高名衡决开开封城北朱家寨及马家口黄河大堤淹灌李自成起义军，起义军即以其人之道还治其人之身，决开马家口河，互相攻灌，时值秋九月，"天大雨，二口并决，声如雷，溃北门入，穿东南门出。注涡水。城中百万户皆没，得脱者惟周王、妃、世子及抚按以下不及二万人"。次年二月，工部侍郎周堪赓进言河水"至汴堤以外，合为一流，决一大口，直冲汴城以去，而河之故道则涸为平地"。此次人为决堤，造成开封全城淹没，37万人中有34万人丧生的巨大悲剧。

还有一种水攻的形式就是用水进行防御。主要表现在修筑城壕或者堤坝，御敌于城门之外。在坚固的城垣周围修筑一条城壕，即护城河，是用水作为防御的体现——中国历史上各个朝代建立政权后，都会在都城外修建城墙，其主要目的在于防御外敌入侵，拒敌于城外。为了进一步强化防御的功能，又往往在城墙外开挖护城河。如西安、洛阳、开封、北京、南京、曲阜等古城的护城河都具有此种用途。

三、"以水代兵"的案例

纵观中国古代史，自春秋开始，"以水代兵"战术就在战争中运用，此后，历代皆有所用。尤其是当国家处于分裂动荡、民族矛盾激化的情况下，由于战事频繁，"以水代兵"在敌对双方相互攻伐的战争中用得很多，造成的危害也更为惨烈。历史上动荡的时期如春秋战国、魏晋南北朝、五代、宋金时期都曾多次在战争中使用"以水代兵"战略。

公元前685年，楚国侵犯宋、郑两国，"要宋田，夹塞两川，使水不得东流"。齐桓公出兵干涉，要求楚国拆除水坝。公元前651年，春秋五霸之一的齐桓公，"会诸侯于葵丘"，提出了"无曲防"的禁令。这说明，春秋中期黄河下游各诸侯国修堤的情况可能已相当普遍，为防止以邻为壑，以水代兵，甚至要在诸侯国之间制定共同遵守的盟约；同时，这也进一步说明早在春秋时期，"以水代兵"在诸侯国之间相互攻伐的战争中就已经使用，以至于《管子·霸形》中提到的"毋曲堤"、《春秋谷梁传》提到的"毋雍（壅）泉"、《春秋公羊传》中提到的"无障谷"，都表明各诸侯国要遵守禁止使用"以水代兵"的禁令的约定。因水攻战例颇多，历史上还出现了专门对付水攻的著作。如《墨子·备水》就详细记述了如何防备敌人以水攻城的战术方法。"城内堑外周道，广八步，备水谨度四旁高下。"城里地势偏低的地方，"令耳亓内"（一说"耳"为"瓦"之误。亓，"其"之古字），更深的地方"穿之令漏泉"。在井里放置度量水位高低的"测瓦"，"视外水深丈以上，凿城内水。"

南北朝对峙时期，作为中国第二个比较大的动乱时代，战乱频繁，南朝诸政权利用区位优势曾使用过多次"以水代兵"的战术。南朝宋少帝景平元年（423年），宋军据守虎牢城，魏军久同攻城不下,"魏主如成皋,绝虎牢汲河之路",魏军做地道以泄虎牢城中井,城中人马渴乏,被创者不复出血,重以饥疫城陷。

南朝齐高帝建元二年(480年),北魏以梁郡王嘉与刘昶率步骑兵号称20万进攻寿春,豫州刺史垣崇祖"于城西北立堰塞肥水,堰北起小城,周为深堑,使数千人守之"。魏军攻小城,"晡时,决堰下水;魏攻城之众漂坠堑中,人马溺死以千数。魏师败走"。

南朝陈宣帝太建十年(578年),"吴明彻围周彭城,环列舟舰于城下,攻之甚急。一周将王轨率众救之"。陈军不利,"明彻决堰,乘水势退军,冀以入淮。至清口,水势渐微,舟舰并碍车轮,不复得过。王轨引兵围而蹙之,众溃。明彻为周人所执,将士三万并器械辎重皆没于周"。据统计,南北朝160多年间,较大规模的作战次数达178次,其中南朝与北朝的战争就有42次之多。南北朝对峙时期,南朝相对处于弱势。但是南朝所在的区域地形具有江河湖泊星罗密布的特点,于是南朝统治者多以长江、黄河、淮河等江河天险作为守卫的屏障,利用发达的水军,并采用"以水代兵"的战术,使得南朝得以存续,并在水攻战中占据了相对的优势。此时出现了水攻的专家,如陈朝的程文季,其"前后所克城垒,率皆迮水为堰,土木之功,动逾数万"。但这种"以水代兵"的方法,淹没对方的城池,破坏了对方的生产,不仅对对方军队造成了损失,也给双方人民的生命财产带来了巨大的损失和灾难。至南宋高宗建炎二年(1128年),南宋政府又决开黄河大堤,使河水"自泗入淮,以阻金兵"。这次决口,不但给黄河、淮河等地人民带来了深重灾难,而且导致了黄河夺淮入海的大改道,影响十分深远。

随着时代的日新月异,世界也正经历沧桑巨变。尤其是伴随科技发展的日新月异,突出"水"的"特殊性",把"水"作为一种军事研究的客体越来越受到军事学界的重视,水在军事应用中的"特殊"形式、形态以及功能都发生了越来越大的变化。也正因为如此,在积极开发与利用水资源的同时,也要对未来水战争的爆发进行防范!

第三节 民事日用之水

"民事"一词所呈现的相关解释是:有关民法之事、民事权利、农事或者民间的事情。依据本书所讨论视域,民事主要是指"农事或者民间的事情",即主要关涉人伦日用。作为一种最基本的诉求,民事的产生与发展理所当然地离不开水。俗话说,"水是万物之源"。辩证唯物主义认为，任何事物发展都有自己的原因，原因与结果构成辩证关系。没有无果之因，也没有无因之果。作为万物之源的水，在一定意义上就是"因"，没有水，也就没有"万物"的"果"，就更谈不上"人伦日用"。因此，水是万物之源，更是民事之源。

一、谚语中的水与民事

在日常生活实践中，对真理表达方式可谓千奇百态！然而，常见的主要表达方式有书面形式，或者其他的知识形态。但是，有一种揭示真理的方式很独特而且绵延不绝，那就是民间俗语或谚语。这些表达方式往往与人们的日常生活紧密相连，且常常活灵活现，形象生动，有的甚至会成为人们日常生活中的准则。其中，对水的描述更是丰富多彩，从不同侧面对水的哲理与内涵进行了充分把握。这些谚语或俗语从功能与作用来看，大致都与日常生活中的民事相涉，下面就结合几个例子进行说明。

（1）雨水连绵是丰年，农民不用力耕田。这句谚语所表达意思再简单不过了，就是说，只要常常下雨，雨水充沛，那么农民就会丰收。这句谚语好在哪里呢？无非是通过直接与抽象的方式揭示了雨水与农业丰收之间的关系。从直接方式来看，只要常常下雨，那么土地就会得到水的充分浸泡，就会变得相对松软。因此，农民当然耕田不用力气了。相反，如果常常干旱，土地就会变得异常干旱，农民耕种起来就会异常费力。这是直接的，形象的表达方式。然而，稍微进一步思考就会发现，这里还有更为深层次的思考与表达，那就是它意味着，只要天公作美，雨水不断，万物将会得到滋润，农民就会丰收了。突出体现了雨水对农业、农民乃至农村发展的重要地位。这一类表述还有很多，例如，"水淋春牛头，农夫百日忧""水停百日生虫，人闲百日生病""水是生命的源泉、农业的命脉、工业的血液"等，都是通过生动形象的方式揭示水所具有的基础地位。

（2）细水长流，吃穿不愁。这又是另一类对"水"的描述。在这一类"水哲学"中，有几个特征值得我们关注。一方面对"水"的物理性质进行的具体表征，常常以水所具有的自然属性进行某种细致的刻画，反映出水所具有的自然样态。另一方面，这一类表述也隐藏着深刻的形而上学意味，表明某种深刻的哲学道理。正如本段开始所引用的那样，首先所描述的是"细水"所具有的常态——"长流"。这是水所具有的最为自然的表征，"细"水当然会"长"流。然而，本句最为深刻之处在于通过对"细水长流"的生动刻画，引申出"吃穿不愁"的人生大道理。这里同样经历了"形而下——形而上——形而下"的三重变奏，或者说是从"天道"引申到"人道"的一种深刻描述，进而把"水"的文化特质刻画得活灵活现又意味深长。类似这一类的表述也有很多，例如，"开水不响，响水不开""流水不腐，户枢不蠹""滴水石穿""坐食山空"等。这些描述生动而形象地展现出水对于民事影响的本来特色。

（3）其他。此外还有"靠山吃山，靠水吃水""水里泛青苔，天有风雨来""美不美，家乡水""亲不亲，故乡人""一碗水往平处端""欺山莫欺水，欺人莫欺心""三个和尚没水吃""水大漫不过船，手大遮不住天""君子之交淡如水""水大湿不了船，火大烧不了锅""有收无收在于水，收多收少在于肥""水满自流，人满自夸""话说三遍淡如水""晨起一杯水，到老不后悔""水能载舟，亦能覆舟""山旺人丁水旺财""水涨船高，风大树摇""在山泉水清，出山泉水浊""水至清则无鱼，人至察则无徒""无风不起浪，无鱼水不深""细水长流成河，粒米积蓄成箩""远水不解近渴，远亲不如近邻""井淘三遍吃甜水，人走三省见识广""今日有酒今朝醉，明天倒灶喝凉水""井越掏，水越清""事越摆，理越明""嫁出去的女，泼出去的水"等。

民间对于水的描述多种多样，但是，这些描述几乎都体现出一个至关重要的特色：那就是，对水对客观描述之深意，并非"为水而水"，而是通过对"水"的深刻洞察，推演出"人道"的深刻智慧。由"天道"推演"人道"的做法，最终所标识的则是人水和谐、天人合一的境界！就水之于民事的影响而言，具有深刻理论意义以及现实意义。

二、水之于民事的二重形态

如上只从谚语视角对水之于民事应用的一个形象描述，而从人们生活的具体日常维度而言，则主要体现为民事处理过程中对水的运用。具体主要有两种维度：生活与生产。

（1）"生命形态"的水与民事。所谓生活，从实践意义考察，主要指向人伦日用，也就是人们的饮食起居。就人与水而言，人作为一种生命形态，是不可能离开水的。从水的化学角度分析，水由氢与氧两种元素组成，在人体内水分子结合成水分子团，水还能用氢键与体内许多物质结合，因而使水具有许多生理机能。对人体而言的生理机能是多方面的，体内发生的一切化学反应都是在水中进行。没有水，养料不能被吸收；氧气不能运到所需部位；养料和激素也不能到达它的作用部位；废物不能排除；新陈代谢停止，人将死亡。因此，水对人的生命是最重要的物质。水同样是构成人体组织的重要部分，人体内水含量的百分比达 60% ~ 70%，儿童可达到 80%，其余 20% 左右为固体营养物（蛋白质、碳水化合物、脂质、矿物质、维生素等）；人体中 60% 的水在细胞内，40% 留在体内（血、消化液、唾液、胆液、泪水、汗液、肠液、胃液）。成人每天需水至少 2.5～3 升，其中直接饮用 1 升左右，食物中补充 1 升左右，人体新陈代谢形成 0.5 升。人体每日出入水量受气候、劳动和生活习惯等影响波动较大，但人体内水的动态平衡必须保持，否则将引起疾病。现在医学已经测定出成人的每日水出入量：其中，入水量，每日通过饮水、食物进入人体内水量总计约 2.5 升；排出量，肾脏排尿 1.5 升，皮肤蒸发 0.5 升，肺呼吸 0.4 升，粪便排出 0.1 升，总计约 2.5 升。水是人类生存的基本要素：水与氧气一样是人类生存所必需的最重要的要素。人没有氧气只能生存几分钟，没有水也只能存活几天。如果要说水在人体内的重要性，它已超出了只单纯用来维持生命所需这一程度，水已是生命的一部分，即水不是生命所必需，而是生命本身。水不仅是生命存在的基本条件，而且是生命结构的基本构成。人体各组织内的水含量的百分比为：血液 83%、肌肉 76%、肺 86%、心脏 75%、脑 75%、肝 86%、肾 83%。我们身体的 70%～80% 是由水构成的。我们体内的水只要失去 1%～2% 会感到口渴及浑身乏力，失去 5% 则陷入半昏迷状态，失去 12% 将会导致死亡。人类不吃食物大约可以存活三十天，但如果不喝水便无法顺利地进行新陈代谢，体内的毒素将无法被排除，导致自我中毒，人会在 3 天左右死亡。可见，人的生命一刻也离不开水，水是人生命最需要的物质。

（2）"生活形态"的水与民事。如上所述，水除了作为一种"生命"要素，在个体生命历程中具有极其重要功能。因此，如上讨论可以看做是水的"生命形态"。除此以外，我们接触更多的则是水的"生活形态"。所谓"生活形态"就是水作为一种结构要素参与人们的日常生活、生产，进而构成水的民事形态的一个重要构成部分。广义而言，生活用水包括城镇生活用水和农村生活用水。城镇生活用水由居民用水和公共用水（含服务业、餐饮业、货运邮电业及建筑业等用水）组成、农村生活用水除居民生活用水外还包括牲畜用水在内。因此，除饮用外，水也是人们进行炊事、洗涤、沐浴、清洁等所必需的物质。有人估计人每天的生理需水量约为 2.5 升，但每天全部生活用水量却需要数十升至数百升。可见，水构成人们日常生活的根本，没有水，可谓寸步难行。

三、民事中的科学用水

相对于其他几个领域而言，民事可以视为各领域的基础，因为，民事领域直接关涉社会行动的主体——人。作为最基本的生命与生活层面，人们在民事领域的基本样态直接决定着整个社会其他领域的发展态势，乃至于对整个社会的整体运行都造成这样或者那样的影响。从这种意义考察，水之于民事的功能则无比巨大，成为众多问题的出发点，或者说水以及水问题的处理就成为众多问题的根源，就决定在民事领域需要科学用水。

（1）增强节水观念。节约用水，又称节水。是指通过行政、技术、经济等管理手段加强用水管理，调整用水结构，改进用水方式，科学、合理、有计划、有重点的用水，提高水的利用率，避免水资源的浪费。相关资料统计显示：一个滴水的水龙头，一个月可以浪费 1～6 升的水，一个漏水的马桶，一个月要浪费 3～25 升的水。据测定，"滴水"在 1 个小时里可以浪费到 3.6 升水；1 个月里可集到 2.6 吨水。这些水量，足可以供给一个人的生活所需。至于连续成线的小水流，每小时可集水 17 升，每月可集水 12 吨；哗哗响的"大水"，每小时可集水 670 升，每月可集水 482 吨。因此，要大力提高水的使用效率，要使水危机的意识深入人心，养成人人爱护水，时时处处节水的局面。

（2）提高护水意识。护水意识就是提倡行为主体要时刻把民事应用中的水质量与水安全保护提升到道德自觉层面。由于受到中国文化的不利因素影响，很多人在水的使用方面也存在着公私之分。那就是属于自己家里的水就要时刻保护，而对于自家一亩三分地以外的公用水则存在着"不管不问"的心态。美国传教士明恩溥在其所著《中国人的特性》一书中这样说："中国人有私无公或公私不分的脾气，其实还不止于此，他不但对于'公家'的事物不负责任，而且这种事物，要是无人当心保管或保管而不得法，便会渐渐的不翼而飞，不胫而走。"[①] 这种以"私"为主的价值取向直接导致了在民事的水运用中水污染、水安全问题的发生，进而导致民事用水中的恶性循环。

中国有 82% 的人饮用浅井和江河水，其中水质污染严重细菌超过卫生标准的占 75%，受到有机物污染的饮用水人口约 1.6 亿。长期以来，人们一直认为自来水是安全卫生的。但是，因为水污染，如今的自来水已不能算是卫生的了。一项调查显示，在全世界自来水中，测出的化学污染物有 2221 种之多，其中有些确认为致癌物或促癌物。从自来水的饮用标准看，中国尚处于较低水平，自来水仅能采用沉淀、过滤、加氯消毒等方法，将江河水或地下水简单加工成可饮用水。自来水加氯可有效杀除病菌，同时也会产生较多的卤代烃化合物，这些含氯有机物的含量成倍增加，是导致人类身患各种胃肠癌的最大根源。城市污染的成分十分复杂，受污染的水域中除重金属外，还含有甚多农药、化肥、洗涤剂等有害残留物，即使是把自来水煮沸了，上述残留物仍驱之不去，还会使亚硝酸盐与三氯甲烷等致癌物增加。因此，饮用开水的安全系数也是不高的。据最新资料透露，中国主要大城市只有 23% 的居民饮用水符合卫生标准，小城镇和农村饮用水合格

[①] [美] 明恩溥. 中国人的特性 [M]. 匡雁鹏, 译. 北京：光明日报出版社, 1998.

率更低。[①] 可见，水污染防治当务之急，应确保饮用水合格。

作为原因与结果的存在，虽然"水"与"民事"的关系貌似"客观物质"与"社会事务"之间的彼此碰撞，然而，其实际上关涉到人的问题，只有社会行为主体在"因果关系"中提升节水、保水的科学意识，才能促成二者的合理循环。

第四节 农业生产之水

水是农作物进行光合作用和水合作用的基本元素，是庄稼的"命根子"。地球上的植物含有大量的水，约占体重的80%，蔬菜含水90%~95%，水生植物竟含水98%以上。水替植物输送养分；水使植物枝叶保持婀娜多姿的形态，水参加光合作用，制造有机物；水的蒸发，使植物保持稳定的温度不致被太阳灼伤。植物不仅满身是水，而且作物一生都在消耗水。1公斤玉米，需用368升水灌溉；同样的，小麦需513升水，棉花需648升水，水稻用水竟高达1000升。用一句话概括水之于农事的关系就是：水是农业的命脉！

一、"水是农业的命脉"之哲学基础

水是农业的命脉不仅揭示出一个基本现象问题，其实质也包含有丰富的哲理及思想！

（一）"水是农业的命脉"首先基于联系的观点

联系的观点是马克思辩证唯物主义与历史唯物主义的最为基本的观点。它所主张的是，事物之间并非各自为政，而是处于紧密联系之中！没有人可以信誓旦旦地宣布：我可以做新时代的鲁滨逊！尤其是处在现在的社会环境中，人与自然、人与社会以及人与人自身之间都是处于某种紧密联系之中。看不到事物之间所存在的这种联系的客观性，必然会导入主观唯心主义或者相对主义的自我幻想之中。联系的观点要求我们做任何事情都要从相互联系的观点出发，而不能断章取义。显而易见，水是农业的命脉这句话的判断首先是基于这样的一个事实，水与农业是"唇齿相依"的关系。这种观点没有把水与农业分开，而是把水放到农业这个大环境中去考察。因此，这

---

① 朱为众. 舌尖中国的危与机 [J]. 新财富，2014（6）：34-37.

种观点显然是遵循联系的观点。只有看到水与农业其他要素之间所存在的这种客观联系，也才能真正看到水是农业的命脉这个科学的结论。

（二）"水是农业的命脉"其次基于重点论的观点

所谓重点论就是在坚持联系地看问题的前提下，不是眉毛胡子一把抓，而是既要看到全局，更要看到重点。马克思辩证唯物主义就认为，主要矛盾决定事物的性质，看不到事物的主要矛盾也就看不到事物的性质，也就根本上谈不上去正确认识与改造客观事物。正所谓"蛇要打七寸"，所言说的就是这个道理。这就告诉我们，无论是认识或是基于实践，都要看到事物的主要矛盾，这是正确认识世界与改造世界的客观前提，也是事情能否成败关键所在。

毋庸置疑，"水是农业的命脉"最为客观地反映出主要矛盾与次要矛盾之间的客观辩证关系。在农业发展这一个大局里面，什么因素是最为重要的呢？毋庸置疑，那就是水！如果没有水，农业将要失去最为根本的系统支撑！显而易见，水才是涉及农业发展的诸多要素中的最为主要，也是最为重要的要素！因此，水才是农业的发展的最为主要的矛盾。这也同样意味着，水的问题如果无法解决，农业发展简直就是"水中花与井中月"！这一点可以用相关科学研究的基本事实来证明：据相关研究者揭示，未经处理的污水，既含有农作物生长所必需的养分，又含有有毒成分。盲目使用污水，不仅会污染土壤，而且还会影响农作物的生长和产品质量，损害人体健康。为了科学利用污水，防患于未然，国家颁布了《农田灌溉水质标准》（GB 5084—2005），其中提到的水环境中的主要污染物的超标对农业环境的危害。现在不妨将前四种列出如下：①五日生化需氧量；②化学需氧量；③悬浮物；④凯氏氮。

不妨以最后一种"凯氏氮"为例进行说明。凯氏氮是指以凯氏法测得的含氮量。它包含了氨氮和在此条件下能被转化为铵盐而被测定的有机氮化合物。氮本是植物生长所必需的营养物质，但当其含量过高时会使土壤板结，影响作物的生长。国标要求灌溉水中凯氏氮的含量：水作应小于 12 毫克 / 升，旱作应小于 30 毫克 / 升，蔬菜应小于 30 毫克 / 升。

如上数据足以证明"水是农业命脉"这一论断的科学性所在。也正是该结论的科学性，其所蕴含的哲理以及思想就更值得各领域进行研究与学习！

二、"水是农业的命脉"——以灌溉为例

基于如上分析，农业发展是离不开水，农业能否发展以及发展到什么程度，都与水资源供给

具有不可分离的关系。而制约水资源供给的,则与水的灌溉技术成熟程度具有密不可分的关系,下面就以传统农业为范本进行集中考察。

大致而言,传统农业社会对灌溉是极其需求的。原因很简单,没有灌溉就没有收成!但是,灌溉又是与历史发展水平相关的。在不同的历史时期,灌溉对农业满足的方式与程度是有所不同的。根据这种划分,可以把中国传统农业的灌溉划分为两个大类型。

(一)纯粹靠天吃饭

在中国传统社会,尤其是农业社会中,生产力很落后,面对农业对灌溉的需求,人们往往束手无策,只能指望老天"开恩",如果雨水充沛,则收成就会好;否则,没有水的滋润的农业,必然是颗粒无收的农业。正是在这种历史背景下,人们滋生出对风雨雷神的崇拜情结。下面略举几例作证。

汤王祈雨

相传商朝的第一个国王——成汤,后人也有称他为商汤的,建国之后,普天之下曾经七年大旱,一滴雨都没有下,庄稼都长不出来,老百姓生活也非常艰难,老百姓用各种各样的方式祈雨,但是就是不下雨。于是成汤决定亲自祈雨,他就来到了今天咱们荥阳市西北桑园村这个地方,当时这里是一大片桑林,成汤自己剪断头发,剪掉指甲,把自己当成献给上天的供品,在桑林边上祈祷。爱民心切的成汤用六件事来责备自己:"是不是我没有把政事办好?是不是我过分使用了百姓?是不是我的宫廷过于豪华了?是不是我听信了女人的枕头风?是不是官员中行贿受贿的风气太盛了,我没有管好?是不是好进谗言的小人得势了,我没有察觉?"成汤的话还没说完,天上就下起了大雨,解除了天下大旱。

当然,今天来看,祈雨只不过是现实世界在人们头脑中的种种幻想罢了。不过,也从侧面反映出中国传统年代农业生产对雨水的渴求程度。当在"现世"中无法满足自己愿望的时候,就只能借助宗教、祭祀等一些虚幻的形式来解决。

（二）依靠人力提升灌溉水平

灌溉是伴随着耕作农业而起源、发展的。灌溉理论和技术又源于人类对自然现象的认识和农业生产的实践总结。大禹治水利用水流就下的原理，采取疏导的办法，有效地排除了洪涝积水，并开挖田间沟洫进行灌溉排水。大禹治水的成功得益于对自然现象的深刻观察和对自然规律的合理利用，其中蕴含着丰富的哲学理念与智慧。下面就具体考察一下中国古代各时期灌溉历史中所蕴含的哲学理念与技术方法。

管仲（约公元前725—前645），是中国古代春秋时期著名的政治家，也是著名的治水专家。他曾做过齐国（今山东北部）最高行政长官国相。他曾提出，善于治理国家的人，必须重视和去除洪涝、干旱、风雾雹霜、瘟疫和病虫害五种自然灾害，"五害"之中，"水为最大"。并且去除这五种自然灾害，要首先"以水为始"。他把水分为干流、支流、季节河、人工河和湖泊沼泽五类，认为要根据不同水源特点，因势利导，因地制宜，采取相应的措施，兴利除害，使其为灌溉和航运服务。他认为"夫水之性，以高就下"。引水灌溉要顺应水往低处流的特性，采取相应的工程措施。若要引水灌溉高处的农田，则需要在水流的上游修建堰坝等扼水建筑物，为引水创造条件。还必须选择渠道的合理坡降。当渠道通过难以避免的道路、小河或沟谷时，还需要修建多种形式的建筑物，如倒虹吸、跌水等。这样，水就可以"迁其道而远之，以势行之"，沿着渠道顺着地形向远处的农田流去。这是当时对水的认识和灌溉经验的可贵总结。

成书于公元1世纪、现存中国历史上的第一部地理专著《尚书•禹贡》，将当时全国划分为九州，并首次对各州的土壤进行分类，对土壤的肥力作出总体判断，认为当时全国最好的土地多分布在雍州（今陕西、山西）、冀州（今河北大部）和徐州，且有比较好的灌溉条件。

成书于公元2世纪的《淮南子》对黄河及其主要支流的水质进行了分析，并针对不同水质提出了适宜种植的农作物品种。如黄河水为中等浑浊，适宜种植小米；黄河支流汾水适宜种麻等作物。同一时期另一部论述礼治的著作《周礼》，对各地适宜种植的作物进行分类，提出了农作物种植与各地水土和气候之间有密切关系。除雍州、冀州和徐州外，其余各地都适宜种植水稻。可见当时水稻种植范围很广泛。《周礼•职方氏》对全国自然水体的分布和利用情况有概括的叙述，将地表水资源分为泽薮、川和浸三种。其中泽薮就是湖泊和沼泽；川就是比较大的通航河道；浸则是当时可以方便作为灌溉水源的河流、湖泊。对分布在全国的适宜灌溉的地表水资源作了系统介绍。

元代著名农学家王祯在其所著的《农书》（成书1300年前后）系统总结了江南农田水利建设

的情况和具体经验，有丰富的灌溉技术方面的内容。他强调灌溉的重要性，认为"庶灌溉之事，为农务之大本，国家之原利"。他认为中国水资源丰富，"海内江淮河汉之外，复有名水万数，支分派别，大难悉数，内而京师，外而列郡至于边境，脉络贯通"。这些水资源"俱可利泽，或通为沟渠，或蓄为陂塘，以资灌溉"。他指出："地上有可兴之雨，其用水有法。"对不同的水源和地形条件，可以采取不同的灌溉方式。水源高于耕地，可以直接引水灌溉；水源低于耕地，则必须采取机械提水灌溉。对不同情况，王祯又总结归纳了相应的配套措施。

明末著名科学家徐光启（1562—1633）认为，水和土是国家的重要资源，国家富强必须"尽土力""修水利"。他说："水利者，农之本也，无水则无田矣。"强调灌溉对于农业生产的重要性。他在其所著的《农政全书》中系统总结了17世纪中国农业生产相关的水利科学技术。1630年，他写成《旱田用水》一书，详细阐述了水资源理论和用水方法，认为兴修水利不仅是抗旱除涝的需要，还能够调节地区气候，减少江河洪水泛滥。根据水资源的不同情况，归纳概括了蓄水、引水、调水、保水、提水等旱地灌溉的五种技术措施，认为"尽此五法，加以智者神而明之，变而通之，田不得水者寡矣，水之不为田用者亦寡矣"。所著的《农政全书》中关于水利的内容十分丰富，其中还有专门篇章系统介绍了西方水利科学技术，这是中国最早系统介绍西方近代水利科学技术的著作。

以上著作，是中国古代有关灌溉的理念以及经验的归纳与总结，反映了中国古代人民高超的智慧，也是中国文明的见证与集中表达，下面以都江堰工程做进一步分析。

号称"天府之国"的成都平原，在古代是一个水旱灾害十分严重的地方。李白《蜀道难》这篇著名的诗歌中的"蚕丛及鱼凫，开国何茫然""人或成鱼鳖"的感叹和惨状，就是对那个时代的真实写照。这种状况是由岷江和成都平原"恶劣"的自然条件造成的。岷江是长江上游的一大支流，流经的四川盆地西部是中国多雨地区。在古代每当岷江洪水泛滥，成都平原就是一片汪洋；一遇旱灾，又是赤地千里，颗粒无收。岷江水患长期祸及西川，鲸吞良田，侵扰民生，成为古蜀国生存发展的一大障碍。

都江堰的修建，开创了中国古代水利史上的新纪元。都江堰的修建，以不破坏自然资源，充分利用自然资源为人类服务为前提，变害为利，使人、地、水三者高度和协统一，是全世界迄今为止仅存的一项伟大的"生态工程"。开创了中国古代水利史上的新纪元，标志着中国水利史进入了一个新阶段，在世界水利史上写下了光辉的一章。都江堰水利工程，是中国古代人民智慧的结晶，是中华文化划时代的杰作，更是古代水利工程沿用至今，"古为今用"、硕果仅存的奇观。与之兴建时间大致相同的古埃及和古巴比伦的灌溉系统，以及中国陕西的郑国渠和广西的灵渠，都因沧海变迁和时间的推移，或湮没、或失效，唯有都江堰独树一帜，由兴建源远流长，至今还滋润着天府之国的万顷良田。

都江堰

从哲学视野来看，都江堰水利事业工程针对岷江与成都平原的悬江特点与矛盾，充分发挥水体自调、避高就下、弯道环流特性，"乘势利导、因时制宜"，正确处理岷江与成都平原矛盾，使其统一在工程体系中，变水害为水利。

第五节 工事应用之水

辩证唯物主义认为，认识与实践之间是彼此关切的。实践决定认识的产生，而认识又会反作用于实践，二者之间是辩证统一的关系。在日常生活中，人们的认识总是基于一定的社会实践，正是在实践过程中的"去粗取精，去伪存真，由此及彼，由表及里"的缜密观察与分析，才能得出科学的认识。科学认识经过一定的方案制订、选择手段并实施于一定的行为对象，就会对实践产生能动的作用。在某种意义上，水之于工事则就体现为对水力的开发与利用的"实践与认识"

的辩证统一过程。在中国古代，对水的"实践与认识"过程则主要是通过机械运用来实现的，并在此基础上，形成了各种不同的水力机械类型，体现了对科学用水的认识。总结而言，水力机械的结构类型可谓很多，大致有如下几种。

（一）水轮、轴、齿轮组合式

这种方式是通过水冲击水轮，通过水轮的运转，将水能变为机械能；再通过轴传递给齿轮，齿轮再传给农业机械，进行做工。水轮一般都采用竖轮装置。齿轮和工作机械，一般都装置在水轮的左边或右边。这种组合形成的水力农机很多，最具典型的有如下几种：

（1）连二水磨：王祯《农书》记载说："引水置闸、随为峻槽，槽上两傍，植木作架，以承水击轮轴，轴腰别作竖轮，用击在上卧轮一磨，其轴末一轮，傍拨周围木齿，一磨既引水注则上傍二磨，随轮俱转，此水机巧异，又胜独磨，此立轮连二磨也。"

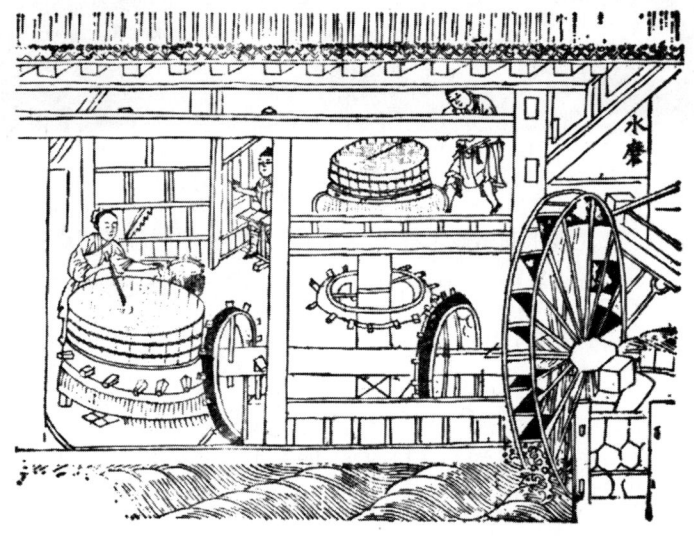

连二水磨

（2）水转连磨：王祯《农书》记载说："水转连磨，其制与陆转连磨不同，此磨须用急流大水，以凑水轮，俱列木齿，其轮高阔，轮轴围至合抱，长则随宜，中列三轮，各打大磨一盘磨之，周匝俱列木齿，磨在轴上阁以板木，磨傍留一狭空，透出轮幅，以打上磨木齿，此磨既转，其齿复傍打带齿二磨，则三轮之力，互拨九磨。"

水转连磨

但亦有作卧轮的,如水转翻车,王祯《农书》说:"水转翻车,其制与人踏翻车同,但于流水岸边,掘一狭堑,置车于内,车之踏轴外端,作一竖轮,竖轮之旁,架木立轴,置二卧轮,其上轮适与车头竖轮辐支相间,乃瓣水傍激,下轮既转,则上轮瓣拨车头竖轮,而翻车随转,倒水上岸,此是卧轮之制。"

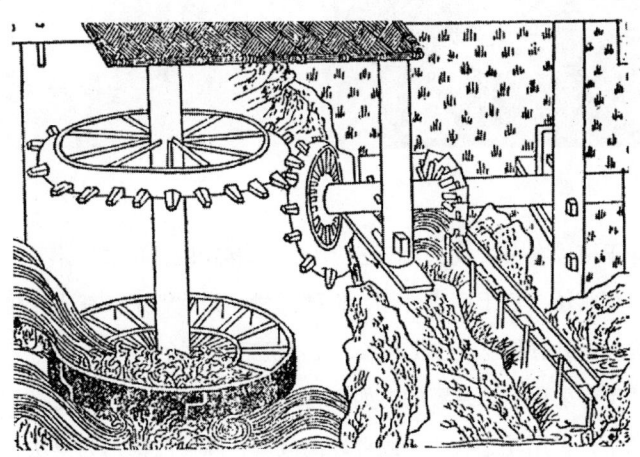

水转翻车

(二)水轮、轴组合式

这种组合方式的水力机械,能量的转换和传递同上组的形式一样,只是不用齿轮,水轮一般采用卧轮,工作机械一般都安置在卧轮的上端,直接由轴来带动。比如水磨,水碾等。

（1）水磨：王祯《农书》载："凡欲置此磨，必当选择用水地所，先傍并岸舞水激轮，或别引沟渠，掘地栈木，栈上置磨，以轴转磨，中下彻栈底，就作卧轮以水激之，磨啼轮转，比之陆磨，功力数倍，此卧轮磨也。"

（2）水碾：王祯《农书》载："水碾，水轮转碾也。其碾制上同（指工作机械部分相同），但下仁卧轮或立轮，如水磨之法，轮轴上端，穿其锅干，水激则瞒随轮转，循槽练谷，疾若风雨、脚所毁米，比于陆碾，功利过倍。"

水磨

水碾

（3）水轮三事：王祯《农书》载："水轮三事，谓水转轮轴，可兼三事，磨碧碾也。初则置立水磨，变麦作面，一如常法，复于磨之外周，造碾圆槽，如欲毁米，就水轮轴首易磨置著，既得标米，则去碧置碾祸，干循槽碾之，乃成熟米，夫一机三事，始终俱备……。"

这种组合方式，也有采用竖轮装置的，如水转筒车。王祯《农书》载："筒车，流水筒轮。凡制此车，先视岸之高下，可用轮之大小，须要轮高放岸，筒贮放槽乃为得法。其车之所在，自上流排作石仓，斜瓣水势，急凑筒车，其轮就轴作毂，轴之两傍，阁放桩柱山口之内，轮辐之间，除受水板外，又作木圈，缚绕轮上，就系竹筒或木筒（原注：谓小轮则用竹筒，大轮则用木筒）放轮之一周，水激轮转，众筒兜水，次第下顷龄岸上，所横木槽，谓之天池，以灌田稻，日夜不息，决胜人力。"

水轮三事

（4）水碓：一名翻车碓，也名连机碓。王祯《农书》说其构造是："造作水轮；轮轴长可数尺，列贯横木相交，如滚枪之制，水激轮转，则轴间横木，间打所排，碓梢一起一落，舂之，即连机碓也。凡在流水举傍，俱可设置，须度水势高下为之。"

水碓

（三）杠杆式

利用杠杆两边平衡的原理来做工的，它的一边注水，一边做工。注水的一边，当水注满重量超过做工这一边时，注水这一边因重量增加而下落，工作这一边就上升；而当注水一边下落水溢出时，因重量减轻又上升，做工这一边就下落，如此不断循环，就会出现一上一下不断地工作。这是古代利用水力的又一种形式。

杠杆式

典型机械是槽碓。王祯《农书》记载："凡所居之地，间有泉流稍细，可选低处，置碓一区，一如常碓之制，但前程减细，后梢深阔，为槽可贮水斗徐，上蔽以厦，槽在厦外，乃自上流用览，引水下注于槽，水满则后重而前起，水泻则后轻而前落，即为一舂，如此昼夜不止，毁米两斛，日省二工，以岁月积之，知非小利。"这在清朝康熙五十八年（1719年）《绍兴府志·水碓》中亦有记载："诸暨、嫌山家多有之，藉水之力以舂，……又有木构碓，碓干之末，佮为杓，以注水，水满则倾，而碓舂之。"可谓水无涓滴不为用，云碓无人水自舂。

如上三种工事的三种方式，这些水力机械都是由一些简单的机械部件如轮、轴、齿轮、杠杆等所构成，但创造出的却是许多灵巧又实用的水力农机具，它充分反映了古代中国人民的聪明与智慧，做到了"实践出真知"的科学统一。

除了如上几种正面阐述之外，水也会给人类带来副作用，成为人类社会演进中的一大隐患，下面就结合防洪来阐述。

从某种程度来看，洪水就是一种天灾，它是自然界自然发生的事件。在文明之初，人类力量极其有限，面对滔滔洪水，往往无计可施，任凭洪水肆虐，进而产生了"河神"的概念。河神常指黄河水神，是中国古代最有影响的河流神，殷王朝建立以后，对河神的祭祀极为重视，建立河神庙，春秋战国时地方性的河流崇拜十分活跃。《史记·封禅书》载：及秦共天下，令调官所常奉天地名山大川鬼神可得而序也。水曰河，调临晋。州《旧唐书·礼仪志四》载：（唐玄宗天宝六载）河读封灵源公。《宋志·礼志八》载：仁宗康定元年，沼封河读为显圣灵源王。《元史·顺帝纪》

载：至正十一年加封河读神号灵源神佑宏济王。

　　当然，河神概念的出现只能是文明初年的事情。从另一个视角来看，防洪它已经演变成了一个切切实实的人学概念。因为，在人没有出现之前，不可能存在防洪之说，也不可能有河神这一类事件的产生。因此，从哲学层面检视，防洪就是人学概念。首先，防洪意味着人已经从原始蒙昧状态脱胎而出，正在认识与把握自然规律的征途上取得很大的成绩与进步。因此，防洪的出现，就是人的发展，也是人类的进步。

　　在人类的防洪史上，往往记住的总是那些防洪历史上骄人的战绩，例如大禹治水及都江堰、三峡工程等，然而，在人类历史上，防洪并非总是一帆风顺，只是人的习性在于喜欢记住那些让人激动人心的时刻，而对那些不好乃至于悲惨的事情往往喜欢迅速忘记。因此，在人类防洪的历史过程中，始终交织着人的主观能动性与客观规律性的相互交织！正是人们，尤其是中华民族的人们，善于摸索、探究，在认识与利用防洪与灌溉的客观规律上取得了骄人的成绩，也才有了今天防洪历史上的骄傲！这样看来，防洪问题就是一个人的主观能动性与客观规律性相互交织的问题。当然，这一点也必然警示人们，在防洪过程中，规律是客观的，只能遵循与利用，而不能过度自信，只有做到二者最大限度一致，才能最终做得更好。

　　认识总是无止境。从某种程度看，从对水的认识、利用与开发的程度与水平，在一定意义上，可以看出一个时代科技的发展水平。当前，全世界正进入空前的发展机遇期，同时，也进入了能源消耗的高峰期！如何在保证经济可持续发展与环境保护保持同步，已经是摆在全人类面前的一项重大课题！这一紧迫课题的解决，有赖于坚持主观能动性与客观规律性的高度统一。既要发挥积极性，又要尊重客观规律，在二者的高度统一中实现对水的运用的持续创新与发展，不断开拓新型能源开发与利用的新境界！我们有充分理由相信：水，不仅是解决人类能源危机的突破口，也是解决当前以及今后人类"应当如何生活"的价值入口；水，必将为解决人类难题提供崭新的契机，也将为实现中国梦添砖加瓦。

第四章 以水为鉴的历史观

历史观，即人们对社会历史的根本观点、总的看法，是世界观的组成部分。历史观主要研究"社会"和"人"这两个核心的要素。历史观的基本问题是社会存在与社会意识的关系问题，这是哲学基本问题在社会历史领域的延伸。在以水为源的中国古代哲学思想中，历史观呈现出了以水为鉴的特征。中国古代历史上，诸多哲学家、思想家、文学家、艺术家、科学家通过对水的观察、体验和思考，阐发了对历史的看法与观点，形成了丰富而深刻的史学思想。孔子观东流之水，发出"逝者如斯夫！不舍昼夜"的慨叹。水，作为历史的一面镜子，激发了孔子强烈的历史感，孔子以水为鉴，阐发对历史运动变化的认识，对历史发展规律的洞悉，对历史人物的评价，对历史功用的概括，对于中国传统史学的发展起到了奠基的作用。孟子，作为孔子思想的主要继承者，继承了孔子的史学思想并有所深化。孟子从水的鉴照中看到了中华文明的缘起与进步，觉察到了社会历史运行的规律，捕捉到了社会运行所需之核心价值观念，将孔子以水为鉴的历史观推到了新的高度。荀子，作为一代学术宗师，以水作为论据阐发对中国历史朝代兴衰更迭规律的认识，提出了"君者舟也，庶人者水也；水则载舟，水则覆舟"的重要观点，对中国古代历史观的发展产生了广泛而深远的影响。水，不管是在儒家哲学思想，还是道家哲学思想，抑或是佛家哲学思想中，都蕴含着深刻的涵义，通过水意象传达出的历史人生观，浓缩了古代先哲对历史与人生的多维思考。水，在哲学家、思想家、文学家、艺术家、科学家的视野中，具有了生命特征与性格特点，成为人生与历史绵延不断的象征，奔流不息、昼夜不停的川水蕴含着深邃悠长的历史人生蕴涵。在中国古代文学史、艺术史、科学史上，诸多的哲学家、思想家、文学家、艺术家、科学家由水引发了关于历史与人生的深沉思考，留下了极具历史哲理的不朽名篇。

第一节　水是历史的一面镜子

孔子（约公元前551—前479），名丘，字仲尼，春秋末期鲁国人，不仅是大思想家、大教育家、大政治家，还是大历史学家，是中国传统史学的奠基人。孔子修《春秋》、编《尚书》，堪称中国史学史之风云大事件。不仅如此，孔子编次的其他经书以及发表的其他史论对中国传统史学的发展都产生了广泛而深远的影响。这些成就都离不开水的孕育和滋养。孔子正是通过对水的观察、体验和思考，才激发了强烈的历史感，从社会、历史的层面，从哲学思辨的角度，从立身教化的观念出发,阐发对历史运动变化的认识,对历史发展规律的洞悉,对历史人物的评价,对历史功用的概括,形成了丰富而深刻的史学思想。

一、逝川之慨

子在川上,曰:"逝者如斯夫!不舍昼夜。"(《论语·子罕》)孔子伫立川上,观东流之水,奔流不息的川水不但令孔子乐之悦之,而且还引发了孔子强烈的感慨。

东汉初时包咸对孔子的这句话作出了注释:"逝,往也。言凡往也者如川之流。"(《论语注疏·子罕》)东汉末时郑玄亦曰:"逝,往也。言凡往者如川之流也。"(《论语集解义疏·卷五》)从包咸与郑玄的解释可以看出,"逝"意为"往",孔子

孔子

所说的意思即为凡往之事物都如川流之水,不舍昼夜。孔子为何会有如此之感慨与孔子当时正处于"川上"有关。滚滚而逝的川水在孔子眼中有着独特的魅力。西汉董仲舒对孔子的慨叹作出了解释:"水则源泉混混,昼夜不竭,既似力者;盈科后行,既似持平者,循微赴下,不遗小间,既似察者,循谷不迷,或奏万里而必至,既似知者;障防山而能清净,既似知命者;不清而入,洁清而出,既似善化者;赴千仞之壑,入而不疑,既似勇者;物皆困于火,而水独胜之,既似武者;孔子在川上曰:'逝者如斯夫!不舍昼夜。'此之谓也。"(《春秋繁露·山川颂》)奔流不息的川水带给孔子的视觉冲击与心理冲击是巨大的,正如梁人黄侃说:"孔子在川水之上,见川流迅迈未尝停止,故叹人年往去亦复如此,向我非今我,故云'逝者如斯夫'者也。"(《论语集解义疏·卷五》)宋人邢昺也指出:"孔子感叹时事既往,不可追复也。逝,往也。夫子因在川水之上,见川水之流迅速,且不可追复,故感之而兴叹,言凡时事往者,如此川之流夫,不以昼夜而有舍止也。"(《论语注疏·子罕》)宋代朱熹对孔子逝川之慨解释得更为详尽:"子在川上,曰:'逝者如斯夫!不舍昼夜。'天地之化,往者过,来者续,无一息之停,乃道体之本然也。然其可指而易见者,莫如川流。故于此发以示人,欲学者时时省察,而无毫发之间断也。程子曰:'此道体也。天运而不已,日往则月来,寒往则暑来,水流而不息,物生而不穷,皆与道为体,运乎昼夜,未尝已也。是以君子法之,自强不息。及其至也,纯亦不已焉。'又曰:'自汉以来,儒者皆不识此义。此见圣人之心,纯亦不已也。纯亦不已,乃天德也。有天德,便可语王道,其要只在谨独。'愚按:自此至篇终,皆勉人进学不已之辞。"(《四书章句集注·论语集注·子罕第九》)

正是奔流不息、日月不停的川水，让孔子产生了"逝者如斯夫"的万千慨叹。话虽寥寥，但它却包含着丰富而深刻的内容，反映出了孔子敏锐的历史感。水，犹如一面镜子，不仅映照出了我们每一个人逝去的青春岁月，而且还映照出了整个的历史。

二、孔子的历史发展观

"逝者如斯夫！不舍昼夜。"孔子通过观东流之川水朴素地认识到，宇宙间的一切物质都在不停息地运动变化着，如同奔流不息的逝川一般；并且，宇宙万物的运动和变化，是自然而然的，一切都由物质的天性决定，如同水的奔流不息由水的天性使然。孔子说道："天何言哉？四时行焉，百物生焉，天何言哉？"（《论语·阳货》）这句话的意思是：天说过什么？天不说话，照样四季运行，百物生长。《论衡·卜筮》对这句话进行了更深入的解读："天不言，则亦不听人之言。天道称自然无为。也就是说，一年四季，春夏秋冬的不停息更替，昼夜旦暮的转移，万物的生生不息，新陈代谢，这些都是按照自己固有的规律进行的，不以人的意志和安排为转移。孔子多次阐发这样的道理，如"迅雷风烈，必变"（《论语·乡党》），"草上之风，必偃"（《论语·颜渊》），"岁寒然后知松柏之后凋也"（《论语·子罕》）等，这些都是论述自然万物的运动与变化状态的。孔子认为，世界上，上到日月星辰，下到草木松柏诸物，都处在运动变化之中，日夜不停，生生不息。

"逝者如斯夫！不舍昼夜"这句话，表达了孔子对自然万物存在状态的看法，一切都在变化，"不变的一"即永恒的本体就是这个流变着的物质世界本身。在这种哲学背景下，孔子对自己的物质观与运动观倾注了更多的历史思考和人生情怀，并在这种哲学沉思与人生情感的支配下去瞭望、领悟和发现人类社会历史的发展演变规律。

孔子所处的时代，是社会向前发展并剧烈变动的时代。处于这样的时代，孔子深切地意识到，社会历史是不断前进的，并且孔子敏锐地发现，社会历史文化的发展既有继承，也有变化，后一个历史朝代对前一个朝代有继承，有兴革，并可以以此预见未来。《论语·为政》载："子张问：'十世可知也？'子曰：'殷因于夏礼，所损益，可知也；周因于殷礼，所损益，可知也。其或继周者，虽百世，可知也。"这段话的大意为，子张问孔子："今后三百年的礼仪制度可以预先知道吗？"孔子说："殷朝继承夏朝的礼仪制度，所废除的，所增加的，是可以知道的；周朝继承殷朝的礼仪制度，所废除的，所增加的，是可以知道的。将来或者有周朝的后继者，就是以后三千年，也是可以预先知道的。"仔细分析这一段对话，可以看出，孔子对社会历史有着深刻的认识：首先，历史朝代是不断更替的，夏王朝被殷商取代，殷商被周王朝取代，同样，周王朝也将被其他朝代取代，任何一个朝代都会经历这样的命运，社会历史就是不断更替变化的；其次，社会历史的变迁一般不是采取激变的形式，而是采取渐变的形式，社会的发展中既有继承也有兴革，是有损有益的；再次，社会历史的发展变化趋势是可以预见的。孔子不仅看到了社会历史的变迁之态，而且还洞悉到社会历史的发展变化是有规律可循的。孔子承认社会变革的继承性和变异性是普遍的规律，并且预见不管社会历史发展到什么时候都是如此，即"百世可知也"。社会历史的运动是不断前进和发展的运动。中国历史上各个朝代的兴衰更替，也都充分证明了孔子"百代可知"的历史发展观是正确的。孔子还以"百代可知"的历史发展损益论反观人本身，指出："后生可畏，焉知来者不如今也。"（《论语·子罕》）孔子充分肯定人类发展的历史必然性，这种实事求是的治史精神和对人类社会历史发展的预见是难能可贵的。

三、孔子的历史人物评议观

孔子的逝川之慨，不仅反映出孔子敏锐的历史感，体现了孔子对社会历史发展规律的洞悉，而且还蕴含着孔子对历史人物的评议观。

孔子不仅看到社会历史是不断前进和发展的，而且肯定人在历史发展长河中的伟大作用，重视历史人物所作出的社会贡献。在孔子看来，社会历史的发展需要既注重品德修养又能造福于社会的人，即能内圣又能外王的人。谁才称得上是这样完美的人？从对水的观察、思考中，孔子受到了启发，得出了答案，只有治水英雄禹才能达到这样完美的境界。《论语·雍也》载："子贡曰：'如有博施于民而能济众，何如？可谓仁乎？'子曰：'何事于仁，必也圣乎！尧舜其犹病诸！'"这段话的意思是，子贡问孔子："如有人能让百姓都得到实惠，又能扶贫济困，怎样？可算仁人吗？"孔子说道："岂止是仁人！必定是圣人！尧舜都做不到！"孔子十分重视"博施于民"的功业成就，并认为尧和舜虽然心有余但力不足，没有达到"博施于民"的至高境界。相较于尧、舜二位圣人，孔子将致力于兴修水利的治水英雄禹摆在了更高的位置。诸多的文献资料表明，孔子对禹更为称道。"禹，吾无间然矣。非饮食，而致孝乎鬼神；恶衣服，而致美乎黻冕；卑宫室，而尽力乎沟洫。禹，吾无间然矣。"（《论语·泰伯》）"羿善射，奡荡舟，俱不得其死然；禹稷躬稼，而有天下。"（《论语·宪问》）孔子认为，禹不仅具有仁德之心，而且致力于造福百姓，宁可过粗茶淡饭、衣着简朴的生活，宁可不居住华美的宫殿，也要尽一切力量去兴水利除水害。禹的精神是最伟大、最值得称赞的，禹可以称得上是一匡天下的历史人物。

孔子从逝川之慨中生发出的重人事的历史观，在孔子所修《春秋》中也得到了较为充分的体现。《春秋》是我国现存最早的一部编年体史书，记载的主要是从鲁隐公元年（公元前 722 年）到鲁哀公十四年（公元前 481 年）的历史，涵盖了 240 多年的春秋各国大事，包括各国的朝聘、会盟、争霸、讨伐、战争等重大政治、军事、历史事件。但从历史人物评议层面看，《春秋》记述的是人的历史。在《春秋》中，不乏记述重要人物及其活动的篇幅，即使是记述自然现象，也多与人事密切相关。对于《春秋》中的这些篇幅，孔子从逝水之中悟出的历史人物评议观有着重要的影响。

四、孔子的史学功用观

在"逝者如斯夫！不舍昼夜"的感慨中，孔子的史学功用观也得到了彰显。历史，可以明智。逝川之水如同一面镜子，映照出了每一个人逝去的历史，也映照出了每一个人的人生态度。"时光如流水，岁月不停息。"青春一去不复返，万事万物都会成为匆匆的过客。面对滔滔不绝之川水，回望苦短的人生，无数文人墨客都有着孔子"逝者如斯夫"的共鸣。"人生天地之间，若白驹之过隙，忽然而已。"（《庄子·知北游》）"日月忽其不淹兮，春与秋其代序。惟草木之零落兮，恐美人之迟暮。""老冉冉其将至兮，恐修名之不立。""吾令羲和弭节兮，望崦嵫而勿迫。路漫漫其修远兮，吾将上下而求索。"（屈原《离骚》）"对酒当歌，人生几何，譬如朝露，去日苦多。"（曹操《短歌行》）"感朝露，悲人生，逝者如斯安得停。"（陆机《乐府·顺东西门行》）"逝川前后水，浮世短长生。"（李群玉《长沙开元寺昔与故长林许侍御题松竹联句》）"英雄倾夺何纷然，一盛一衰如逝川。"（孙逖《丹阳行》）"自古浮华能几几，逝波终日去滔滔。"（贯休《山居诗二十四首》）"人随川上逝，书向壁中留。"（崔曙《登水门楼见亡友张贞期题望黄河诗因以感兴》）"君不见黄河之水天上来，奔流到海不复回！君不见高堂明镜悲白发，朝如青丝暮成雪！人生得意须尽欢，莫使金樽空对月。"（李白《将尽酒》）"江畔何人初见月，江月何年初照人。人生代代无穷已，江月年年只相似。不知江月待何人，但见长江送流水。"（张若虚《春江花月夜》）"逝者如斯，而未尝往也；盈虚者如彼，而卒莫消长也。"（苏轼《前赤壁赋》）众多哲人与诗人心有戚戚的喟叹，呼应了孔子的逝川之慨，彰显了孔子以水为鉴、以史明智的史学功用观。孔子希望人们能从对历史的沉思与感叹中，领悟到人生的真谛，能学习逝川之水不舍昼夜、不断进取的精神，努力将有限的生命投入到无限的人生事业中去。孔子自身也为我们树立了光辉的榜样，尽管为了弘扬儒道而屡屡受挫碰壁，但依然如奔流不息的川水执著地奋斗着，追求着人生的"正道"。

孔子以奔流不息、昼夜不停的川水为鉴，激发出强烈的历史感，生发出丰富的历史认识，形成深刻的史学思想。孔子作为中国古代史学的伟大开创者，中国古代史学思想的奠基者，中国史学优良传统的奠基者，对后世历史学的发展产生了深远的影响。

第二节　历　史　在　哪　里

孟子（约公元前390—前305），名轲，是战国时期著名思想家、哲学家、政治家、教育家，也是历史学家。作为孔子思想的主要继承者，孟子不仅继承、弘扬、发展了孔子的儒家之道，而且也继承了孔子的史学思想并在孔子的基础上有所深化和完善。或许是受孔子的影响，孟子史学思想的形成也有着水的影子。孟子提出："观水有术，必观其澜"。从水的鉴照中，孟子看到了中华文明的缘起与进步，觉察到了社会历史运行的规律，捕捉到了社会运行所需的核心价值观念，将孔子以水为鉴的历史观推到了新的高度。

孟子

一、"观水有术，必观其澜"

"知者乐水，仁者乐山。"（《论语·雍也》）孟子，同孔子一样，有着强烈的爱水情结。《孟子》洋溢着对水浓烈的喜爱与赞美之情。当徐子问孟子："仲尼亟称于水，曰：'水哉，水哉！'何取于水也？"（《孟子·离娄下》）孟子答道："原泉混混，不舍昼夜。盈科而后进，放乎四海，有本者如是，是之取尔。苟为无本，七八月之闲雨集，沟浍皆盈；其涸也，可立而待也。故声闻过情，君子耻之。"（《孟子·离娄下》）孟子还讲道："沧浪之水清兮，可以濯我缨；沧浪之水浊兮，可以濯我足。"（《孟子·离娄上》）

从对流水与沧浪的观察中，孟子敏锐地看到了水不舍昼夜、盈科后进的可贵品质与追求，凝练出了深刻的哲理。孟子明示："孔子登东山而小鲁，登泰山而小天下。故观于海者难为水，游于圣人之门者难为言。观水有术，必观其澜。日月有明，容光必照焉。流水之为物也，不盈科不行；君子之志于道也，不成章不达。"（《孟子·尽心上》）

这段话虽然简短，但内涵丰富深刻。通过这段哲言，孟子不仅告诉人们"登东山而小鲁，登泰山而小天下"故"观于海者难为水，游于圣人之门者难为言"的人生真谛，而且以水之"不盈科不行"的品质激励志于道的君子循序渐进、成章后达，更为重要的是孟子在这段话中还提出了"观水有术，必观其澜"的观点。

从历史观看，孟子"观水有术，必观其澜"与孔子"每临大水必观焉""逝者如斯夫！不舍昼夜"，是相契合的，是一脉相承的。"逝者如斯夫！不舍昼夜"，激起孔子强烈的历史意识，引得后世哲人、诗人、思想者对历史的无限沉思。同样，"观水有术"的孟子亦带着敏锐的历史感，从对水之形态、性质与功用的观察与思考中找到依据和戒鉴，阐述其历史思想，让人们看到了水在中华民族历史扉页上绽放出的夺目光彩。

二、水与中华文明的缘起及进步

"观水有术，必观其澜。"以水为鉴，孟子认识到，华夏民族的起源、发展、兴衰与变化，都与水有着密切的关联，水孕育了中华文明，促进了华夏文明的发展与进步。细读《孟子》，书中诸多地方讲到了华夏先民的治水活动。

"当尧之时，天下犹未平，洪水横流，泛滥于天下。草木畅茂，禽兽繁殖，五谷不登，禽兽逼人。兽蹄鸟迹之道，交于中国。尧独忧之，举舜而敷治焉。舜使益掌火，益烈山泽而焚之，禽兽逃匿。禹疏九河，瀹济漯，而注诸海；决汝汉，排淮泗，而注之江，然后中国可得而食也。当是时也，禹八年于外，三过其门而不入，虽欲耕，得乎？后稷教民稼穑。树艺五谷，五谷熟而民人育。"（《孟子·滕文公上》）"当尧之时，水逆行，泛滥于中国。蛇龙居之，民无所定。下者为巢，上者为营窟。《书》曰：'洚水警余。'洚水者，洪水也。使禹治之，禹掘地而注之海，驱蛇龙而放之菹。水由地中行，江、淮、河、汉是也。险阻既远，鸟兽之害人者消，然后人得平土而居之。"（《孟子·滕文公下》）

孟子通过以上描述，阐明了治水对于华夏民族生存和发展的重要意义。华夏民族发祥于黄河流域，古代先民过着随水而居的生活，然而，洪荒的泛滥对中华民族造成了极大的威胁。禹接受其父鲧治水失败被杀的沉痛教训，采取疏九河而不是堵的方法，全力治水，除掉水患，使华夏民族得以拯救。在率领华夏先民治水的过程中，松散的氏族部落联盟逐步融合，华夏民族逐渐形成。战胜洪水后，华夏先民平地而居，建立了中国历史上的第一个王朝——夏朝，华夏文明得以开启。基于对治水与中华文明密切关联的洞察，孟子对禹极为称道。当与孟子同时代的水利专家、辅佐魏惠王的大臣白圭（名丹，字圭）自称治水"愈于禹"时，孟子说道："子过矣。禹之治水，水之道也。是故禹以四海为壑，今吾子以邻国为壑。水逆行，谓之洚水。洚水者，洪水也，仁人之所恶也。吾子过矣。"《孟子·告子下》孟子进一步指出禹因势利导成功治水的丰功伟绩，强调了治水对于推动华夏文明进步的重要作用。孟子认为："天下之言性也，则故而已矣。故者以利为本。所恶于智者，为其凿也。如智者若禹之行水也，则无恶于智矣。禹之行水也，行其所无事也。如智者亦行其所无事，则智亦大矣。天之高也，星辰之远也，苟求其故，千岁之日至，可坐而致也。"《孟子·离娄下》

在孟子的思想中，不仅水的治理活动对中华民族的生存和发展具有重要意义，而且关于水的管理活动也使中华民族形成了一种特有的社会组织方式——井田制，推动了中华民族的生产与生活水平的提高。

井田制是一种具有综合性能的社会经济制度，包含土地耕作方式、租税制度、宗族制度、军事组织和村落形式等多方面的内容。井田制最初为何物？孟子详细地做了描述："死徙无出乡，乡田同井。出入相友，守望相助，疾病相扶持，则百姓亲睦。方里而井，井九百亩，其中为公田。八家皆私百亩，同养公田，公事毕，然后敢治私事，所以别野人也。"（《孟于·滕文公上》）孟子指出，公共水井的存在，让同族之人聚居在一起生活，形成了聚井而居的自然社区，形成亲密无间的社会关系，同时共同的自然水源也让同族人一起劳作，形成组织严密有序的生产方式，这是中华民族早期的主要生产生活方式和管理方式。

孟子认为，井田制的形成与发展与水井有着密切的关联。井田制的实施，在中华民族的历史上有着重要的地位，促进了自然村落的形成，孕育了早期的社会组织，增强了社会组织的凝聚力和秩序化，融洽了社会成员之间的关系，对于满足中华民族生产和生活的需要，推动生产生活水平的提高起到了重要作用。

三、水与社会历史发展趋势及规律

"观水有术"的孟子，从水流淌的趋势中看到了历史发展的趋势和社会运行的规律，并以水流的特性和功能为喻，形象地阐发了"仁政"的思想和主张。孟子说："桀纣之失天下也，失其民也；失其民者，失其心也。得天下有道：得其民，斯得天下矣；得其民有道：得其心，斯得民矣；得其心有道：所欲与之聚之，所恶勿施尔也。民之归仁也，犹水之就下、兽之走圹也。故为渊驱鱼者，獭也；为丛驱爵者，鹯也；为汤武驱民者，桀与纣也。今天下之君有好仁者，则诸侯皆为之驱矣。虽欲无王，不可得已。今之欲王者，犹七年之病求三年之艾也。苟为不畜，终身不得。苟不志于仁，终身忧辱，以陷于死亡。"（《孟子·离娄上》）孟子还说："天下莫不与也。王知夫苗乎？七八月之间旱，则苗槁矣。天油然作云，沛然下雨，则苗浡然兴之矣。其如是，孰能御之？今夫天下之人牧，未有不嗜杀人者也，如有不嗜杀人者，则天下之民皆引领而望之矣。诚如是也，民归之，由水之就下，沛然谁能御之？"（《孟子·梁惠王上》）

在孟子看来，顺流而下，是水的本性，这就如同民心所向，无人能抵御。孟子以此告诫统治者，只有实行仁政，才是民心所向，大势所趋，才能使民众"犹水之就下、兽之走圹"般归之于仁。反之，"不以仁政，不能平治天下"。（《孟子·离娄上》）统治者如果实行暴政，将会如桀与纣一样失去民心，失去天下。

对于如何实施仁政，使百姓归之，各国的君主们不得其解，孟子为他们指明了方向。孟子以"民于水火，救之则迎"的前车之鉴告诫君主，要志于仁，得民心，就必须把人民从水生火热的深重灾难中拯救出来。孟子曾对齐宣王说："今燕虐其民，王往而征之，民以为将拯己于水火之中也，箪食壶浆，以迎王师。"（《孟子·梁惠王下》）"取之而燕民悦则取之，古之人有行之者，武王是也；取之而燕民不悦则勿取，古之人有行之者，文王是也。以万乘之国伐万乘之国，箪食壶浆以迎王师，岂有他哉？避水火也！如水益深、如火益热，亦运而已矣。"（《孟子·梁惠王下》）孟子还说："其君子实玄黄于篚以迎其君子，其小人箪食壶浆以迎其小人，救民于水火之中、取其残而已矣。"（《孟子·滕文公下》）孟子又说："诸侯危社稷，则变置。牺牲既成，粢盛既洁，祭祀以时，然而旱干水溢，则变置社稷。"（《孟子·尽心下》）

孟子取"水"充足之意，认为治天下之本，应使民之"菽粟"如水一样充足。孟子说："易其田畴，薄其税敛，民可使富也。食之以时，用之以礼，财不可胜用也。民非水火不生活，昏暮叩人之门户，求水火，无弗与者，至足矣。圣人治天下，使有菽粟如水火。菽粟如水火，而民焉有不仁者乎？"（《孟子·尽心上》）只有让百姓的财富像水一样富足，百姓才会拥护君主，爱戴君主，天下才会大治。

对于仁政的实施，孟子认为，统治者必须切实、全力地贯彻，始终如一地坚持，真心实意地以百姓的利益为利益，施仁政于民众，而绝不能仅仅把仁政当做权宜之计。孟子以水必然胜火的事实，说明了这一道理："仁之胜不仁也，犹水胜火。今之为仁者，犹以一杯水，救一车薪之火也；不熄，则谓之水不胜火，此又与于不仁之甚者也。亦终必亡而已矣。"（《孟子·告子上》）孟子告诫治国之君，实施仁政必会胜于暴政，就如同水能灭火、胜于火一样。但一些所谓的实施仁政的君主们，他们的施仁却好比用一小杯水去扑灭一车木柴燃起的大火，火焰没有扑灭，他们就认为水不能胜过火,这样的仁德之君实际上与那种不仁德的统治者相差无几,以后他们也一定会将仅有的那一点仁德丧失殆尽。孟子以水之胜于火的例子,形象地说明了仁政胜于暴政的道理,同时还深刻地指出,如果治国之君对仁政不坚持到底,只可能如杯水车薪般无济于事,如果治国之君沽取仁德之好名而虚情假意地实施仁政,必然不会收到仁政的效果。

孟子从观水之中生发出的仁政思想,直白透彻,气势磅礴。"观水有术"的孟子取"水"之义,以"水"之性,警示治国之君必须行"道"之本、行"善"之本,以"民"为本,只有这样,民众才会像"水"一般归附之。

四、水与人性、社会的价值取向

人性是个古老的话题。这一话题早在春秋时期就已提出,从诸子的典籍中亦能找到踪迹。孔子认为"性相近也,习相远也",荀子指出"性恶,其善者伪也",告子指出"性无善无不善"。孟子与众人相异,另辟蹊径,提出了人性之善的学说,并以水作载体,阐发人性之善的思想。孟子认为,善是人的一种价值取向,人性天生就是平等的,都有趋向善的本能,只要人们经过合理的引导,就能使人性获得不断提升。对人性的认知,直接关系到一个社会的价值取向,对社会的运行和发展有着重要的影响。

在《孟子·告子上》中,记载了孟子关于人性的谈论和激辩。告子将人性比作湍急的河水,河水无所谓东西,人性也没有善恶。对于告子据水之特性得出的"性无善无不善"之说,睿智的孟子同样以水之特性为依据,运用推缪的方法予以有力辩驳:"水信无分于东西,无分乎上下乎?人性之善也,犹水之就下也。人无有不善,水无有不下。今夫水,搏而跃之,可使过颡;激而行之,可使在山,是岂水之性哉?其势则然也。人之可使为善,其性亦犹是也。"孟子指出,水流的确没有向东或者向西的定向,但是水流难道就没有向上或者向下的趋向吗?人性的趋善,就如同水向低处流一样。水没有不向下流的,这是自然之势;同样,人性也没有不趋善的,这也是人的本质。水,一经拍打就可以飞溅起来,高过人的额头;而如果截住水流,使之倒流,则能将它引向高山,这是水流的本性吗?这是形势的改变导致的。同样,人可以让他做坏事施恶行,这也与本性无关。

公都子更为全面地提出人性问题与孟子讨论,孟子进一步阐述了人性趋善的思想。孟子指出:"乃若其情,则可以为善矣,乃所谓善也。若夫为不善,非才之罪也。"(《孟子·告子上》)孟子认为,至于人本来的性情,那是可以使它善良的,这就是人性善良的含义。至于有的人行为不善,那不是人本质的问题。孟子所指出的人性之善与人性本善不同,孟子强调人性是趋向善的,而不是说人性本来就是善的。"人性之善也,犹水之就下也"。孟子要指明的是:人性是趋向善的,就犹如水是趋向低处流的。

孟子通过与公都子的对话,进一步提出"求则得之,舍则失之"的思想。孟子认为,对于人性之善,求索就能得到,放弃便会失去。对于人自身来说,应不断提高思想修养,追求更高的境界,完善自我的精神;对于社会而言,则应积极引导人们形成对于善的价值认知。"舜之居深山之中,与木石居,与鹿豕游,其所以异于深山之野人者几希。及其闻一善言,见一善行,若决江河,沛然莫之能御也。"(《孟子·尽心上》)舜住在深山中的时候,与木、石为伴,与鹿、猪往来,跟深山中的野人没什么差别。但当他听到一句善言,见到一次善行,就会去学习,从中获得的力量就像是决了口的江河,其汹浦澎湃的势头没有人能够阻挡。孟子以舜为例说明,即使是舜这样的圣人,如果没有引导的话,也不会发挥善的本能。

在与公都子的对话中,孟子借用了《诗经》与孔子的言论表达了对人性的期盼:"《诗》曰:'天生蒸民,有物有则。民之秉夷,好是懿德。'孔子曰:'为此诗者,其知道乎!故有物必有则,民之秉夷也,故好是懿德。'"(《孟子·告子上》)上天生育了人类,万物皆有法则,人们掌握了规律和法则,就会崇尚美好的德行。在孟子看来,善是人的一种价值取向,只要人们以自身的理性形成对善的认知,就会去追求真正的人性之善,实现自己所想要的美满。对于社会而言,只要人们经过合理的引导,就能使人性获得不断的提升,从而形成正确的价值取向,整个社会才能良性运行。孟子以水的自然之势,阐发的人性趋善说,充分肯定了人的道德意识的普遍性,具有积极的社会意义。

第三节 载舟覆舟说

荀子(约公元前313—前238),名况,字卿,是战国时期著名的思想家、政治家,同时也是卓越的历史学家。作为一代学术宗师,荀子对中国历史朝代兴衰更迭的思考是相当深刻的,其博大精深的思想主要体现于《荀子》一书中。《荀子》载入了不少极具历史哲理的精辟论述。

"马骇舆,则君子不安舆;庶人骇政,则君子不安位。马骇舆,则莫若静之;庶人骇政,则莫若惠之。选贤良,举笃敬,兴孝弟,收孤寡,补贫穷。如是,则庶人安政矣。庶人安政,然后君子安位。传曰：'君者、舟也，庶人者、水也；水则载舟，水则覆舟。'此之谓也。"（《荀子·王制》）"鲁哀公问于孔子曰：'寡人生于深宫之中，长于妇人之手，寡人未尝知哀也，未尝知忧也，未尝知劳也，未尝知惧也，未尝知危也。'孔子曰：'君之所问，圣君之问也，丘、小人也，何足以知之？'曰：'非吾子无所闻之也。'孔子曰：'君入庙门而右，登自阼阶，仰视榱栋，俯见几筵，其器存，其人亡，君以此思哀，则哀将焉而不至矣？君昧爽而栉冠，平明而听朝，一物不应，乱之端也，君以此思忧，则忧将焉而不至矣？君平明而听朝，日昃而退，诸侯之子孙必有在君之末庭者，君以思劳，则劳将焉而不至矣？君出鲁之四门，以望鲁四郊，亡国之虚则必有数盖焉，君以此思惧，则惧将焉而不至矣？且丘闻之，君者，舟也；庶人者，水也。水则载舟，水则覆舟，君以此思危，则危将焉而不至矣？'"（《荀子·哀公》）

荀子

为了阐发对历史更迭、王业兴衰规律的认识，荀子以水作为论据进行了形象而生动的阐述和论证，提出了载舟覆舟说，折射出了荀子穿越历史的深邃目光，反映了荀子以水为鉴历史观的深湛。

一、载舟覆舟说的理论基础

载舟覆舟说有着深厚的理论基础。《国语·鲁语》说："居官者当事不避难，在位者恤民之患，是以国家无违。"为官者要体恤百姓之疾苦，这样才能国泰民安。《左传》进一步阐述，"是宜为君有恤民之心"，即君主应心存百姓，要有爱护百姓之胸怀。《左传·桓公六年》载："季梁曰：上思利民，忠也。"君主爱护百姓，为百姓谋福利，可称之为"忠"，成为对君主道德评判的准则。

荀子的载舟覆舟说与孔子的思想也是一脉相承的。《论语·宪问》载，子路向孔子请教何谓君子。孔子回答说："修己以安百姓。"孔子认为，君子当修养身心，使自己具有崇高的道德品格，用以从政，使百姓安居乐业。《论语·颜渊》说，子贡问孔子如何治理政事。孔子回答，粮食充足，军备充足，百姓就会有信心。孔子提出："百姓足，君孰与不足？百姓不足，君孰与足？"。治国者应使百姓生活富足，这样国家才会富强，江山社稷才会稳固。这些都蕴含着君民舟水关系的思想因子。

孟子的民本思想也为荀子提供了启示。孟子提出"保民而王"的命题，主张爱护百姓就可以当王，取得天下，这一命题实际上包含了"以民为本"之意，与荀子的载舟覆舟说有着契合之处。孟子不仅指出为政要从百姓利益出发，政治措施要符合百姓利益，而且还对人民群众的地位作了明确阐述与界定。孟子曰："民为贵，社稷次之，君为轻。是故得乎丘民而为天子。"孟子将人民群众的地位放在最高的位置上，国家政权次于人民群众，而君主则又次于国家政权。只有取得百姓的拥护，才可以成为天子。孟子提出的"民贵君轻"思想具有先进性，符合客观实际。在孟子"民贵君轻"思想基础上，荀子进一步洞察得以提出载舟覆舟说。

二、载舟覆舟说的历史基础

载舟覆舟说的提出，对历史发展规律的洞察，源于荀子对中国历史实践的深刻思考。从中国历史上的第一个王朝——夏朝，至荀子生活的战国时期，无不让荀子深切地认识到，"水则载舟，水则覆舟"。得民心者得天下，失民心者失天下。

夏朝，作为中国历史上的第一个王朝，建立及灭亡的背后都有着深刻的原因。洪荒年代，禹治水成功，让百姓安居乐业，百姓拥戴他成立了夏王朝。自孔甲继位为夏王后，不理朝政，迷信鬼神，专事打猎玩乐，导致人民怨恨，诸侯反叛。至夏代末年，桀即位时，各国诸侯已不来朝贺。桀不思改革，骄奢淫逸，筑倾宫，饰瑶台，终日与妹喜及宫女饮酒作乐，挥霍无度，弄得国空民伤。不仅如此，桀还置百姓的苦难于不顾，下令四处搜刮民财，抢夺财富，对民众及所属方国、部落进行残酷奴役，弄得民不聊生，日益失去人心。大臣关龙逢多次劝谏，桀囚而杀之。百姓忍无可忍，指着太阳咒骂桀，称愿意跟桀一起灭亡。桀的荒淫暴政，最终激起了臣民的强烈反抗，四方诸侯纷纷背叛，桀陷入内外交困的孤立境地。鸣条之战爆发，商汤战胜桀，桀出逃后死于南巢。一个经历了400多年历史的强大王朝从此灭亡。

商与夏相比，本是一小国，何以打败强大的夏王朝？这缘于商汤的得民心之举。商汤在左相仲虺和右相伊尹的辅佐下，对内鼓励百姓安心农耕，饲养牲畜；对外团结各诸侯、方国。百姓无不爱戴商汤，称赞汤乃有德之君，一些诸侯也认为商汤值得信赖，陆续叛夏而归顺商，商汤得以推翻夏桀，建立新的王朝。

然而，至商纣王时期，国内矛盾十分激化，纣王奢侈无度，荒淫无比，耗巨资建豪华宫殿园林，建鹿台，造酒池，悬肉为林，整日醉生梦死，过着穷奢极欲的生活，使国库严重亏空，百姓不堪重负。且纣王刚愎自用，听不进忠臣意见，杀比干，囚箕子，使得诸侯、贵族也不得不反叛。最终由于失去人心，商纣被西周灭掉。

西周的兴亡同样与人心向背有关。周武王，周文王，因贤明，备受诸侯百姓爱戴，最终在诸侯百姓支持下灭掉商纣，建立了西周。然而，至周幽王时期，国家已趋败落，周幽王却贪婪腐败，昏庸无能，在关中发生大地震，灾情严重、民不聊生的情况下依然加重对百姓的剥削，置百姓于水火之中，引起百姓强烈的不满。不仅如此，周幽王还整日沉湎酒色，不理国事，甚至为博得宠妃褒姒一笑，下令在传报军情的烽火台上点烽火，致使众诸侯、大臣怨愤而去。最终因失去百姓与众臣的支持，西周灭亡。

从夏朝至战国时期，历史的车轮不断前进，然而历史又在不断地重演。观历朝之兴衰成败，无不与人心向背相关。君主贤明，洞悉国情，体恤百姓，百姓则会拥护爱戴，政权才会稳固，国家才会兴旺昌盛；反之，君主昏庸，疏于治国，残暴不仁，民心则会弃之，推翻苛政，建立新政权。从历朝历代的盛衰更迭中，荀子认识到了社会历史发展的规律，提出了载舟覆舟说。

三、载舟覆舟说的含义与内容

载舟覆舟说，从君与民的关系上揭示了历史发展、朝代更替的内在规律。对于载舟覆舟说的深刻含义，荀子从君、民的维度进行了详细的阐述，将其中蕴含的政治智慧与历史哲理充分展现出来。

在荀子看来，君主是一国政治权利的执掌者，是"国之隆也"，君主的地位必须突出。荀子说："人之生不能无群，群而无分则争，争则乱，乱则穷矣。故无分者，人之大害也；有分者，天下之本利也；而人君者，所以管分之枢要也。"（《荀子·富国》）"君者，何也？能群也。能群也者，何也？曰善生养人者也。"（《荀子·君道》）荀子认为，人作为社会的动物，必须以群体的方式生存，这种独特的生存方式，使得君主得以出现并执掌权利，维护安治，使民生养，必须把君主置于突出的位置。"君者，国之隆也；父者，家之隆也。隆一而治，二而乱，自古及今，未有二隆争重而能长久者。"（《荀子·致士》）君主作为一国的重心，是国家安定、天下太平的重要因素。

荀子指出，作为政权的执掌者、政令的执行者，君主的德行对臣民的思想行为会起到重要的影响。荀子以水源的清浊对支流的影响为喻，深刻地进行了阐述："君子者，治之原也。官人守数，君子养原，原清则流清，原浊则流浊。故上好礼义，尚贤使能，无贪利之心，则下亦将綦辞让，致忠信，而谨于臣子矣。"（《荀子·君道》）荀子尤为重视君主自身的品德修养。"主者民之唱也，上者下之仪也。彼将听唱而应，视仪而动。"（《荀子·正论》）"君者仪也，民者景也，仪正而景正。君者，盘也，盘圆而水圆。君者，盂也，盂方而水方。君射，则臣决。楚庄王好细腰，朝有饿人。"(《荀子·君道》)荀子以君为仪、为盘、为盂,以民为景、为水,指出君王统驭臣民,犹如仪决定景、盘盂决定水一样,形象地阐述了君主德行对臣民百姓德行的巨大影响力,强调了君主德行的重要性。

在对历史兴亡的考察和思考中,荀子敏锐地发现,历朝历代的盛衰成败无不与人心的向背有着极大关系,人民群众是君主赖以存在的基础,人民的力量是无比强大的,可以支持拥护君主的贤明统治,也可以让偌大的王朝倾覆。虽然荀子强调君主为"一国之隆"之地位,主张尊君,但荀子不主张君本位,之所以重视君主的地位,主张立君,是为民着想而提出。荀子说:"天之生民,非为君也;天之立君,以为民也。故古者列地建国,非以贵诸侯而已;列官职,差爵禄,非以尊大夫而已。"(《荀子·大略》)荀子与孔子、孟子一样,也是一个民本论者。荀子尤为重视人民群众的力量。荀子认为,如果君主体恤百姓,努力为人民谋福利,则会赢得百姓的爱戴;反之,如果君主视百姓如草芥,在百姓头上作威作福,则会失去百姓的支持,百姓甚至会揭竿而起,推翻王朝的统治。荀子多次阐发:"君者,民之原也,原清则流清,原浊则流浊,故有社稷不能爱民、不能利民,而求民之亲爱己,不可得也。"(《荀子·君道》)"马骇舆,则君子不安舆;庶人骇政,则君子不安位。马骇舆,则莫若静之;庶人骇政,则莫若惠之。选贤良,举笃敬,兴孝弟,收孤寡,补贫穷。如是,则庶人安政矣。庶人安政,然后君子安位。传曰:'君者、舟也,庶人者、水也;水则载舟,水则覆舟。'此之谓也。"(《荀子·王制》)"且丘闻之,君者,舟也;庶人者,水也。水则载舟,水则覆舟,君以此思危,则危将焉而不至矣?"(《荀子·哀公》)荀子以舟与水的关系形容君与民的关系,形象地说明了人民群众的伟大力量和重要作用,以此警示执掌政权的君王:君主应为民为本,以仁治国,江山社稷才会稳如磐石;反之,君王如实施暴政,不体恤民困,百姓则会让君王的统治翻覆。

君与民的关系,历史朝代的更替是重大的历史课题。从总体上讲,荀子对这一问题的思考是深刻的。荀子在指出君主是臣民之枢并负有统治臣民职责的同时,强调了君与民互相影响、互相依存的关系,君主虽然是一国之重心,政权的执掌者,但是君主必须正确运用权力,多为百姓谋福利,才会赢得百姓的拥护。自古以来,历朝历代的更替为荀子的载舟覆舟说提供了无可辩驳的铁证。

四、载舟覆舟说的历史影响

载舟覆舟说在历史上产生了深远的影响。"水则载舟,水则覆舟"不仅成为中国几千年朝代更迭、君王兴废的谶语,而且也成为流传久远的治国古训。

秦始皇统一六国，结束战乱频繁的战国时代，建立了大秦帝国。然而，自秦朝统一六国到灭亡，只有短短15年时间。秦朝的覆亡，重要原因就是秦二世因暴政而失去民心。秦二世统治时期，不以仁政治理天下，实施严刑酷法，极为凶残，如民众犯法，诛及三族；一户违法，比邻连坐，百姓人人自危。不仅如此，秦二世毫不体恤民困，不断加重对民众的剥削和压迫，苛索民众，加重徭役，修建阿房宫，发民远戍。百姓生活于水深火热中，不堪重负，终于忍无可忍，最终推翻秦朝统治。

西汉末年，王莽篡夺汉朝政权建立新朝。称帝15年间，王莽大肆改革，号为新政，实为复古。王莽以王田制为名恢复井田制，把盐、铁、酒、币制、山林、川泽收归国有，控制市场流通，一系列措施导致百姓未蒙其利，反深受其害，且王莽朝令夕改，使百姓大为不满，遂纷纷起义，攻入长安，最终新朝灭亡。

东汉末年，朝廷腐败，外戚势力与宦官横行朝堂，结党营私，迫害忠良，且对百姓横征暴敛，残害百姓，民众无不怨愤。在全国大旱、颗粒不收的情况下，朝廷仍不体恤民情，赋税丝毫不减，愤怒的民众纷纷揭竿而起，头扎黄巾，高喊"苍天已死，黄天当立，岁在甲子，天下大吉"的起义口号，对东汉朝廷发起猛烈攻击，黄巾起义爆发，成为中国历史上规模最大的农民起义之一。

隋朝末年，隋炀帝实施残酷的统治，为修筑大运河、搜集奇石异兽，加重百姓徭役，让百姓苦不堪言，且隋炀帝为炫耀国威，三次出兵征战高句丽，让无辜百姓死伤无数，造成深重的灾难，令矛盾激化。最终隋炀帝的暴政引起农民起义和地主反抗，使得本处强盛之际的隋朝，转而迅速灭亡。

元朝后期，统治异常腐朽，苛捐杂税不断，百姓不堪重负。在自然灾害频发、黄河水患严重的情况下，朝廷仍不断征收各种名目的赋税，百姓的生活异常艰苦。各地百姓纷纷加入起义队伍，最终元朝统治于1368年倾覆。

历朝历代的盛衰成败无不印证了"水则载舟，水则覆舟"的历史发展规律。这也让历朝历代有较高历史意识和政治觉悟的明君以此为镜鉴，吸取深刻的历史经验教训，正确处理与民众的关系，使国家长治久安。

唐太宗李世民，作为中国历史上最有作为的皇帝之一，之所以将中国古代封建经济、政治发展到了顶峰，取得了"贞观之治"的理想局面，在于唐太宗能学习并深刻理解"水则载舟，水则覆舟"的治国古训，从中寻找治国的良方。敢于直谏的魏征向唐太宗谏言："怨不在大，可畏惟人；载舟覆舟，所宜深慎。奔车朽索，其可忽乎。"（《谏太宗十思疏》）唐太宗虚心接受，并与魏征、房玄龄等重臣共览史书，讨古论今，论证"民水君舟""水可载舟亦可覆舟"的道理。唐太宗指出："天子者，有道则人推为主，无道则人弃而不用，诚可谓也。"（《贞观政要·论政体》）唐太宗告诫太子李治："舟所以比人君，水所以比黎庶，水能载舟，亦能覆舟。"（《贞观政要·教戒太子诸王》）一国之君应认识到君主独治只会导致国家的败亡，只有君主心存百姓才能稳固江山社稷。"水则载舟，水则覆舟"成为唐太宗李世民的"治世名言"。

皇太极，也是一个善于利用"载舟覆舟"谋略的政治家。1636年，皇太极继承帝位，改号大清。他不仅善骑射，而且喜爱阅读汉族古典经籍，对"载舟覆舟"之说颇为推崇并付诸实践。在治军作战的过程中，皇太极对将士十分关怀，深得将士之心，使士卒都能乐于为之效死，因此将士士气高昂，战斗力极强。皇太极不仅爱惜士卒，而且对于明朝官兵注重优俘抚降。这些政策对满清入主中原、统治中国起了重要的推动作用。

第四节 哲学中的水历史

清澈的水是透明的，可以映出各种影像，包括历史。水是历史的一面镜子。水对历史的鉴照功能在中国传统文化中备受瞩目，很早就进入了儒、释、道三家的哲学视野。水，尤其是流水，作为意象，在儒家、道家、佛家哲学思想中蕴含着深刻的含义，通过水意象传达出的历史人生观，浓缩了古代先哲对历史与人生的多维思考。

一、儒家哲学中的水历史

在儒家思想中，水有着强大的鉴照功能，可以作为历史的镜鉴。从流水的意象中，儒家体察到了深刻的历史哲理和精神内涵，产生了强烈的历史感与惜时叹逝的生命意识。自孔子至后世，儒家典籍中都有着对水的历史鉴照功能的阐释，且展示出前后相承的脉络。

孔子观东流之水，曰："逝者如斯夫！不舍昼夜。"（《论语·子罕》）奔流不息的川水激发出了孔子强烈的历史感。自奔流不息的川水中，孔子看到了历史与时光的影子。

孟子，对孔子的逝川之叹进行了解读："仲尼亟称于水，曰：'水哉，水哉！'何取于水也？"（《孟子·离娄下》）"原泉混混，不舍昼夜。盈科而后进，放乎四海，有本者如是，是之取尔。苟为无本，七八月之闲雨集，沟浍皆盈；其涸也，可立而待也。故声闻过情，君子耻之。"（《孟子·离娄下》）赵岐《孟子章指》云："言有本不竭，无本则干涸，虚声过实，君子耻诸。是以仲尼在川上曰'逝者如斯'，明夫子此语，既赞其不息，且知其有本也。"孟子也有着常人无法超越时间规定性的感叹。孟子在孔子的基础上作了进一步发挥，提出观水有术，君子应从观水之中体悟进德不息的精神，加强自我道德修养，固其根本，志于道而不已。

荀子将孔子的逝川之慨解释为："孔子观于东流之水。子贡问于孔子曰：'君子之所以见大水必观焉者，是何？'孔子曰：'夫水遍与诸生而无为也，似德。其流也埤下，裾拘必循其理，似义。其洸洸乎不淈尽，似道。若有决行之，其应佚若声响，其赴百仞之谷不惧，似勇。主量必平，似法。盈不求概，似正。淖约微达，似察。以出以入以就鲜洁，似善化。其万折也必东，似志。是故见大水必观焉。'"（《荀子·宥坐》）荀子欣赏孔子的观水之术，从汹涌奔流而不枯竭的水意象中看到了世界之本及生生不息、循环不止的道。此外，荀子还承袭了孔子敏锐的历史感，从对水的观察与思考中明白了"水则载舟，水则覆舟"的深刻历史哲理。

两汉时期的儒家学者对孔子的逝川之慨进一步探讨，为之作注释的学者众多，但很多汉注都已遗失，留下来的极少。根据现有文献资料显示，东汉初包咸曾对孔子的"逝者如斯夫！不舍昼夜"作出了较为经典的注释："逝，往也。言凡往也者如川之流。"（《论语注疏·子罕》）东汉末郑玄也作出过类似注解，指出："逝，往也。言凡往者如川之流也。"（《论语集解义疏·卷五》）从对"逝者如斯夫！不舍昼夜"的解读中，汉代学者挖掘到了其中包含的历史含义，凡过往之事物都如川流之水，不舍昼夜。

魏晋南北朝时期的儒家学者对"逝者知斯夫！不舍昼夜"有着更深刻的认识，从中体悟到时光的流逝，并对生命的短促有着强烈的感叹。程树德《论语集注》载："孔子在川水之上，见川流迅迈，未尝停止，故叹人年往去，亦复如此。向我非今我：故云'逝者如斯夫'者也。斯，此也。夫，语助也。日月不居，有如流水，故云'不舍昼夜'也。"《皇疏》云："川流不舍，年逝不停，时已晏矣，而道犹不行，所以忧叹。""言人非南山，立德立功，俯仰时迈，临流兴怀，能不慨然。""川流不舍""年逝不停"生动地传达出了魏晋南北朝时期儒士对时光流逝、青春不再、事业仍无成的悲叹，一种强烈的忧生之感跃然纸上。这一时期的儒士常常在这个意义上引用点化这一句名言，如何承天《石流篇》载："石上流水，湔湔其波。发源幽岫，永归长河。瞻彼逝者，岁月其偕。子在川上，惟以增怀。嗟我殷忧，载劳寤寐。遘此百罹，有志不遂。行年倏忽，长勤是婴。……"但这一时期的儒士在感叹时光流逝的同时，还强调人应当珍惜时光，不断进取以实现人生理想。如曹操《步出夏门行·观沧海》云："东临碣石，以观沧海。水何澹澹，山岛竦峙。树木丛生，百草丰茂。秋风萧瑟，洪波涌起。日月之行，若出其中；星汉灿烂，若出其里。幸甚至哉！歌以咏志。"曹操描写了壮丽苍茫的大海，还融进了自己的想象和夸张，通过日月星辰在海水中的映像，突出海洋的博大，富有涵容性，仿佛整个宇宙都是由它生出，全诗展现出一派吞吐宇宙的宏伟气象，大有"五岳起方寸"的势态，反映了他"老骥伏枥，志在千里"的壮士胸襟，展露了他建功立业的雄心壮志与对未来的发展充满信心的乐观气度。

隋唐时期，儒士依然秉持着临水叹逝的心理，在隋唐时期的诗文中有所体现。如张九龄《登荆州城望江二首》云："东望何悠悠，西来昼夜流。岁月既如此，为心那不愁。"王维《过沈居士山居哭之》云："逝川嗟尔命，丘井叹吾身。"岑参《韩员外夫人清河县君崔氏挽歌二首》其二云："徒有清河在，空悲逝水流。"李白《古风》云："逝川与流光，飘忽不相待。"杜甫《少年行》云："黄衫年少宜未数，不见堂前东逝波。"白居易《不二门》云："流年似江水，奔流无昏昼。"杜牧《卞河阻冰》云："浮生恰似冰底水，日夜东流人不知。"李商隐《和人题真娘墓》云："虎丘山下剑池边，长遣游人叹逝川。"

宋朝时期，随着儒学的新发展，一些学者对"逝者如斯夫！不舍昼夜"进一步从哲学的高度作出阐释。宋朝学者邢昺指出："'子在川上曰：逝者如斯夫！不舍昼夜'。正义曰：此章记孔子感叹时事既往，不可追复也。逝，往也。夫子因在川水之上，见川水之流迅速，且不可追复，故感之而兴叹，言凡时事往者，如此川之流夫，不以昼夜而有舍止也。"（《论语注疏·子罕》）宋朝学者基本认同"逝者如斯夫！不舍昼夜"中寄托的时光易逝及生命短暂之叹，并从哲学的高度强调其中包含的"勉人进学、进德不已"之意。朱熹说道："子在川上，曰：'逝者如斯夫！不舍昼夜。'天地之化，往者过，来者续，无一息之停，乃道体之本然也。然其可指而易见者，莫如川流。故于此发以示人，欲学者时时省察，而无毫发之间断也。程子曰：'此道体也。天运而不已，日往则月来，寒往则暑来，水流而不息，物生而不穷，皆与道为体，运乎昼夜，未尝已也。是以君子法之，自强不息。及其至也，纯亦不已焉。'又曰：'自汉以来，儒者皆不识此义。此见圣人之心，纯亦不已也。纯亦不已，乃天德也。有天德，便可语王道，其要只在谨独。'愚按：自此至篇终，皆勉人进学不已之辞。"（《四书章句集注·论语集注·子罕第九》）朱熹认为，川流不息乃是天地之道的具体体现，孔子以之为喻，要众人明白道体之本然，进而法道体而进学不已。朱熹从道体的高度阐释了孔子的逝川之叹。在朱熹看来，孔子的"逝者如斯夫！不舍昼夜"并不只是感慨岁月如流，更多的是勉励学者法道体，爱惜景光，进学不辍。

明清时期，学术亦是昌隆之时，儒士们对"逝者如斯夫"的阐释在继承宋儒之说的基础上多有发挥。明代儒学之集大成者王阳明曾说:"天道之运,无一息之或停;吾心良知之运,亦无一息之或停。良知即天道,谓之亦则犹二之矣。知良知之运无一息之或停者,则知惜阴矣,知惜阴者,则知致其良知矣。子在川上曰:'逝者如斯夫!不舍昼夜。'此其所以学如不及至于发愤忘食也。尧舜兢兢业业,成汤日新又新,文王纯亦不已,周公坐以待旦,惜阴之功,宁独大禹为然?"清初儒士顾炎武道:"日往月来,月往日来,一日之昼夜也。寒往暑来,暑往寒来,一岁之昼夜也。小往大来,大往小来,一世之昼夜也。子在川上曰:'逝者如斯夫!不舍昼夜。'通乎昼夜之道而知,则终日乾乾,与时偕行,而有以尽乎《易》之用矣。"顾炎武对孔子逝川之慨的理解承袭宋儒之意,认为道通乎昼夜,终日乾乾,运行不已。较之顾炎武,同时期的王夫之对孔子逝川之慨的阐发则更为深入精微,见出胜义。王夫之说道,"川流既与道为体,逝者即道体之本然。川流体道,有其逝者之不舍;道体之在人心,亦自有其逝者,不待以道为成型而法之","'君子以自强不息',是用天德,不是法水。水之'不舍昼夜'是他得天德一分刚健处。逝者,天德之化迹也,与水亦有,与人亦有。到水上,只做得个'不舍昼夜'。于人,更觉光辉发越,一倍日新"。① 王夫之认为,"逝"为道体之本然,为"天德",表现在川流之上,就是"不舍昼夜",表现在人身上就是刚健有力、自强不息。人心如道体、天德,有自强不息的精神,不待以道为成型而法之。相较于宋儒的"勉人进学、进德不已",王夫之更进一步地强调了人的自主性和人心自觉的重要性,人自会自强不息,不需如宋儒所说的要"君子法之"。

二、佛家哲学中的水历史

"水"在佛教思想中是一个很重要也很广泛的意象。在佛教典籍中,水意象很多,意蕴也很丰富,但其中水的历史人生意蕴是最核心的意蕴之一。佛家吸收了儒家提出的"逝者如斯夫"思想并有所运用与创新,着重以水的流转不息、易逝难追和水泡的速生瞬灭来象征时光的逝去、生死的流转、人生的无常,形成了佛家以水为鉴的历史人生观,激励着佛家弟子静心修行,追求涅槃的最高境界。

自佛教传入中国后,与儒家思想、道家思想不断交融,从中大量地吸收了儒家、道家思想中的积极成分。对于儒家提出的"逝者如斯夫!不舍昼夜"一说,佛教文献中有较多引用与阐释。东晋时期,佛教学者僧肇大师撰有《物不迁论》,说道:"庄生之所以藏山,仲尼之所以临川,斯

---

① [清] 王夫之. 读四书大全说(上)[M],北京:中华书局,1975:343-345.

皆感往者之难留"。① 僧肇大师指出，孔子是感叹往者之难留而临川伤逝。至五代时期，佛学大师释延寿所撰《宗镜录》也指出："孔子在川上曰：'逝者如斯夫！不舍昼夜。'逝者往也，浩浩迅流，未曾暂住，昼夜常然，亦叹世人之不觉，故云：'斯皆感往者之难留，岂曰排今而可往？'此庄孔俱叹逝往难留。"② 对于孔子的逝川之慨，佛家不仅进行引用与阐释，而且还用来论述佛家之理。宋代学者陈善所撰《扪虱新话》中载有一篇《孔子说与楞严经合》，说道："子在川上曰：'逝者如斯夫！不舍昼夜。'此意甚妙，惜乎当时弟子无能发问者，故未尽孔子之意。予读《楞严经》，波斯匿王问佛言……佛言：'汝今自伤发白面皱，其面必定皱于童年。则汝今时观此恒水，与昔童时观河之见，有童耄否？'王曰：'否也，世尊。'佛言：'大王，汝面虽皱，而此见精，性未尝皱。皱者为变，不皱非变。变者受灭，彼不变者元无生灭，云何于中受汝生死？而犹引彼末迦黎等，都言此身死后全灭。'王闻此言，信知身后，舍生趣生，得未曾有。予以此语可足孔子之意，盖孔子说前段佛说后段合是二说其意乃全。"③ 这段话讲解的是《楞严经》中波斯匿王问佛何以不灭之事，大意为：波斯匿王向佛诉说，随着年龄渐增，自己一天天老去，怎样才能"不生灭地"？佛以恒河水未变形象地说明性未尝变，"彼不变者元无生灭"，以此阐述佛何以不灭之理。陈善指出，"逝者如斯夫！不舍昼夜"，意即流水一直处于变化之中，一直向前奔流而去，不停息，但其中却有不变者，即河流的本性未变。据此，陈善认为，孔子逝川之慨与佛说之意是相合的，"逝者如斯夫！不舍昼夜"蕴含着佛何以不灭之理。

佛家还将由水引发的强烈历史感融入佛教思想中。这一点在佛教三法印思想中有明显体现。佛教三法印，即"诸行无常，诸法无我，涅槃寂静"，是佛教的基本教义。佛教三法印思想认为，世界万物都没有恒常的存在，一切事物和现象都处于迁流变化中，人的生命也处于永恒不停息的生死相续之中，人的生命短暂无常，无从把握，是一个痛苦煎熬的过程，而生命最大的痛苦就在于人始终处于生死之流中，处于循环往复、永无停歇的轮回中，人生如同水流，易逝难追而又无休无止。《大般涅槃经》说："是身无常，念念不住，犹如电光暴水幻炎；亦如画水；随画随合。"生命的无常，就如同电光一般转瞬即逝，如同流水暴雨一样奔腾不息、流转不停，无法阻挡却又不能左右。此外，在佛家典籍中，水泡也是一个重要的意象，常用来比喻人的生命，说明人的生命就如同梦幻泡影一样短暂易灭、转瞬即逝。《大般涅槃经》中说："若是行者为生灭法。譬如

---

① 石峻.中国佛教思想资料选编[M].北京：中华书局，1981.
② [宋]释延寿.宗镜录（卷七）[M].西安：三秦出版社，1994.
③ [宋]陈善.扪虱新话[M].北京：中华书局，1985.

水泡，速起速灭，往来流转，犹如车轮。"生命的短暂与流逝，如同速起速灭的水泡，流转往复。《金刚经》说："一切有为法，如梦幻泡影，如露亦如电，应作如是观。"《契经·五阴诵》同样以水泡喻人生："诸比丘，譬如大雨大泡，一起一灭。明目士夫，谛观思惟分别。谛观思惟分别时，无所有、无牢、无实、无有坚固，所以者何？以彼水泡无坚实故。"每个人都在无尽的时间之流中，如水泡般起起灭灭、永无停歇。

在佛教十二因缘说中，水也有着明显的历史人生意味。根据十二因缘说，佛教将人生命的最终原因归结为十二因缘，人生就是由无明、行、识、名色、六处、触、受、爱、取、有、生、老死十二个环节组成，其中无明是行的因，行是识的缘，识是名色的因，名色是六处的缘，如此继续直至生是老死的因。这十二个前后相继的环节如同水流不歇，每一个人都是在这样的生死流转中不断循环往复，结束了一个十二因缘的流程，下一个十二因缘的流程又随即开始，因此，人总是处于生死流的痛苦之中而无法解脱。但如果人能在"生"这一环节进行修行，加强自身的业力，则能成功地"截生死流"，跳出十二因缘的流程和魔咒，从苦难中解脱，获得涅槃，到达西方极乐世界。

以水为鉴，佛家体悟到了佛理中的历史人生意蕴，并以此自勉，潜心修行。一些佛僧、禅师从水的流转不息与转瞬即逝中体悟人生的生死无常，追求对时间的超越和超脱。乐普和尚，撰有《浮沤歌》，载道："秋天雨滴庭中水，水中漂漂见沤起。前者已灭后者生，前后相续何穷已。本因雨滴水成沤，还缘风激沤归水。不知沤水性无殊，随他转变将为异。外明莹，内含虚，内外玲珑若宝珠。正在澄波看似有，及乎动著又如无。有无动静事难明，无相之中有相形。只知沤向水中出，岂知水不从沤生。权将沤体况余身，五蕴虚攒假立人。解达蕴空沤不实，方能明见本来真。"乐普和尚以水泡之喻，告诉人们，万物始终都处在刹那生灭变化中，是空幻不实的，但也因此刹那即成永恒。再如寒山的《生死譬》说道："欲识生死譬，且将冰水比，水结即成冰，冰销返成水。已死必有生，出生还复死。冰水不相伤，生死还双美。"（《全唐诗》）以冰和水喻生和死，冰水同体，生死一如。佛僧、禅师们从对水的观察思考中有了既深刻又独特的认识，从中懂得了人生本为空无，并非实有，要有任运随缘的精神，修行自身，打破时间的魔咒，消解时间易逝难追的伤痛，归于空静和自然。

一滴水，可以照见整个太阳的光辉。同样，一滴水，可以反映出整个中华传统文化的光辉。儒、释、道思想，作为中华民族的传统文化，虽然有着各自不同的思想认识体系，但都从水中鉴照到了历史和人生，形成了既相互独立又相互融合的历史观。

三、道家哲学中的水历史

道家思想中的水,同样闪耀着历史人生哲理的光辉。水的意象在道家哲学里,与其特有的历史观、时间观、生命观连在了一起,成为蕴含其独特思想的突出意象。

道家创始人老子指出:"上善若水,水善利万物而不争,处众人之所恶,故几于道。"(《道德经·第八章》)老子以水喻道,将虚幻的道具体化、感性化,形象地揭示道是宇宙万物的本源,指出"道生一,一生二,二生三,三生万物"。老子认为,天地万物都处在运动和变化的状态中,提出"反者,道之动;弱者,道之用"的思想。"反者,道之动"即指道推动着万事万物向着对立面运动转化。老子曾讲道:"祸兮,福之所倚;福兮,祸之所伏。"这段精辟之语道出了老子对历史、对人生的看法,不论是谁,不论是什么时候,都不可能永恒不变,都处在福祸之间,福祸相互转化且转化的过程无穷无尽。老子还进一步指出:"万物并作,吾以观其复。夫物芸芸,各复归其根。归根曰静,静曰复命。复命曰常,知常曰明。"这段话的意思是:说万物运动循环往复,最后都要复归根本,即"静",也就是归于事物的本性,即"自然"。老子认为,能认识到这种规律性,才是明智之举。"弱者,道之用"是指在道的作用下,万事万物都有其柔弱的本性。老子说道:"人之生也柔弱,其死也坚强。草木之生也柔脆,其死也枯槁。故曰:坚强死之徒也,柔弱生之徒也。是以兵强则不胜,木强则拱。故坚强处下,柔弱处上。"这段话意思是:人活着的时候,身体是柔软的,死了的时候,就变得僵硬了;草木欣欣向荣的时候,形质是脆弱的,花残叶落的时候,就变得干枯了;"坚强"的东西已失去了生机,"柔弱"的东西则充满着生机;故而军队强大就不能取胜,树木强大就会弯拱;坚强的趋向下降,柔弱的趋向上升;最能持久的东西不是刚强者,反是柔弱者。老子还以水为喻,形象地阐述"弱"积累到一定程度就会发展为"强"的道理。老子说道:"天下莫柔弱于水,而攻坚强者莫之能先,以其无以易之也。柔之胜刚也,弱之胜强也,天下莫弗知也,而莫之能行也。故圣人云:'受国之垢,是谓社稷之主;受国之不详,是谓天下之王。'正言若反。"(《道德经·第七十八章》)这些经典阐述,反映了老子对历史、对人生的深刻理解。

庄子同样重视水的鉴照功能,从对水的观察与思考中体悟历史,体悟人生。《庄子·天道》云:"水静则明烛须眉。平中准,大匠取法焉。水静犹明,而况精神。圣人之心静乎,天地之鉴也,万物之镜也。"《庄子·德充符》也说道:"人莫鉴于流水,而鉴于止水。唯止,能止众止。"以水为鉴,庄子认识到人生的短暂易逝,慨叹道:"万物一齐,孰短孰长?道无终始,物有死生"。(《庄子·秋水》)"人生天地之间,若白驹之过隙,忽然而已。"(《庄子·知北游》)生命的过程如白驹过隙般转瞬即逝且不可逆转。鉴于此,庄子提出,人要想超越生死,就需要通过"心斋""坐忘"

以达到至高的境界，在这种境界中，自我作为个体，消融于宇宙天地间，心与天地万物同流，"得而不喜，失而不忧""生而不说，死而不祸"（《庄子·秋水》），就如同"浩浩荡荡，横无际涯"的浩瀚之水与天地浑然同一一般。

后世道家学人承继了老庄以水为鉴的历史哲学思想，同时吸收儒家的逝川之慨说，从而使道家历史观、时间观、生命观有所发展。北宋时期道家江遹，曾对《列子》（又名《冲虚至德真经》）作注解指出："粥熊曰：'运转亡已，天地密移，畴觉之哉？故物损于彼者盈于此，成于此者亏于彼。损盈成亏，随世随死。往来相接，间不可省，畴觉之哉？凡一气不顿进，一形不顿亏，亦不觉其成，不觉其亏。亦如人自世至老，貌色智态，亡日不异；皮肤爪发，随世随落，非婴孩时有停而不易也。间不可觉，俟至后知。'解曰：物与化为体，体随化而迁……俯仰之间，已形万变……求之于身，百年之役，颜色智态，皮肤爪发，无日不异，亦已明甚，奈何其不自悟耶。此庄子藏舟于壑之义也，子在川上曰逝者如斯，大盖明此也。"① 在这段注解中，江遹以"子在川上曰逝者如斯"来说明世间万物变化不已，往来相接无穷无尽，时光易逝，人生易老，道家中人应如庄子藏舟于壑一般修行自悟。南宋时期的林希逸也曾撰有《庄子鬳斋口义》，载道："黄帝再拜稽首曰：'广成子之谓天矣！'广成子曰：'来！余语汝。彼其物无穷，而人皆以为终；彼其物无测，而人皆以为极。得吾道者，上为皇而下为王；失吾道者，上见光而下为土。今夫百昌皆生于土而反于土，故余将去汝，入无穷之门，以游无极之野。吾与日月参光，吾与天地为常。当我，缗乎！远我，昏乎！人其尽死，而我独存乎！'"对此，林希逸注解道："广成子之谓天者，言其可与天合一也。物安有穷？而人必求其所终，物岂可测？而人必求其所极，是以有涯而随无涯也。此两句极有味，以粗言之，则'打铁作门限，鬼见拍手笑'，亦此意。易不终于既济，而终于未济，是知物无穷而物无测也。子在川上而曰'逝者如斯夫'，亦指其无穷无测者言之。"② 在这里，林希逸借孔子的逝川之慨阐述了道家"无穷无测者"的历史人生蕴涵，揭示了道家独特的历史人生观。

第五节 科学中的水历史

中国古代科学有着悠久的历史，辉煌的成就。在中国古代科学史上，呈现出了科学人才辈出、

---

① [宋]江遹.冲虚至德真经解[M].上海：上海古籍出版社，1987.
② [宋]林希逸.庄子鬳斋口义校注[M].周启成校注.北京：中华书局，1997.

科学著作大批问世、科学成果灿烂辉煌等诸多特征。从中国古代科学体系的主要构成部分来看，不管是数学、医学还是天文学等，都与水有着密切的关联。

一、数学中的水历史

数学，是研究数量、结构、变化以及空间等概念的一门学科。在中国古代，数学称作算术，又称算学。中国古代的算术是六艺之一（六艺中称为"数"）。数学起源于人类早期与水相关的生产实践活动，古代先民正是从治水的实践活动中积累了数学知识，形成了数学观念，发现了数学规律，并将所获得的数学知识应用于解决与水相关的实际问题。

早在大禹治水时期，数学就已产生。在《周髀算经》这一中国古代最早的数学著作中，曾记述了这样一段西周数学家商高与周公探讨数学起源问题的对话："昔者周公问于商高曰：'窃闻乎大夫善数也，请问古者包牺立周天历度。夫天不可阶而升，地不可得尺寸而度。请问数安从出？'商高曰：'数之法，出于圆方。圆出于方，方出于矩。矩出于九九八十一。故折矩，以为句广三，股修四，径隅五。既方之外，半其一矩。环而共盘，得成三、四、五。两矩共长二十有五，是谓积矩。故禹之所以治天下者，此数之所生也。'"（《周髀算经·卷上》）数学，作为一门科学，产生于大禹治水的实践活动，数学的历史序幕由大禹治水的实践活动拉开。

对于大禹在治水过程中应用数学知识的故事，先秦典籍《山海经·海外东经》中有所提及："帝命竖亥步，自东极至于西极，五亿十选九千八百步。竖亥右手把算，左手指青丘北。一曰禹令竖亥。一曰五亿十万九千八百步。"

西汉史学巨著《史记》也记载了大禹在治水工程中运用规矩准绳等进行数学测量的故事。《史记》卷二载道："禹乃遂与益、后稷奉帝命，命诸侯百姓兴人徒以傅土，行山表木，定高山大川。禹伤先人父鲧功之不成受诛，乃劳身焦思，居外十三年，过家门不敢入。薄衣食，致孝于鬼神。卑宫室，致费于沟淢。陆行乘车，水行乘船，泥行乘橇，山行乘檋。左准绳，右规矩，载四时，以开九州，通九道，陂九泽，度九山。令益予众庶稻，可种卑湿。命后稷予众庶难得之食。食少，调有馀相给，以均诸侯。禹乃行相地宜所有以贡，及山川之便利。"（《史记·夏本纪》）

同样，西汉典籍《淮南子》卷四也有记载："禹乃使太章步自东极，至于西极，二亿三万三千五百里七十五步。使竖亥步自北极，至于南极，二亿三万三千五百里七十五步。凡鸿水渊薮，自三百仞以上，二亿三万三千五百五十里，有九渊。禹乃以息土填洪水以为名山，掘昆仑虚以下地，中有增城九重，其高万一千里百一十四步二尺六寸。上有木禾，其修五寻，珠树、玉树、璇树、不死树在其西,沙棠、琅玕在其东,绛树在其南,碧树、瑶树在其北。旁有四百四十门,门间四里,里间九纯,纯丈五尺。旁有九井玉横,维其西北之隅,北门开以内不周之风,倾宫、旋室、县圃、凉风、樊桐在昆仑阊阖之中,是其疏圃。疏圃之池,浸之黄水,黄水三周复其原,是谓丹水,饮之不死。河水出昆仑东北陬,贯渤海,入禹所导积石山,赤水出其东南陬,西南注南海丹泽之东。赤水之东,弱水出自穷石,至于合黎,馀波入于流沙,绝流沙南至南海。洋水出其西北陬,入于南海羽民之南。凡四水者,帝之神泉,以和百药,以润万物。"(《淮南子·墬形训》)在治水与平定高山大川的实践中,古代先民对数学的认知逐步形成和发展。

古代先民从治水的实践活动中积累了数学知识,形成了数学观念。不仅如此,古代先民还从治水用水的实践中发现了数学规律。中国古代算经十书之一——《九章算术》中记载了古人在用水的过程中发现了数学中的重要定理——勾股定理。《九章算术》载道:"今有池方一丈,葭生其中央,出水一尺。引葭赴岸,适与岸齐。问水深、葭长各几何? 答曰:水深一丈二尺;葭长一丈三尺。术曰:半池方自乘,以出水一尺自乘,减之,馀,备出水除之,即得水深。加出水数,得葭长。""今有井径五尺,不知其深。立五尺木于井上,从木末望水岸,入径四寸。问井深几何? 答曰:五丈七尺五寸。术曰:置井径五尺,以入径四寸减之,馀,以乘立木五尺为实。以入径四寸为法。实如法得一寸。"(《九章算术·勾股》)魏晋时期杰出数学家、中国古典数学理论的重要奠基者刘徽在《九章算术注·序》中写道:"徽寻九数有重差之名,原其指趣乃所以施于此也。勾股则必以重差为率,故曰重差也。"在《九章算术》的基础上,刘徽还发现了重差的测量术,此方法后来成为驰名中外的测量术。

数学,作为一门科学,源于治水用水的实践活动,同时,也应用于解决与水相关的实际问题。魏晋时期刘徽指出:"虽天圆穹之象犹曰可度,又况泰山之高与江海之广哉。徽以为今之史籍且略举天地之物,考论厥数,载之于志,以阐世术之美。辄造重差,并为注解,以究古人之意,缀于勾股之下。度高者重表,测深者累矩,孤离者三望,离而又旁求者四望。触类而长之,则虽幽遐诡伏,靡所不入。博物君子,详而览焉。"(《九章算术注·序》)南宋数学家秦九韶在《数书九章·序》中写道:"周教六艺,数实成之,学士大夫,所从来尚矣,其用本太虚生一,而周流无穷;大则可以通神明,顺性命;小则可以经世务,类万物,讵容以浅近窥哉? 若昔推策以迎日,定律而知气。髀矩浚川,土圭度晷。天地之大,囿焉而不能外,况其间总总者乎? 爰自河图、洛书,闿发秘奥,八卦、九畴,错综精微,极而至于大衍、皇极之用,而人事之变无不该,鬼神之情莫能隐矣,圣人神之,言而遗其粗;常人昧之,由而莫之觉。要其归,则数与道非二本也。"数学被广泛应用于测量江海之广的实践活动中，数学与水的密切关联得以彰显。

二、医学中的水历史

医学，是处理与人体生理状态相关问题的一门科学，以治疗预防生理疾病和提高人体生理机体健康为目的。不同地区和民族都有相应的医学体系。中国传统医学，有着悠久的历史和辉煌的成就。在中医学发展史上，"水"有着重要的地位。"水"的思想贯穿于中医阴阳学说、中医五行学说、经络学说、病因病理、诊断治疗等诸多方面。

在中医阴阳学说中，阴与阳对立，因水具有滋润、寒凉的特性，属阴阳中的"阴"。如"水者，阴也。"（《黄帝内经·素问·评热病论》）"水者，阴气也。"（《黄帝内经·素问·脉解》）"阴阳者，天地之道也，万物之纲纪，变化之父母，生杀之本始，神明之府也""清阳为天，浊阴为地。地气上为云，天气下为雨；雨出地气，云出天气"（《黄帝内经·素问·阴阳应象大论》）。以水为基础的阴阳之说在临床上有着重要的指导意义。明代医学家张景岳指出："阳得阴助，而生化无穷""必于阴中求阳""阴得阳升，而源泉不竭""必于阳中求阴"（张景岳著《新方八略引》）。

在五行学说中，水排在了五行中的第一位："五行：一曰水，二曰火，三曰木，四曰金，五曰土。"（《尚书·洪范》）中医理论将五行纳入五脏系统，认为肾主水而归属于水，肺主降而归属于金，心主温煦而归属于火，脾主运化而归属于土，肝主升而归属于木。肾具有五行中水的特性，是主持人体水液代谢的关键性内脏。《黄帝内经·素问·上古天真论篇》说道："肾者主水，受五脏六腑之精而藏之。"根据水与金、木、火、土相生相克的特性，中医理论解释了肾与心、肺、脾、肝四脏的相互关系。如肾（水）之精以养肝，肝（木）藏血以济心，心（火）之热以温脾，脾（土）化生水以充肺，肺（金）清肃下行以助肾水，这就是五脏相生的关系。肺（金）气清肃下降，可以抑制肝阳的上亢；肝（木）的条达，可以疏泄脾土的壅郁；脾（土）的运化，可以制止肾水的泛滥；肾（水）的滋润，可以防止心火的亢烈；心（火）的阳热，可以制约肺金清肃的太过，这就是五脏相互制约的关系。

在中医经络学说中，"水"的思想也十分丰富。《黄帝内经·素问·离合真邪论》说："地有经水，人有经脉。""夫经水者，受水而行之；五脏者，合神气魂魄而藏之；六腑者，受谷而行之，受气而扬之；经脉者，受血而营之。""足太阳外合清水，内属膀胱，而通水道焉。足少阳外合于渭水，内属于胆。足阳明外合于海水，内属于胃。足太阴外合于湖水，内属于脾。足少阴外合于汝水，内属于肾。足厥阴外合于渑水，内属于肝。手太阳外合淮水，内属小肠，而水道出焉。手少阳外合于漯水，内属于三焦。手阳明外合于江水，内属于大肠。手太阴外合于河水，内属于肺。手少阴外合于济水，内属于心。手心主外合于漳水，内属于心包。凡此五脏六腑十二经水者，外有源泉，而内有所禀，此皆内外相贯，如环无端，人经亦然。"（《黄帝内经·灵枢篇·经水》）人体十二经脉的命名，即"清水""渭水""海水""湖水""汝水""渑水""淮水""漯水""江水""河水""济水""漳水"等，皆来源于古代中医学家对河流大小、清浊、深浅等的描述。

在病因方面，许多疾病都与水相关。《黄帝内经·素问·脉解》对胸痛少气的病因病理解释道："所谓上喘而为水者，阴气下而复上，上则邪客于脏府间，故为水也。所谓胸痛少气者，水气在藏府也，水者，阴气也，阴气在中，故胸痛少气也。"《难经·虚实邪正》对"五邪"之一的"中湿"解释为："何谓五邪？然：有中风，有伤暑，有饮食劳倦，有伤寒，有中湿，此之谓五邪。……何以知中湿得之？然：当喜汗出不可止。何以言之？肾主湿，入肝为泣，入心为汗，入脾为液，入肺为涕，自入为唾。故知肾邪入心，为汗出不可止也。其病身热而小腹痛，足胫寒而逆，其脉沉濡而大。"《伤寒论·辨痉湿暍脉证》对身热疼重而脉微弱的病因解释为："太阳中暍者，身热疼重而脉微弱，此亦夏月伤冷水，水行皮中所致也。"

在诊断治疗方面，许多中医典籍借助"水"阐述了各种各样的中医诊断方法。《难经·经脉诊候》对四时之脉的诊断方法为："经言春脉弦，夏脉钩，秋脉毛，冬脉石，是王脉耶？将病脉也？然：弦、钩、毛、石者，四时之脉也。春脉弦者，肝，东方木也，万物始生，未有枝叶。故其脉之来，濡弱而长，故曰弦。夏脉钩者，心，南方火也，万物之所盛，垂枝布叶，皆下曲如钩。故其脉之，来疾去迟，故曰钩。秋脉毛者，肺，西方金也，万物之所终，草木华叶，皆秋而落，其枝独在，若毫毛也。故其脉之来，轻虚以浮，故曰毛。冬脉石者，肾，北方水也，万物之所藏也，盛冬之时，水凝如石。故其脉之来，沉濡而滑，故曰石。此四时之脉也。"《难经·用针补泻》对泻火的诊断为："经言东方实，西方虚，泻南方，补北方，何谓也？然：金木水火土，当更相平。东方木也，西方金也。木欲实，金当平之；火欲实，水当平之；土欲实，木当平之；金欲实，火当平之；水欲实，土当平之。东方肝也，则知肝实；西方肺也，则知肺虚。泻南方火，补北方水。南方火，火者，木之子也；北方水，水者，木之母也。水胜火，子能令母实，母能令子虚，故泻火补水，欲令金不得平木也。经曰：不能治其虚，何问其馀。此之谓也。"《伤寒论·辨脉法》中的辨脉法讲道："脉浮而大，心下反硬，有热属藏者，攻之，不令发汗。属府者，不令溲数。溲数则大便硬，汗多则热愈，汗少则便难，脉迟尚未可攻。脉浮而洪，身汗如油，喘而不休，水浆不下，体形不仁，乍静乍乱，此为命绝也。又未知何藏先受其灾，若汗出发润，喘不休者，此为肺先绝也。阳反独留，形体如烟熏，直视摇头，此心绝也。唇吻反青，四肢漐习者，此为肝绝也。环口黧黑，柔汗发黄者，此为脾绝也。溲便遗失、狂言、目反直视者，此为肾绝也。又未知何藏阴阳前绝，若阳气前绝，阴气后竭者，其人死，身色必青；阴气前绝，阳气后竭者，其人死，身色必赤，腋下温，心下热也。"《伤寒论·平脉法》还讲道："问曰：脉有相乘，有纵有横，有逆有顺，何也？师曰：水行乘火，金行乘木，名曰纵；火行乘水，木行乘金，名曰横；水行乘金，火行乘木，名曰逆；金行乘水，木行乘火，名曰顺也。"《金匮要略·水气病脉证并治》对水气病脉证的诊断治疗方法为："师曰：病有风水、有皮水、有正水、有石水、有黄汗。风水其脉自浮，外证骨节疼痛，恶风；皮水其脉亦浮，外证胕肿，按之没指，不恶风，其腹如鼓，不渴，当发其汗。正水其脉沉迟，外证自喘；石水其脉自沉，外证腹满不喘。黄汗其脉沉迟，身发热，胸满，四肢头面肿，久不愈，必致痈脓。"此外，《金匮要略·脏腑经络先后病脉证》对肝病的诊断方法为："脾能伤肾，肾气微弱，则水不行；水不行，则心火气盛；心火气盛，则伤肺；肺被伤，则金气不行；金气不行，则肝气盛，故实脾则肝自愈。此治肝补脾之要妙也。肝虚则用此法，实则不在用之。"中医学理论不仅产生于水，并借助于水丰富和发展了中医学理论的内容，获得了强大持久的生命力。

三、天文学中的水历史

天文学作为一门重要的科学，有着古老的历史。在天文学历史上，不管是关于天体演化的神话传说，还是天文学理论，抑或是天文仪器的发明与创造，都蕴含着丰富的水因子。

在关于天体演化的诸多古老传说中，都可以看到水的影子。关于"盘古开天辟地"的传说，《徐整三五历纪》载："天地混沌如鸡子，盘古生其中，万八千岁，天地开辟，阳清为天，阴浊为地，盘古在其中，一日九变，神于天，圣于地，天日高一丈，地日厚一丈，盘古日长一丈，如此万八千岁，天数极高，地数极深，盘古极长，后乃有三皇，数起于一，立于三，成于五，盛于七，处于九，故天去地九万里。"（《艺文类聚·卷一·天》）关于女娲补天的神话故事，《列子》道："物有不足，故昔者女娲氏炼五色石以补其阙，断鳌之足以立四极。其后共工氏与颛顼争为帝，怒而触不周之山，折天柱，绝地维，故天倾西北，日月星辰就焉；地不满东南，故百川水潦归焉。"（《列子·汤问》）关于月球的神话传说，《淮南子》指出："月，天之使也。积阴之寒气，大者为水，水气之精者为月。又曰：月者阴之宗，是以月毁而鱼脑减。又曰：羿请不死之药于西王母，姮娥窃之奔月宫，姮娥，羿妻也。服药得仙，奔入月中为月精。又曰：画随灰而月晕阙。以芦灰随晕环,阙其一面,则月晕亦阙于上也。"(《艺文类聚·卷一·月》)在这些蕴含水文化的远古神话故事中,孕育了早期的天体演化观念。闻名遐迩的天文学家和天文学史专家席宗泽指出:"原始社会时期,人们的自然观和科学观往往是通过神话传说的形式留下来的。盘古开天地,女娲用黄土造人,这可以说是当时的天体演化学说和生命起源理论。南方多雨,北方常旱,这是因为南方有雨师应龙,北方有旱神女魃;山有山神、河有河伯,自然界的每一种事物,都有一种神灵在起作用,这就是当时人们的自然观。燧人氏钻木取火,神农氏尝百草,螺母发明养蚕术,把对人有用的重大发明都归在一个半人半神的人物身上,而且还想象出有更伟大的英雄能征服自然力,如'羿射九日'等,这就是当时人们的科学观。"[①] 天体的演化和运行、生命的起源和发展都离不开水。

关于天文学理论,也渗透着水的因子。宇宙理论,人们对于宇宙的认识,与水有着极大的关联。古代天文学家认为,水是构成宇宙不可或缺的重要因素。在战国时期,我国出现浑天说,至西汉,浑天说在落下闳、耿寿昌等的研究和实验下得到发展。西汉扬雄在所撰《法言》中说:"或问浑天。曰落下闳营之,鲜于妄人度之,耿中丞象之。"(《法言·重黎》)落下闳做出浑天仪,由鲜于妄人测量,由耿寿昌在其浑仪中引证。在落下闳、耿寿昌等人的基础上,东汉张衡在所撰《浑仪注》中进一步详述了浑天说这一宇宙理论,在浑天说理论发展史上起到了重要作用,被认为是浑天说最重要的代表人物。张衡指出:"浑天如鸡子,天体圆如弹丸,地如鸡中黄,孤居于内,天大而地小。天表里有水。天之包地,犹壳之裹黄。天地各乘气而立,载水而浮。"《张衡·浑仪注》鸡子即鸡蛋,天像鸡蛋,是圆的,地像鸡蛋黄,说明地球也是圆的。张衡认为,形如鸡蛋的天球中盛满了水,而地球就浮在水面上。在张衡之后,有很多天文学家支持浑天说,并利用对水的认识进一步阐释和发展浑天说理论,如杨泉的《物理论》、王藩的《浑天象说》等。

关于天体的运行与形成,古代天文学家也多以水来解释。对月食成因的解释,张衡在其著作《灵宪》中说:"夫日譬犹火,月譬犹水。火则外光,水则含景。故月光生于日之所照,魄生于日之所蔽,当日则光盈,就日则光尽也。众星被耀,因水转光。当日之冲,光常不合者,蔽于地也,是谓虚。在星星微,月过则食。"现代科学理论认为,地球绕太阳运行,月亮绕地球运行,由于日大地小,太阳对地球的照射形成了一个锥体形阴影,当月亮运行到日地连线与日隔地相对的位置,就有可能进入这个阴影,导致月食。张衡所说的"当日之冲,光常不合者,蔽于地也,是谓虚。在星星微,月过则食",就是指月亮经过地球影子的时候会有月食发生。张衡以水喻月球,以火喻太阳,在借水与火关系比喻月球与太阳关系的基础上对月食形成原因作出的解释与现代科学的认

---

① 席泽宗. 中国科学思想史的线索 [J]. 中国科技史料,1982(2):11.

识基本上是一致的。

关于天文仪器的发明,与水同样有着密切的关联。浑天仪的发明与创造,就是如此。浑天仪是浑仪与浑象的总称,浑仪是测量天体球面坐标的仪器,浑象是用来演示天象的仪表,二者都是反映浑天说的天文仪器,即是"物化"和"浑天说"。历史上记载最早制造浑象的是西汉耿寿昌,他把从浑天说中认识到的天球形象化地表现出来,在球上布列了许多星辰,以大圆球的旋转来展现天象的变化。公元117年,张衡根据浑天说改进了浑象,设计制造了利用水力推动自动运转的大型浑天仪,在所著《浑天仪图注》中有详细描述。张衡设计的浑天仪,即漏水转浑天仪,是一种水运浑象。具体来说,该浑天仪是用一个直径四尺多的铜球,球上刻有二十八宿、中外星官以及黄赤道、南北极、二十四节气、恒显圈、恒隐圈等,成一浑象,再用一套转动机械,把浑象与漏壶结合起来。以漏壶流水控制浑象,使它与天球同步转动,以显示星空的运动,如恒星的出没和中天等。从汉代到北宋,浑天仪经过了历次改进。但众多的古代天文学家制造的浑天仪,都还是与水力和机械联系在一起,以取得与天球周而复始的运转同步的效果。

浑天仪

第六节 文艺中的水历史

水,本是普通的自然物质,然而在先贤的视域中,水却具有了生命特征、性格特征,流水成为人生与历史绵延不断的象征,物质的水具有了哲学、美学、史学的意味。"子在川上,曰:'逝者如斯夫!不舍昼夜。'"(《论语·子罕》)奔流不息、昼夜不停的水蕴含着深邃悠长的历史人生底蕴,引发了孔子强烈的历史感,也引起了后世无数文学家、艺术家的共鸣。在中国古代文学与艺术史上,诸多文学家、艺术家由水引发了关于历史与人生的深沉思考,留下了不朽的历史哲理名篇。

一、文艺作品中的水历史

在古典文学与艺术领域,借水抒发历史感怀意识,与孔子心有戚戚的,可以追溯到战国时期的屈原。屈原临于江边，作《离骚》，对历史重要人物进行了浓墨重彩的书写，抒发了对历史的感叹，"汤、禹俨而求合兮，挚、咎繇而能调""说操筑于傅岩兮，武丁用而不疑""吕望之鼓刀兮，遭周文而得举""宁戚之讴歌兮，齐桓闻以该辅""及年岁之未晏兮，时亦犹其未央"。《离骚》在评价历史人物的同时也发出了时光飞逝的慨叹，"日月忽其不淹兮，春与秋其代序。惟草木之零落兮，恐美人之迟暮""朝饮木兰之坠露兮，夕餐秋菊之落英"。历史的照鉴、时光的流逝、人生的短暂、事业的难成，交杂在一起，撞击着屈原的灵魂，"长太息以掩涕兮，哀民生之多艰""揽茹蕙以掩涕兮，沾余襟之浪浪""览相观于四极兮，周流乎天余乃下""固时俗之流从兮，又孰能无变化""忽吾行此流沙兮，遵赤水而容与""路不周以左转兮，指西海以为期"。最终，临于江边的屈原跳入了汨罗江，成为了历史长河中一朵绚丽、悲壮而凄美的浪花。

至汉末，由于社会动荡，战乱频仍，吟咏时光易逝、人生苦短的不乏其人，这一时期的历史感怀文艺作品中也平添了更多的悲剧色彩。在《古诗十九首》中，很多诗歌作品借露、酒等丰富的水意象，反复咏叹时间永恒与人生短暂之间的反差，"人生天地间，忽如远行客""人生寄一世，奄忽若飙尘""白露沾野草，时节忽复易""人生非金石，岂能长寿考""四时更变化，岁暮一何速""浩浩阴阳移，年命如朝露""人生不满百，常怀千岁忧"。曹操的《短歌行》也是在这一背景下写出的，其中的"对酒当歌，人生几何。譬如朝露，去日苦多"道出了历史与人生的苍凉。

至唐代，富有历史人生意蕴的咏水诗歌作品大量出现。李白的《将进酒》吟道："君不见黄河之水天上来，奔流到海不复回。君不见高堂明镜悲白发，朝如青丝暮成雪。"诗中黄河之水的警句，来自于孔子逝川之慨的灵感，李白将孔子的"川"转变为"黄河"，黄河之水自天上来，使人更强烈地感受到时光的流逝如此不可阻挡。刘希夷的《代悲白头翁》吟道："今年花落颜色改，明年花开复谁在。已见松柏摧为薪，更闻桑田变成海。古人无复洛城东，今人还对落花风。年年岁岁花相似，岁岁年年人不同。"松柏摧为薪，桑田变成海，历史的车轮不断前行，无可阻挡，然而，人的生命却是如此短暂易逝，睹物思人，无不让人惆怅悲凉。张若虚的《春江花月夜》云："江畔何人初见月，江月何年初照人。人生代代无穷已，江月年年只相似。不知江月待何人，但见长江送流水。"流淌不息的江水让诗人产生了深邃的历史人生感慨，成就了千古之绝唱。

至宋代，咏史抒怀的山水诗词作品数量十分可观，成就颇高。诗人梅尧臣的《淮阴侯》云："功既高天下，身何不自防。已能成汉业，无复假齐王。复耻哙为伍，安知吕所忘。空名流未竭，淮水共汤汤。"汤汤之淮水引发了诗人对历史的感怀和吟咏，诗中充满着对历史人物韩信的同情。诗人曾巩的《咏虞姬》云："鸿门玉斗纷如雪，十万降兵夜流血。咸阳宫殿三月红，霸业已随烟烬灭。刚强必死仁义王，阴陵失道非天亡。英雄本学万人敌，何用屑屑悲红妆。三军散尽旌旗倒，玉帐佳人坐中老。香魂夜逐剑光飞，青血化为原上草。芳心寂寞寄寒枝，旧曲闻来似敛眉。哀怨徘徊愁不语，恰如初听楚歌时。滔滔逝水流今古，汉楚兴亡两丘土。当年疑事久成空，慷慨尊前为谁舞。"滔滔逝水承载着英雄与美人的历史悲剧，让人感觉到了历史的沧桑和绵长的忧伤。再如文豪苏轼的《念奴娇·赤壁怀古》云："大江东去，浪淘尽，千古风流人物。故垒西边，人道是，三国周郎赤壁。乱石穿空，惊涛拍岸，卷起千堆雪。江山如画，一时多少豪杰。遥想公瑾当年，小乔初嫁了，雄姿英发。羽扇纶巾，谈笑间，樯橹灰飞烟灭。故国神游，多情应笑我，早生华发。人生如梦，一尊还酹江月。"长江之水朝东奔流而去，千古兴亡、百年悲笑，数不尽的英雄豪杰，都被长江滚滚的波涛冲刷殆尽，作者强烈的历史感让这首词成为了不朽的咏史名篇。词人辛弃疾的《满江红·江行和杨济翁韵》也是以水怀古的佳作："过眼溪山，都怪似、旧时曾识。还记得、梦中行遍，江南江北。佳处径须携杖去，过眼溪山，怪都似、旧时相识。还记得、梦中行遍，江南江北。佳处径须携杖去，能消几緉平生屐。笑尘劳、三十九年非、长为客。吴楚地，东南坼。英雄事，曹刘敌。被西风吹尽，了无尘迹。楼观才成人已去，旌旗未卷头先白。叹人间、哀乐转相寻，今犹昔。"词人由江行沿途所见之壮阔景象引起了对三国英雄事迹的历史追怀，也表达了痛惜年华之意。

至元代，借水咏史怀古的文艺作品也较多。蒙古族散曲家阿鲁威的《蟾宫曲·问人间谁是英雄》云："问人间谁是英雄？有酾酒临江，横槊曹公。紫盖黄旗，多应借得，赤壁东风。更惊起南阳卧龙，便成名八阵图中。鼎足三分，一分西蜀，一分江东。"在这首咏史怀古的元曲中，作者以大开大合之笔，通过赤壁、江水等意象，再现了三国人物的历史风采，歌颂了他们的历史业绩，含蓄地表达了自己追慕古贤、大展经纶之宏愿，雄健、高昂的感情基调传承了苏轼的《念奴娇·赤壁怀古》之遗风。许再思的《人月圆·甘露怀古》云："江皋楼观前朝寺，秋色入秦淮。败垣芳草，空廊落叶，深砌苍苔。远人南去，夕阳西下，江水东来。木兰花在，山僧试问，知为谁开？"这一元曲怀古伤今，借秦淮、江水之意象，抒发了沧桑的历史感慨和羁旅寥落的人生情怀。刘基的《梁甫吟》云："谁谓秋月明？蔽之不必一尺翳。谁谓江水清？淆之不必一斗泥。人情旦暮有翻覆，平地倏忽成山溪。君不见桓公相仲父，竖刁终乱齐；秦穆信逢孙，遂违百里奚。赤符天子明见万里外，乃以薏苡为文犀。停婚仆碑何震怒，青天白日生虹蜺。明良际会有如此，而况童角不辨粟与稊。外间皇父中艳妻，马角突兀连牝鸡。以聪为聋狂作圣，颠倒衣裳行蒺藜。屈原怀沙子胥弃，魑魅叫啸风凄凄。梁甫吟，悲以凄。岐山竹实日稀少，凤凰憔悴将安栖！"水使作者对历史产生了联想，作者由江水想到了历史上的两个典故，东汉皇帝与马援、唐太宗与魏征。"赤苻天子"，指的是东汉皇帝，"乃以薏苡为文犀"指东汉马援从交阯回京城，带了一车薏苡，用作种子，马援死后，有人上书皇帝，诬陷马援从交阯带回的是一车明珠和犀角，致使马援不能安葬祖坟，朝臣不敢送葬。"停婚仆碑"指唐朝魏征死后，受人诬陷，唐太宗下令放倒魏征墓碑（碑文为唐太宗撰），解除公主与魏征儿子叔玉的婚约。作者由水而借用历史典故讽今，抨击了元末忠臣被弃、小人得志的现象。

至明清时期，仍然有不少文人墨客借水抒发对史事的悲壮慷慨感触，屡形于言，铸就了传世的名篇。陈维崧的《南乡子·邢州道上作》云："秋色冷并刀，一派酸风卷怒涛。并马三河年少客，粗豪，皂栎林中醉射雕。残酒忆荆高，燕赵悲歌事未消。忆昨车声寒易水，今朝，慷慨还过豫让桥。"在"一派酸风卷怒涛"的萧瑟秋日，作者与三河豪侠并行，途经古称"多慷慨悲歌之士"的燕赵之地，目睹少年们"皂栎林中醉射雕"的"粗豪"气概，不禁回忆起历史上荆轲、高渐离、豫让等悲剧英雄，心底的慷慨苍凉随着酸风疾漩而出。严遂成的《乌江项王庙》云："云旗庙貌拜行人，功罪千秋问鬼神。剑舞鸿门能赦汉，船沉巨鹿竟亡秦。范增一去无谋主，韩信原来是逐臣。江上楚歌最哀怨，招魂不独为灵均。"乌江之水勾起了作者对历史的沉思，作者以乌江之旅为切入点，引出对历史的评价，传达出了对项羽的爱恨交加和对范增、韩信两位历史名臣的惋惜之情。

二、水与文艺作品中的历史人物

概括以水咏史的文艺作品，涉及的历史题材非常丰富，自先秦两汉、魏晋南北朝直至明清时期，无不包括在内。在内容的表现上，以历史人物、历史事件及史林杂咏为主要题材。

历史人物方面，从总体上讲，以历史人物作为题材的作品，在整个以水咏史文艺作品中占有较大比重。这是因为，历史原本就是以人物为主角的，历史的发展就是由人推动的，任何一次历史风云变化中，人物都起着至关重要的作用。因此，在以水咏史的文艺作品中历史人物作为主要吟咏对象，通过对历史人物的描写追溯，就可再现和还原相关历史事件的本来面目和发展历程。而且，文艺作品在描写评价历史时，作者往往会由历史而感发，对重要历史人物进行追溯，以此表达自己理想的远大、壮志的难酬及对社会现实的不满，这正是以水咏史文艺作品多以历史人物为对象的主要原因。

以水咏史文艺作品中的历史人物，主要归为以下几种，即英雄将相、文人墨客、历代帝王、历史上声名卓著的女性等。

对于历史上的英雄将相,自古以来,文人墨客都有着浓厚的兴趣,纷纷感叹咏怀,呈现出不同的情感和内容。有的作者赞颂英雄将相的丰功伟绩;有的作者同情英雄豪杰的不幸遭遇;有的视英雄名将为楷模榜样;有的在英雄将相身上寄托自己远大的政治抱负和社会理想。项羽,作为历史上著名的英雄人物,在文人墨客的笔下颇受欢迎,常引起诗人的抒怀和感叹。晚唐诗人胡曾的《咏史诗·垓下》云:"拔山力尽霸图隳,倚剑空歌不逝骓,明月满营天似水,那堪回首别虞姬。"胡曾通过对项羽被围垓下,夜起饮而歌之事,表达了对英雄项羽的追思。张良,作为历史名臣,也是众多诗人吟咏的历史人物。诗人徐钧的《张良》云:"博浪椎挥四海惊,虎狼虽暴已无秦。兴刘灭项犹余事,岂是萧韩行辈人。"徐钧对张良博浪椎击秦始皇、兴刘灭项等丰功伟绩进行了精辟的概括,并对张良大加褒赏,认为张良远在萧何、韩信之上,反映了对张良的高度尊崇和仰慕之情。诸葛亮,作为功勋卓著的历史名臣,也常出现于以水咏史的文艺作品中。宋代诗人曾巩的《孔明》云:"称吴称魏已纷纷,渭水西边独汉臣。平日将军不三顾,寻常田里带经人。"

文人墨客,作为仅次于英雄将相的历史题材人物,以其卓越的才华、独特的个性,常受到文艺作品作者的垂青,广泛出现于以水咏史的作品中。屈原,作为中华文人精神的象征,是历代文艺作品频繁吟咏的对象。张耒的《屈原》云:"楚国茫茫尽醉人,独醒惟有一灵均。哺糟更遣从流俗,渔父由来亦不仁。"楚国危在旦夕,却无一清醒者站出来挽救危亡,唯有屈原看到社会的危机,欲力挽狂澜,却遭到放逐。隐居者渔父也不能理解屈原的爱国情怀,劝屈原屈从流俗,混混度日。诗人借这首诗表达了对屈原之悲剧的同情,对忠君爱国高洁情操的赞颂。陶渊明,作为一个独特的隐逸文人,亦常为诗人们所推崇。郭祥正的《读陶渊明传二首》其一云:"我爱陶渊明,超然遗世想。一奏无弦琴,妙曲寄玄响。翛然听以气,万籁应诸掌。舟车就所便,丘壑信孤往。泉涓木欣欣,酌酒助俯仰。酣醉颓云烟,舒啸逸罗网。斯人孰可见,梦寐期佛仿。不如南山石,亭亭植千丈。"此作足见诗人对陶渊明怡然自适的殷羡之情,及其对陶渊明风节的钦仰之意。

历代帝王,因其重要地位、对国家的重要影响,往往引起诗人们的评判褒贬,出现于文艺作品中。宋代李觏的《读长恨辞二首》其二云:"蜀道如天夜雨淫,乱铃声里倍沾襟。当时更有军中死,自是君王不动心。"诗人对唐明皇关心宠妃胜过国家进行了严厉的批判。

历史上声名卓著的女性,也是诗人喜爱与关注的对象,这些女性往往与政治、历史的发展以及朝代兴衰更迭有着某些关系,因而成为文人墨客书写的题材。如西施,作为中国历史上的四大美人之一,常出现在文艺作品中。宋代崔道融的《西施滩》云:"宰嚭亡吴国,西施陷恶名。浣纱春水急,似有不平声。"诗人借水景描写了西施,指出西施再美也未必美过后宫数千佳丽,导致吴王夫差丧国的原因是多方面的，诗人通过西施对历史作出了判断，提出了自己的看法。

三、水与文艺作品中的历史事件

历史事件方面，总体上看，历史上发生的一些对历史进程影响较大或者在后世容易引发争议和评论的事件是文艺作品重要的题材。在对历史事件的描述和评价中，往往又与历史人物互相融合，相互纠缠，因为历史事件的发生，都以历史人物为中心。

以水咏史文艺作品中，以历史事件为题材者，数量可观，但主要集中于楚汉相争、三足鼎立等重要历史事件。楚汉相争，几千年来一直在民间广为流传。历代诗人对楚汉相争这一历史事件都非常关注，纷纷抒发个人看法和见解。如唐代诗人许浑的《鸿沟》云："相持未定各为君，秦政山河此地分。力尽乌江千载后，古沟芳草起寒云。"诗人通过对楚汉之争大事件的追忆，传达出了淡淡的哀伤之情。宋代陈荐的《垓下》云："九里山南楚汉争，风波翻覆走长鲸。霸图欲断中宵失，帝业时来一战成。懒渡沧江惭父老，更无勍敌压韩彭。农人不识当时意，只得春霖事耦耕。"诗人以"风波翻覆走长鲸"比喻楚汉之争，形容楚汉相争是一场波澜壮阔的历史风云，形象生动而大气。再如，宋代刘翰的《鸿门宴》云："江东遥遥八千骑，大战小战七十二。刘郎晓鞭天马来，踮踏长安开帝里。子婴已降隆准公，君王置酒鸿门东。张良已去玉斗碎，三月火照咸阳红。绣衣归来日将夜，可惜雄心天不借。当时已失范增谋，尚引长戈到垓下。刁斗午急营垒惊，夜深旗尾秋风横。玉帐佳人不成梦，月明四面闻歌声。拔剑相看泪如雨，我作楚歌君楚舞。明朝宝马一声嘶，江北江东皆汉土。"作者对极富戏剧性的历史事件鸿门宴进行了详细的描述，再现了惊心动魄而又影响深远的历史时刻。三国争雄与楚汉之争一样，不仅在民间广为传颂，也是广大文艺作品追史抚今的重要题材。如元代张宪的《渡江怀宣元》云："北固山前春水生，瓜州渡头人不行。火殃夜落金山寺，海气朝吞铁瓮城。万古不磨青嶂老，六朝都逐大江倾。伯符公瑾今何在，狠石雄谈最忆卿。"渡江之行引发了诗人无限的历史沉思，浩浩江水承载着诗人对三国争雄的慨叹，尤其是对周瑜的追忆。清代陈维崧的《南浦·泊舟江口》云："吴樯晚眺，看隔江、螺髻碧离离。龙虎销沉无据，往事不胜悲。忆昔曹公饮马，对江流、横槊赋新诗。羡三吴人物，伯符公瑾，年少更雄姿。今古芒芒天埊，卷神鸦、日暮舞空祠。多少南朝事业，断岸蠹残碑。月白估船铜斗唱，西风外、云水弥弥。叹多愁洗马，销魂偏在渡江时。"三足鼎立、诸强争霸的历史场景，再一次得到了追溯和重现。

四、水与文艺作品中的史林杂咏

史林杂咏方面,与上述两类较为不同的是,这一类的以水咏史作品并非针对具体史实而生发感叹,即不是描述某一特定的历史事件或者历史人物,而是多以《读史》《读史有感》等为主题,以"重新体验"历史情境的方式,表达作者对历史的追思与对伟人的缅怀。这类文艺作品通常是作者读史书后的心得体会,是作者对历史进行思考的结果,往往总结了许多的历史经验,体现了作者较精湛的史学修养与较高的文化素养。

历朝历代都出现过史林杂咏类的文艺作品。如宋代诗人陆游的《雨夜观史》云:"读书雨夜一灯昏,叹息何由起九原?邪正古来观大节,是非死后有公言。未能剧论希扪虱,且复长歌学叩辕。它日安知无志士,经过指点放翁门。"这是诗人阅读史书后在雨夜的情境中生发出的历史感,虽诗中提到扪虱和叩辕,但诗人并不是专门以吟咏他们为目的,而是借他们表达自己满腔的报国热忱。其中"邪正古来观大节,是非死后有公言"更是诗人对历史进行反复思考获得的智慧结晶。再如薛季宣的《读史》云:"闲是等闲非,沉迷不自知。黄粱一夜梦,白雪数人诗。身后输杯酒,生前对局棋。几多亡国恨,窗几静揩颐。"作者在阅读历史书籍之余有所体悟和感怀,以《读史》为题,表达了对世事如棋、人生如梦的慨叹,以及对亡国失家残酷社会现实的悲痛。

第五章 以水比德的价值观

价值观,即个人对客观事物(包括人、物、事)及对自己的行为结果的意义、作用、效果和重要性的总体评价,是对什么是好的、什么是应该的总看法,是推动并指引一个人采取决定和行动的原则、标准,是个性心理结构的核心因素之一。价值观与人生观、世界观一样,是哲学思想的基础构件,与人生观和世界观相互依存、相互影响。对于每一个人来说,价值观都有着重要的影响,人们的日常行为和活动无时无刻不受价值观的支配。中国古代价值观,总体上呈现出以水比德的特征,古代先贤观水取象,从水中看到了可贵的品质,体悟到了深刻的人生哲学,生发出了以水比德的价值观,形成了同源而异流、丰富而多彩的价值世界。

第一节　上　善　若　水

老子,名李耳,字聃(约公元前 571—前 471)作为道家思想的创始人,从水的特性中体悟出了最崇高的道德和最理想的人格状态,指出"上善若水,水利万物而不争,处众人之所恶,故几于道"。最高层次的善就像水一样,"上善若水"成为老子以水比德价值观的集中体现。

老子

一、"上善若水"的出处及注疏

"山水有灵,亦当惊知己于千古矣"。(郦道元《水经注》)水的灵气让老子为之驻足与陶醉,水的美德让老子为之赞叹与感怀。老子在《道德经·第八章》中说:"上善若水。水善利万物而不争,处众人之所恶,故几于道。居善地,心善渊,与善仁,言善信,正善治,事善能,动善时。夫唯不争,故无尤。"

老子之后,诸多睿智之士对"上善若水"倍为推崇,先后对老子的"上善若水"思想展开研究和注疏。两汉之际河上公的《老子河上公章句》载道:"上善若水。上善之人,如水之性。水善利万物而不争,水在天为雾露,在地为源泉也。处众人之所恶,众人恶卑湿垢浊,水独静流居之也。故几于道。水性几于道同。居善地,水性善喜于地,草木之上即流而下,有似于牝动而下人也。心善渊,水深空虚,渊深清明。与善仁,万物得水以生。与虚不与盈也。言善信,水内影照形,不失其情也。正善治,无有不洗,清且平也。事善能,能方能圆,曲直随形。动善时。夏散冬凝,应期而动,不失天时。夫唯不争,壅则止,决之则流,听从人也。故无尤。水性如是,故天下无有怨尤水者也。"河上公的《老子道德经章句》，以法道修身立论，阐释老子"上善若水"的思想，多修身养性之家言。三国时代王弼著的《道德真经注》说："上善若水。水善利万物而不争，处众人之所恶，人恶卑也。故几于道。道无水有，故曰，几也。居善地，心善渊，与善仁，言善信，正善治，事善能，动善时。夫唯不争，故无尤。言人皆应于治道也。"正如王弼指出的，"道无水有，故曰，几也"。王弼以"哲学本体论"来阐释老子"上善若水"的思想，强调了水、道、善的关联。明朝时期焦竑著的《老子翼》说："上善若水。水善利万物而不争，处众人之所恶，故几于道。居善地，心善渊，与善仁，言善信，政善治，事善能，动善时。夫唯不争，故无尤。处，上声。恶，去声。几，平声。治，去声。夫，音符。尤，过也。苏注：《易》曰：一阴一阳之谓道，继之者善也，成之者性也。又曰：天以一生水。盖道运而为善，犹气运而生水也，故曰上善若水。二者皆自无而始成形，故其理同。道无所不在，无所不利，而水亦然。然而既已丽于形，则于道有间矣，故曰几于道。然而可名之善，未有若此者也，故曰上善。避高趋下，未尝有所逆，善地也。空虚静默，深不可测，善渊也。利泽万物，施而不求报，善仁也。圆必旋，方必折，塞必止，决必流，善信也。洗涤群秽，平准高下，善治也。遇物赋形而不留于一，善能也。冬凝春泮，涸溢不失节，善时也。有善而不免于人非者，以其争也。水唯不争，故兼七善而无尤。"（《老子翼》卷一）从焦竑著的《老子翼》来看，至明时期，对老子"上善若水"思想的注解和研究已出现一些观念变化。以焦竑为代表的睿智之士不仅深得老子微旨，而且还糅合儒道以成一体，以易理阴阳象数注解《老子》，赋予老子"上善若水"的思想更丰富的涵义。

二、"上善若水"的涵义和内容

（一）"上善若水"的涵义

"善"。古代子书对"善"多有释义。《说文解字·卷三·口部》指出："吉：善也。"《说文解字·卷五·羊部》指出："美：甘也""美与善同意"。《说文解字·卷六·富部》指出："良：善也。"《说文解字·卷九·人部》指出："佳：善也。"《尔雅·释诂》指出："仪，若，祥，淑，鲜，省，臧，嘉，令，类，綝，彀，攻，谷，介，徽，善也。"《释名·释言语》指出："善，演也，演尽物理也。"《广韵·上声·善》释义为："善：良也，大也，佳也。"《康熙字典·口部·善》对"善"的释义进行了总结和归纳，指出："善，《说文》吉也。《玉篇》大也。《广韵》良也，佳也。"在现代汉语大字典中，"善"指吉祥、好、美好之意。善具有深刻的伦理学、哲学内涵。《国语·晋语》

曾说："善，德之建也。"善，是伦理学、哲学等范畴中的一个基本概念，包含善良、美好、具有高尚品德的意思，与"恶"相对立。

"上善"。"上"，是"最"的意思。"上善"，即最善、最高境界的善。古代先哲对"上善"作出了一些解释，如《申鉴·杂言下》指出："纯德无愿，其上善也。"诗曰："知善致善，是为上善。""上善若水"，就是说，水具有最高境界的善，泽被万物生命，而不与万物争名争利，故天下最大的善性莫如水。正如老子所说的，"上德为谷"。(《道德经·第四十一章》)

（二）"水""道""善"的关联

老子，作为道家思想的代表，之所以追求至善修德，是因为老子认为"善""德"与"道"有着密切的关联。"道"是一种哲学概念，而"德"是"道"的体现。正如《道德经》所说："道生之，德蓄之""是以万物莫不尊道而贵德"。(《道德经·第五十一章》)明朝时期焦竑著《老子翼》中讲道："道无形容，一可形容，即属之德。然知德容，则道亦可从而识，如所谓'恍惚''窈冥'是也。"(《老子翼》卷二)《道德经》中的"道"与"德"是密切关联的两个实体概念，德是肉体长生，道则是真身永存。从老子《道德经》的内容来看，就包括《道经》和《德经》两个部分，共八十一章，前三十七章为《道经》，后四十四章为《德经》。其实，"道家"的称谓，确切地讲，应为"道德家"。"道家"二字，是出自《汉书·艺文志》。而在此之前，司马迁之父司马谈在《论六家之要旨》中，就把老子一派称为"道德家"。后来司马迁在《史记》中也指出，老子是"修道德"。司马迁父子都十分推崇老子一派的思想，以至于班固之父班彪批驳《史记》有"其论术学，则崇黄老而薄五经"之嫌。而现在看来，这恰恰说明，司马迁父子，对老子一派的思想很有研究。正如司马迁父子所指出的，"道家"实为"道德家"。

进一步，老子为什么以水为师，修德进而悟道？这是因为老子认为，水"几于道"，最接近于道。道是"天地根"，是产生天地万物的根源，是我们每个人都应该认知和理解的。然而，"道无形容"，视之不见，听之不闻，老子用"虚""无"来称述"道"。"道"作为永恒不变、万古长存的"虚""无"实体，当然是至柔的。如何才能认识这一"虚""无"而至柔"道"？只有从认识柔弱的事物和现象开始。而天下最为柔弱的是什么？老子找到的答案是水。老子曾说："天下莫柔弱于水，而攻坚强者莫之能胜，以其无以易之。弱之胜强，柔之胜刚，天下莫不知，莫能行。"(《道德经·第七十八章》)"天下之至柔，驰骋天下之至坚。无有入无间，吾是以知无为之有益。"(《道德经·第四十三章》)老子认为，"道"，就如同"水"一样。"譬道之在天下，犹川谷之于江海。"(《道德经·三十二章》)所以,老子选择从"水"至柔的德行中体悟至高的"善",认知至尊的"道"。

(三)"上善"与"七善"

《道德经·第八章》中说:"上善若水。水善利万物而不争,处众人之所恶,故几于道。居善地,心善渊,与善仁,言善信,正善治,事善能,动善时。夫唯不争,故无尤。"

老子在讲"上善若水"时,不仅指出了"上善",用"上善"说明水象征着最善良、最美好、最具有高尚品德的人,而且,老子还进一步说明了"上善"的内容和要求,即"七善""居善地,心善渊,与善仁,言善信,正善治,事善能,动善时"。

(1)"居善地",即居住,要像水一样,选择深渊、山谷、海洋等艰苦而低下的地方。正如《管子·度地》中说:"人皆赴高,己(水)独赴下,卑也。卑也者,道之,圣者之器也。"也就是说,只有像水一样谦卑,才是安身立命的最好办法。

(2)"心善渊",即心胸,要像大海一样,沉静而深不可测,宽广而包容万物。

(3)"与善仁",即待人,要像水一样,善利万物而不争,要真诚、仁爱、包容、甘于奉献,正如"君子之交淡如水"。

(4)"言善信",即说话,要像水一样,诚实、恪守信用,正如"一言既出,驷马难追"。

(5)"正善治",即"政,善治",即为政,要像水一样,清明、廉洁,从善如流,把国家治理得井井有条。

(6)"事善能",即做事,要像水一样,竭尽所能去做善利万物的事情。

(7)"动善时",即行动,要像水一样,善于把握时机,抓住机遇,正如"好雨知时节,当春乃发生"。

老子认为,只有做到这"七善",才能达到"上善"的境界,最终接近"道"。

三、"上善若水"价值观的影响与评价

"上善若水,水利万物而不争,处众人之所恶,故几于道。"这是老子从水的特性中体悟出的最为理想的人格状态。最高层次的善就像水一样,"上善若水"成为老子价值观的集中体现。

"上善若水"的思想集中体现了老子"道人合一"的价值主体意识。老子认为,"道"是万物本源,也是人类活动的依据,故价值观应以"道"为旨归。"道"乃"万物之宗",是万物生发的

内在根据，是永恒的真实存在，但是"道"却不同于有形之万物，是视之不见、听之不闻、搏之不得、无名无形的。人如何能体"道"、知"道"、修"道"，依"道"而行？老子认识到，水的特性与"道"最接近，"几于道"，因而人的道性修养可以通过向水学习而获得。且在洋洋之水面前，人人都是平等的，都可取譬于水，通过修持使自身与道同体，使自己的德行接近于"道"。这样，人作为价值主体，通过从水中体"道"、知"道"、得"道"，就能达到"天地与我并生，万物与我齐一"的天人合一、道人合一境界。

"上善若水"的思想蕴含着老子充满辩证色彩的价值标准和价值评价。老子认为，世间万物都包含着相互依存相互反对的矛盾双方，对立着的两面相反相成，"德"亦是如此。老子曾说："天下皆知美之为美，斯恶矣；皆知善之为善，斯不善矣。故有无相生，难易相成，长短相形，高下相倾，音声相和，前后相随。"（《道德经·第二章》）在老子看来，世间有善与不善之分，更有上善、中善、下善之别。然而老子又指出，世间万物不是决然对立、僵死不变的，而是可以朝着对立面转化的。老子从对水的观察与思考中体悟到，水是最美的，是至善的，人可以取譬于水，达到德行的最佳状态，达到"上善"，即使是有过之人只要虔心师从于水而修行，也能领悟至善的境界。

老子通过"上善若水"的思想还提出了具体的价值实践准则。老子从水的特性概括出了价值实践的准则，即居人之下，且善利他人而不与人相争。在这个基本的准则下，老子还提出七善作为具体的价值实践准则，以确保居人之下、善利他人而与人无争这一准则的践履和实行。这蕴藏着老子的一种高超而又巧妙的处世大智慧。

"老子固精于处世之法者。"[①] 老子"上善若水"的价值观品质一直为后世所推崇。西汉淮南王刘安曾这样赞誉水的至德："天下之物，莫柔弱于水。……是谓至德。"（《淮南子·原道训》）司马迁也指出，做人，要像水一样，"从善如流。"（《史记·世家·楚世家》）唐代诗人顾况则以诗的形式表达对水之美德的赞赏："上善若水任方圆"。（《全唐诗·卷二百六十五·宜城放琴客歌》）宋代司马光对"上善若水"也颇为推崇："是水也，有清明之性，温厚之德，常一之操，润泽之功。"清代曹雪芹在《红楼梦》中描述了薛宝钗如水般的处事智慧，"罕言寡语，人谓藏愚；安分随时，自云守拙""不比黛玉孤高自许，目下无尘，故比黛玉大得下人之心"。"上善若水"处世方式的有效性得到了验证。水，作为世间最美好的事物，无形之中陶冶着人们的情操，净化着人们的心灵，培育着人们的品德。以"上善之水"为师，学习和培育正确的价值观，这不仅有利于个人修养的提高，而且有利于形成良好的社会风尚，有利于社会的和谐。

---

① 蔡元培. 中国伦理学史[M]. 上海：上海古籍出版社，2011.

第二节　每临大水必观焉

孔子，名孔丘，字仲尼（公元前551—前479），作为儒家思想的创始人，从水中也读出了关乎道德的种种寓意。孔子曾发出了这样的慨叹："夫水遍与诸生而无为也，似德。其流也埤下，裾拘必循其理，似义。其洸洸乎不淈尽，似道。若有决行之，其应佚若声响，其赴百仞之谷不惧，似勇。主量必平，似法。盈不求概，似正。淖约微达，似察。以出以入以就鲜洁，似善化。其万折也必东，似志。是故见大水必观焉。""每临大水必观焉"成为儒家以水比德价值观的集中体现，是儒家人生哲学的重要内容，对后世有着极大的影响。

一、"每临大水必观焉"的记述

孔子观东流之水，得到了道德上的启迪。这一场景最早记录于中国古代典籍《荀子》。《荀子·宥坐》中说："孔子观于东流之水。"子贡问于孔子曰："君子之所以见大水必观焉者，是何？"孔子曰："夫水遍与诸生而无为也，似德。其流也埤下，裾拘必循其理，似义。其洸洸乎不淈尽，似道。若有决行之，其应佚若声响，其赴百仞之谷不惧，似勇。主量必平，似法。盈不求概，似正。淖约微达，似察。以出以入以就鲜洁，似善化。其万折也必东，似志。是故见大水必观焉。"

对于孔子"每临大水必观焉"，后世诸多典籍都进行了阐释和解读。西汉刘向著《说苑·杂言》中说："'夫智者何以乐水也？'曰：'泉源溃溃，不释昼夜，其似力者；循理而行，不遗小间，其似持平者；动而之下，其似有礼者；赴千仞之壑而不疑，其似勇者；障防而清，其似知命者；不清以入，鲜洁以出，其似善化者；众人取平品类以正，万物得之则生，失之则死，其似有德者；淑淑渊渊，深不可测，其似圣者。通润天地之间，国家以成，是知之所以乐水也。'"《韩诗外传·卷三》中也有类似记载："问者曰：'夫智者何以乐于水也？'曰：'夫水者，缘理而行，不遗小间，似有智者；动而下之，似有礼者；蹈深不疑，似有勇者；障防而清，似知命者；历险致远，卒成不毁，似有德者。天地以成，群物以生，国家以宁，万事以平，品物以正。此智者所以乐于水也。'《诗》曰：'思乐泮水，薄采其茆。鲁侯戾止，在泮饮酒。'乐水之谓也。"实际上，关于孔子回答他的学生子贡为什么"每临大水必观焉"的问题，在《荀子·宥坐》《说苑·杂言》《韩诗外传》《孔子家语》《太平御览》《朱子语类》等都有记述。这些记述在具体内容上也许与事实有出入,但孔子爱水,观东流之水,以水比德的事实是千真万确的。

二、"每临大水必观焉"的涵义与内容

(一)"每临大水必观焉"的涵义

综合《荀子·宥坐》《说苑·杂言》《韩诗外传》《孔子家语》《太平御览》《朱子语类》等对"每临大水必观焉"的记载与诠释,我们可以知道"每临大水必观焉"的基本涵义:

孔子聚精会神地观赏着向东奔流而去的水。孔子的学生子贡问道:"君子见到大水,一定要仔细观赏,是什么缘故呢?"孔子告诉子贡,水能够启发君子的德行与智慧,君子应以水比德,所以君子见到大水一定要仔细观赏。

(二)"水有九德"的内容

孔子在讲"君子见大水必观焉"时,不仅指出了君子应以水比德,领悟人生真谛,而且还进一步指出水与人类道德精神的内在关联,探求了水的社会意义和价值。孔子通过对水的深入观察和体验,发现水有九种特征,即"似德""似义""似道""似勇""似法""似正""似察""似善化""似志"。

(1)"似德"。水遍布天下,润泽万物,而不自认为有功,没有任何偏私,就像君子的德行。

(2)"似义"。水性向下,尽管水流弯弯曲曲,或方或曲,但都遵循着流必向下的规律,这就像义。

(3)"似道"。水浩浩荡荡,不见涯际,奔流不息,没有穷尽,这就像道。

(4)"似勇"。掘开堵塞,使水通行,水就会随即奔腾向前,即使百丈深谷也从无惧色,这就像勇,勇往直前。

(5)"似法"。水注入量器时总是趋向于平,安放必平,无高低上下,就像法。

(6)"似正"。注满量器,不必用概(古代用于把升、斗口上多余的粮食刮平的木板)来刮平,这就像正。

(7)"似察"。水柔弱细小,渗入曲细,无微不达,就好像明察。

(8)"似善化"。各种东西在水里淘洗,就会变得洁净鲜美。水能净化万物,就好像善于教化的圣者,善施教化。

（9）"似志"。水百转千回，却必然向东，就好像志。

由此，孔子观东流之水，发现水有着这么多的美德，乃真君子也，能晓人以立身处世之大道，所以孔子认为，君子见到大水一定要仔细观察。

（三）"水有九德"的流传

孔子"每临大水必观焉"，悟出的"水有九德"思想为后世所继承，并进一步阐发。西汉刘向所编《管子》中就汲取了孔子"水有九德"的智慧，并在此基础上提出"玉有九德"的思想："夫玉之所贵者，九德出焉，夫玉温润以泽，仁也。邻以理者，知也。坚而不蹙，义也。廉而不刿，行也。鲜而不垢，洁也。折而不挠，勇也。瑕适皆见，精也。茂华光泽，并通而不相陵，容也。叩之，其音清搏彻远，纯而不杀，辞也。是以人主贵之，藏以为宝，剖以为符瑞，九德出焉。"（《管子·水地》）"是以水集于玉，而九德出焉。"（《管子·水地》）至宋代，李昉、李穆、徐铉等编纂《太平御览·珍宝部四·玉下》秉承了《管子·水地》关于"玉有九德"的思想。此外，东晋葛洪撰的《抱朴子》也极为赞赏"水之九德"，写道："抱朴子曰：五岳巍峨，不以藏疾伤其极天之高；沧海混濣，不以含垢累其无涯之广。故九德尚宽以得衆，宣尼泛爱而与进。"（《抱朴子·博喻》）唐代欧阳询等编的《艺文类聚》也传承了孔子以水论人、以水比德的思想，以水之九德喻人之高善："《后汉孔融圣人优劣论》曰：荀憘等以为圣人俱受乾坤之醇灵，禀造化之和气，该百行之高善，备九德之淑懿，极鸿源之深间，穷品物之情类，旷荡出于无外，沉微沦于无内，器不是周，不充圣极，苟以为孔子称大哉尧之为君。"（《艺文类聚·卷二十》）《魏文帝玉玦赋》曰："有昆山之妙璞，产曾城之峻崖，嗽丹水之炎波，荫瑶树之玄枝，包黄中之纯气，抱虚静而无为，应九德之淑懿，体五材之表仪。"（《艺文类聚·卷六十七·衣冠部》）

"九德"对道教、佛教思想产生了重要的影响。古代一些道教中人，往往也以"九德"为目标，潜心修道。如《三国志》中这样描述太中大夫管宁："臣闻龙凤隐耀，应德而臻，明哲潜遁，俟时而动。是以鸾鷟鸣岐，周道隆兴，四皓为佐，汉帝用康。伏见太中大夫管宁，应二仪之中和，总九德之纯懿，含章素质，冰洁渊清，玄虚澹泊，与道逍遥；娱心黄老，游志六艺，升堂入室，究其阃奥，韬古今于胷怀，包道德之机要。中平之际，黄巾陆梁，华夏倾荡，王纲弛顿。遂避时难，乘桴越海，羁旅辽东三十余年。在乾之姤，匿景藏光，嘉遁养浩，韬韫儒墨，潜化傍流，畅于殊俗。"（《三国志·魏书十一·管宁传》）又如宋代《太平御览》中的《道部》对道教仙人也是以"九德之冠"给予最高评价："《太上素灵经》曰：太山神仙，戴飞晨宝冠，又戴青精辰王冠、游云宝冠、玉精宝冠、通天玉宝冠、三玄宝冠。上清仙公并建扶华沓霞大冠,道君冠九德之冠。"(《太平御览·道部十七》)同样,"九德"对佛教思想的影响也见诸古代典籍。如唐末五代时期著名诗僧贯休的《酬王相公见赠》云:"孤拙将来岂偶然,不能为漏滴青莲。一从麟笔题墙后,常只冥心古像前。九德陶熔空有迹,六窗清净始通禅。"(《全唐诗·卷八百三十五·酬王相公见赠》)。

"九德"思想渗透到了古典音乐之中。之所以古人喜爱奏乐,就是为了通过音乐歌陈九德。正如《文心雕龙》所说:"夫乐本心术,故响浃肌髓,先王慎焉,务塞淫滥。敷训胄子,必歌九德,故能情感七始,化动八风。"(《文心雕龙·卷二·乐府》)《艺文类聚》中也记载:"《梁元帝庆南郊启》曰:大裘而冕,陶匏以质,黄锺既奏,云门斯舞,乐谐六变,歌陈九德,感天动神,式展诚敬。"(《艺文类聚·卷三十八》)《周官》曰:"凡六乐者,一变而致羽物及川泽之祇,再变而致裸物及山林之祇,三变而致鳞物及丘陵之祇,四变而致毛物及坟衍之祇,五变而致介物及土示,六变而致象物及天神,九德之歌,九磬之舞,于宗庙之中奏之,若乐九变,则人鬼可得而礼矣。"(《艺文类聚·卷四十一》)唐杜佑撰的《通典》也指出:"九德之歌、宗庙登歌则奏之,替昭夏。"(《通典·乐二·历代沿革下》)不仅如此,《通典》中还详细讲述了古代宗庙仪式中奏乐以歌九德的情形:"次奏黄钟为宫,大吕为角,太蔟为徵,应锺为羽,路鼓路浅,阴竹之管,龙门之琴瑟,九德之歌,九韶之舞,于宗庙之中奏之。"(《通典·礼九》)以音乐歌陈九德在古代中国社会有着重要的意义,对于先贤来说,以音乐歌陈九德是一种极大的精神享受。正如《太平御览》所说:"乐者,歌九德,诵六诗。是以荐之郊庙,则鬼神享之也。"(《太平御览·乐部二》)"天地之道,近在胸臆;呼噏精神,以养九德。渴不求饮,饥不索食;避世俟道,志洁如玉。卿相之位,难可宜当。岩岩之石,幽而清凉,枕块寝处,乐在其央,寒凉回固,可以久长。"(《太平御览·乐部九》)

"九德"常出现于中国古典文学作品中。如唐代著名边塞诗人高适的《留上李右相》写道:"风俗登淳古,君臣挹大庭。深沉谋九德,密勿契千龄。"(《全唐诗·卷二百一十四·留上李右相》)唐代诗人窦常的《奉贺太保岐公承恩致政》也写道:"君为宫保及清时,冠盖初闲拜武迟。五色诏中宣九德,百僚班外置三师。山泉遂性休称疾,子弟能官各受词。"(《全唐诗·卷二百七十一·奉贺太保岐公承恩致政》)

"九德"甚至成为了古代中国一个遥远地方的地名,这主要是为了彰显道德教化的地域之广。《水经注》对"九德"这一地方进行了介绍:《林邑记》曰:"九德,九夷所极,故以名郡。郡名所置，周越裳氏之夷国。《周礼》，九夷远极越裳。白雉、象牙，重九译而来。自九德通类口，水源从西北远荒，迳宁州界来也。九德浦内迳越裳究、九德究、南陵究。按《晋书·地道记》，九德郡有南陵县，晋置也。竺枝的《扶南记》：山溪濑中谓之究。"（《水经注·卷三十六》）

三、"水有九德"与儒家伦理道德思想

孔子通过观水，看到水这一普遍存在、人类须臾难离的物质，有着"似德""似义""似道""似勇""似法""似正""似察""似善化""似志"等诸多特性，与儒家的伦理道德十分相近，具有孔子阐发其道德思想的深厚底蕴。于是，孔子便顺理成章地把"水之九德"与人的性格、意志、道德等联系起来，"水之九德"成为了体现儒家伦理道德体系的感性形式和观念象征，成为儒家伦理道德思想的基础。

"水之九德"构成儒家伦理道德的重要内容，儒家伦理道德涵义的延伸与扩展是建立在"水之九德"基础上的。"水有九德"，具体为"似德""似义""似道""似勇""似法""似正""似察""似善化""似志"。由此，形成了儒家伦理道德的初始内容。《逸周书·常训解》指出："八政不逆，九德纯恪。""九德"为儒家必须重视的伦理道德。而且，《逸周书》还对"九德"的涵义和内容进行了丰富和扩充："九德：忠、信、敬、刚、柔、和、固、贞、顺。"（《逸周书·常训解》）"九德：一孝，孝子畏哉，乃不乱谋，二悌，悌乃知序，序乃伦，伦不腾上，乃不崩，三慈惠，知长幼，知长幼，乐养老，四忠恕，是谓四仪，风言大极，意定不移，五中正，是谓权断，补损知选，六恭逊，是谓容德，以法从权，安上无慝，七宽弘，是谓宽宇，准德以义，乐获纯嘏，八温直，是谓明德，喜怒不，主人乃服，九兼武，是谓明刑，惠而能忍，尊天大经。九德广备，次世有声。"（《逸周书·宝典解》）"九德：一忠，二慈，三禄，四赏，五民之利，六商工受资，七祇民之死，八无夺农，九足民之财。"（《逸周书·文政解》）后世儒家也一直秉承孔子的"水有九德"思想，并在"水有九德"的基础上对儒家伦理道德的内容进一步延伸。《太平御览》对"九德"，给出了新的涵义："九德，九功之德，水火金木土谷正德利用厚生之者也。"（《太平御览·时序部一》）《康熙字典》在解释"德"字时，对"九德"也进行了新的注解："九德，宽而栗，柔而立，愿而恭，乱而敬，扰而毅，直而温，简而廉，刚而塞，强而义。"（《康熙字典·彳部·十二》）

"九德"成为评判人们道德水平的标准和尺度。《论衡》指出以"九德之法"检行考言，可以判断一个人是"贤"还是"佞"："唯圣贤之人，以九德检其行，以事效考其言。行不合于九德，言

不验于事效，人非贤则佞矣。夫知佞以知贤，知贤以知佞；知佞则贤智自觉，知贤则奸佞自得。贤佞异行，考之一验，情心不同，观之一实。"（《论衡·答佞》）"九德"不仅成为判断一个人是"贤"还是"佞"的标准，后来还进一步成为中国古代选拔官员的重要标准。《群书治要》中说："明九德之常以择人而官之，则政之善也。"（《群书治要·尚书》）

"九德"饱含着人们对美德的赞颂，对历史人物的评价往往以"九德"概括之。东汉徐干著的《中论》以"九德之美"对文王之德进行了总体评价："心能制义曰'度'""德政应和曰'貊'，照临四方曰'明'，施勤无私曰'类'，教诲不倦曰'长'，赏庆刑威曰'君'""慈和徧服曰'顺'，择善而从曰'比'，经纬天地曰'文'"。（《中论·务本》）《蔡中郎集》中对多位逝去人物给予评价时用的都是"九德"，如"有该百行，备九德，齐光日月，洞灵神明，如君之至者与"。（《蔡中郎集·卷二·汝南周巨胜碑》）甚至，对美好的事物，人们也会赋予它"九德"，表达对它的赞美与崇拜。《太平御览》中就这样描述"凤"："夫惟凤为能究万物，通天地，像百物，达乎道，律五音，成九德，览九州，观八极。"（《太平御览·羽族部二·凤》）

"九德"成为礼乐兴邦、治国理政的重要手段。"九德"是古代中国礼乐治国的重要章典和方略。《汉书》中说："丞相衡、御史大夫谭位三公，典五常九德，以总方略，壹统类，广教化，美风俗为职。"（《汉书·赵尹韩张两王传》）《三国志》中也说："今天纲已缀，德树西邻，丕显祖之宏规，縻好爵于士人，兴五教以训俗，丰九德以济民，肃明祀以祫祭，几皇道以辅真。"（《三国志·蜀书十二·郤正传》）作为为政者，作为一国之君，要治理好国家，就必须具备"九德"。如《吴越春秋》记述了范蠡与越王为吴王祝寿的场景，范蠡与越王是这样恭祝吴王的："躬亲鸿恩，立义行仁。九德四塞，威服群臣。"（《吴越春秋·越王勾践五年》）纪传体史书《东观汉记》中记载汉章帝刘炟对汉明帝给予了高度评价，指出汉明帝"躬履九德"，政绩显赫，并效仿汉明帝，行宽厚之政、与民休养之策："章帝初即位，赐东平宪王苍书曰：'朕夙夜伏思，念先帝躬履九德，对于八政劳谦克己终始之度，比放三宗诚有其美。今迫遗诏，诚不起寝庙，臣子悲结，金以为虽于更衣，犹宜有所宗之号，以克配功德。'"（《东观汉记·郊祀志》）作为普通的为官者，也应具备"九德"，才能更好地辅佐朝政。《后汉书》在列叙人臣事迹时多用"九德"来形容："窃见钜鹿太守会稽谢夷吾，出自东州，厥土涂泥，而英姿挺特，奇伟秀出。才兼四科，行包九德，仁足济时，知周万物。"（《后汉书·方术列传上》）"故司空临晋侯赐，华岳所挺，九德纯备，三叶宰相，辅国以忠。"（《后汉书·杨震列传》）

对于伦理道德，儒家还主张应设立学校，广为教化，是以"播九德而导九州"。《艺文类聚·礼部》篇章中对于"学校"有专门的记述:"《周官》曰:师氏以三德教国子,一曰至德,以为道本,二曰敏德,以为行本,三曰孝德,以知恶逆。"《梁元帝请于州立学校表》曰:"臣闻公宫之南,四术四教,司乐成均,六诗六律,韶濩既舞,羽龠之道行焉。党塾兹备,离经之志辩焉。故不升嵩霍,岂识乾行之峻,不临溟渤,安知地载之厚,洎乎秦焚金篆,周亡玉镜,群言争乱,诸子相腾,书则夏侯欧阳,易则神输道训,诗乃齐鲁毛韩,传称邹左张夹,礼有曲台王史之异,乐有龙德赵定之殊,伏惟陛下,抚五辰而建五长,播九德而导九州,容成为历,兴景云之瑞,伶伦吹律,应黄锺之管,拨乱反正,经武也。制礼作乐,纬文也。若非六经庖厨,百家异馔,三坟为珊琏,五典为笙簧,岂能暴以秋阳,纡就望之景,灌以江汉,播垂天之泽。"(《艺文类聚·卷三十八·礼部上·学校》)在"水有九德"思想的基础上,儒家阐发了其伦理道德思想,构建了儒家伦理道德体系,对后世产生了深远的影响。

第三节 盈科而后进

"朝宗终到海,润下每盈科"。(朱休著《全唐诗·卷七百八十·春水绿波》)逝水东流,百转千回,总有一股锲而不舍的精神;日月往荐,斗转星移,亘古不变的是执着的信念。两千多年前,先哲将水作为知识观念的源泉,得出的质朴真理在浩瀚的历史长河中成为整个中华民族的思辨。"源泉混混""不舍昼夜""盈科而后进"成为无数志士学人秉持的坚定信念和不懈奋斗的精神源泉。

一、"盈科而后进"的出处

"盈科而后进"这一句至理名言最早出自于《孟子》,《孟子·离娄下》中说:徐子曰:"仲尼亟称于水,曰:'水哉,水哉!'何取于水也?"孟子曰:"源泉混混,不舍昼夜。盈科而后进,放乎四海,有本者如是,是之取尔。苟为无本,七八月之闲雨集,沟浍皆盈;其涸也,可立而待也。故声闻过情,君子耻之。"

这段话中"徐子"是孟子的学生,名徐辟。"亟称"即多次看着水发出感叹。"混",古音读衮,亦即滚,大水之意。"盈",即满;"科",即洼、坎;"盈科而后进",即泉水遇到坑洼,要充满之后才继续向前流。"是之取尔",即取的就是这一点。"声闻"即名誉。这段话的意思是，徐子说："孔子多次望着水发出'水啊，水啊！'的感叹，对于水，孔子从中得到什么启示呢？"孟子说："有源的泉水滚滚涌出，日夜不停，注满洼坑后继续前进，最后流入大海。做事有根本的人，就该是这个样子，孔子注重采取的就是这一点。若做事无本，就象七八月间的大而集中的雨，大小沟洼都满了，无源之水一会儿也就干涸了。所以名声超过实际，君子应引以为耻。"

由这段话可知，孟子为水的盈科后进之态深深吸引，借孔子之口表达了对盈科后进之水的赞美。不仅如此，孟子还从"盈科后进"之水中读取到了价值层面的独特涵义，将"源泉混混""不舍昼夜""盈科而后进"之水视之为理解人类行为准则的方法，并且以水作喻，告诫人们应向水学习"盈科而后进"之人格魅力。

二、"盈科而后进"的涵义和内容

"源泉混混，不舍昼夜，盈科而后进"的水态势，以其独特的人格魅力，展现出了丰厚的精神内涵。以孟子为代表的古代先贤，从价值的层面，对"源泉混混，不舍昼夜，盈科而后进"之水蕴含的精神内涵进行了不懈的探寻和深度的挖掘。

"源泉混混，不舍昼夜，盈科而后进"之水态势折射出了对远大理想的执著追求。理想作为一种精神现象，是人的心灵世界的核心，是世界观、人生观、价值观在奋斗目标上的集中体现，是人们对未来不懈追求的动力源泉。孟子正是从泉水盈科后进之态中体悟到了泉水的至高理想和追求，并对此极为感慨，在《孟子·尽心上》中可以感受到孟子的这番体悟："孔子登东山而小鲁，登泰山而小天下。故观于海者难为水，游于圣人之门者难为言。观水有术，必观其澜。日月有明，容光必照焉。流水之为物也，不盈科不行；君子之志于道也，不成章不达。"孟子极为推崇水之崇高理想和境界，并以此劝诫君子之志于道也，启迪人们也应和水一样要有远大之理想，追求至高境界。对于孟子的这一段话，朱熹尤为看中，并进行了深入的剖析，指出："此一章，如诗之有比兴。比者，但比之以他物，而不说其事如何；兴，则引物以发其意，而终说破其事也。"(《朱子语类·孟子十·尽心上》)朱熹认为，对孟子这段话的理解要重视其中的比兴手法，也就是说，对于盈科后进之水，要深刻理解其中蕴含的精神内核，即远大的理想。水之所以能滚滚涌出，日夜不停，奋勇向前，就在于泉水有着奔流至海的远大理想和追求，这种理想追求在水的东流历程中始终如影随形，相伴相生，如灯塔一般照耀和激励着水的前行。水的精神追求值得我们学习，我们的人生就如同在水中前行，旅途漫漫，理想和追求就是人之为人的根本，理想追求似漫漫人生中引航的灯塔和推进的风帆。没有理想的人生，犹如迷失方向和失去动力的一叶小舟，在人生的河流中随处漂泊，甚至沉没于人生的汹涌波涛中。

"源泉混混，不舍昼夜，盈科而后进"之水态势蕴含着坚不可摧的信念。信念同理想一样，也是人所特有的一种精神现象，是人的认知、情感以及意志的有机统一体，是人在一定的认知基础上形成和确立的对某一思想或是事物坚信不疑且身体力行的心理态度及精神状态。信念对于理想，可以起到强大的支持作用，会促使着人们坚贞不渝地追求理想。孟子不仅从盈科后进之水态势中体悟到了水的远大理想追求，还为水百转千回、亘古不变的坚定信念所吸引。奔流至海的远大理想让水形成了矢志不渝、百折不挠的坚定信念，激励着水不畏艰难险阻，遇到坑洼注满后继续向前。对于孟子从盈科后进之水中凝练出的坚定信念，西汉董仲舒作了进一步的发挥，他在《春秋繁露·山川颂》中说："水则源泉混混沄沄，昼夜不竭，既似力者；盈科后行，既似持平者；循微赴下，不遗小间，既似察者；循谷不迷，或奏万里而必至，既似知者；障防山而能清净，既似知命者；不清而入，洁清而出，既似善化者；赴千仞之壑，入而不疑，既似勇者；物皆困于火，而水独胜之，既似武者；孔子在川上曰：'逝者如斯夫，不舍昼夜。'此之谓也。"盈科后进之水启迪着我们，人生如同行舟，唯有坚定的信念，才能让我们处低谷而力争，受磨难而奋进，迎高潮而快上，乘顺风而勇进。不管是逆水行舟还是顺水行舟，坚定的信念都可以帮助我们到达理想的彼岸。

"源泉混混，不舍昼夜，盈科而后进"之水态势彰显了脚踏实地、循序渐进的实践方法。理想的实现是一个过程，通往理想的路是遥远漫长的，需要一步一步地去走，一点一滴地去实现，唯有脚踏实地、循序渐进的实践才是通往理想彼岸的桥梁。孟子从流水之态中看到了盈科后进、循序渐进的重要性，反复强调："流水之为物也，不盈科不行；君子之志于道也，不成章不达。"（《孟子·尽心上》）孟子希望通过"流水之为物也，不盈科不行"之现象告诫有志之人一定要踏踏实实，打好基础，循序渐进。不仅如此，孟子还说："于不可已而已者，无所不已；于所厚者薄，无所不薄也。其进锐者，其退速。"（《孟子·尽心上》）孟子看到，做任何事情，如果进程过于迅速，势必影响实际效果，致使退步也快，正确的进程应当像流水一样，注满了一个洼坎之后再往下流，这就是"盈科而后进"的道理。孟子还以"揠苗助长"的寓言来说明循序渐进的重要性，他在《孟子·公孙丑上》篇中说："宋人有悯其苗之不长而揠之者，茫茫然归。谓其人曰：'今日病矣，予助苗长矣。'其子趋而往视之，苗则槁矣。天下之不助苗长者寡矣。以为无益而舍之者，不耘苗者也；助之长者，揠苗者也。非徒无益，而又害之。"孟子通过"揠苗助长"的寓言生动形象地说明，做任何事情，都如同作物生长一样，是一个自然有序的过程，有自己的规律，决不能用拔苗的方法去助长，结果只会是适得其反。

"源泉混混，不舍昼夜，盈科而后进"之水态势饱含着锲而不舍的奋斗精神。理想的实现是一个长期性、艰巨性和曲折性的过程，理想越是高远，其实现过程就越复杂，需要的时间和努力越多。要通过充满艰难险阻的曲折之路，实现理想，就必须有锲而不舍的奋斗精神。孟子从盈科后进之水中深深地体悟到锲而不舍的奋斗精神。"流水之为物也，不盈科不行；君子之志于道也，不成章不达。"（《孟子·尽心上》）孟子认为，正是水所拥有的锲而不舍精神支持着水不畏艰险、披荆斩棘、不舍昼夜地奔涌向前。后世很多哲人都追随孟子的足迹，极为推崇盈科后进之水的锲而不舍精神。东汉王充在《论衡》中对锲而不舍、坚持不懈之理进行了生动的阐述："阳温阴寒，历月乃至；灾变之气，一朝成怪。故夫河冰结合，非一日之寒；积土成山，非斯须之作。干将之剑，久在炉炭，铦锋利刃，百熟炼厉。久销乃见作留，成迟故能割断。肉暴长者曰肿，泉暴出者曰涌，酒暴熟者易酸，醢暴酸者易臭。由此言之，贤儒迟留，皆有状故。状故云何？学多道重，为身累也。"（《论衡·状留》）唐代重要典籍《群书治要》中也多次阐述盈科后进、持之以恒的道理："夫骥一日而千里，驽马十驾，则亦及之矣。或迟或速，或先或后耳，胡为乎其不可相及也。跬步而不休，跛鳖千里，累土而不辍，丘山崇成，彼人之才性之相悬也。岂若跛鳖之与六骥足哉。然而跛鳖致之，六骥不致，是无他故焉。或为之，或不为耳。"（《群书治要·卷三十八·孙卿子》）唐代大诗人刘禹锡在其所撰的《刘氏集略说》中也指出："五达之井，百汲而盈科，未必凉而甘，所处之势然也。"也就是说，再大再深的水井，都是经过百汲盈科而成，这无不警示着为学之人定要坚持不懈，一点一滴积累，最后才能成功。

三、"盈科而后进"价值观的影响

从中国历史来看，"盈科而后进"的水精神在很多志士学人的身上都得到了彰显。通过一代又一代志士学人的薪火相传，"源泉混混，不舍昼夜，盈科而后进"，成为中华民族优秀的精神品质和不竭的精神源泉。"盈科而后进"的品质激励着无数的志士学人戒骄戒躁，脚踏实地，循序渐进，持之以恒，朝着更高更远的理想目标不懈奋斗。

王羲之（303—361，一作321—379），晋代杰出书法家，被称为"书圣"。王羲之精湛的书法、卓越的成就，无不来源于他远大的理想、坚定的信念以及锲而不舍的精神。王羲之在七岁时就对书法产生了浓厚的兴趣，当他看到父亲收藏的一本字帖时异常兴奋，爱不释手，从此立志一定要写出一手好字，成为一名书法家。于是王羲之十年如一日地勤学苦练。王羲之练字用坏的毛笔，堆积如山，而王羲之用以洗毛笔的小池子也由一池清水变成一池墨水，这池墨水被后人称之为"墨池"。经过年复一年、日复一日的辛苦练习，王羲之终于练成了如行云流水般轻松自如而又雄健有力的书法，成为杰出的书法家。

王羲之故居墨池

李白（701—762），唐代最伟大的诗人之一，诗风雄奇豪放，想象丰富奇特，有着"诗仙"的美称。相传，李白在四川象耳山读书时，有一天在山下溪涧边遇见一位白发婆婆磨铁棒，李白询问婆婆为何磨铁棒，婆婆说要把铁棒磨成针。李白大惑不解，于是老婆婆向他讲述了"只要功夫深，铁棒磨成针"的道理。李白听后深受启发和教育，明白做事一定要有恒心，要坚持不懈，读书亦是如此。在这件事后，李白开始在山中发奋学习，终于有了日后的成就。

徐霞客（1587—1641），明朝著名的旅行家、地理学家。徐霞客从小就立下了登名山、记胜迹、考察山川的宏愿。年幼之时，徐霞客就树立了成为旅行家的理想，为了实现旅行家之梦，始终坚持锻炼身体，每日必练行走、跑步、爬山的运动，为日后旅行打下了坚实基础。年轻之时，徐霞客为坚持自己旅行家的理想，常躲避于家附近茂密的竹林中，以逃避做官之邀。二十二岁之时，徐霞客开始了跋山涉水的艰难旅程。在几乎没有任何资助的条件下，不惧困难，不畏艰险，游历了大半个中国，而且几乎都是徒步跋涉。途中徐霞客曾与另外两人一同考察西南地区，历尽千辛万苦，其中一人因病而死，另一人因苦而逃，只有徐霞客披荆斩棘继续前进。从二十二岁到五十六岁，徐霞客野外考察三十四年，曾两次遇险，四次断粮，但始终没有放弃，最终战胜千难万阻，取得一手资料，写出了四十万字的巨著《徐霞客游记》。

第四节　源　清　则　流　清

荀子（约公元前313—前211），作为儒家思想的重要代表，提出了"源清则流清"的思想。"源清则流清"作为中国古代知识分子所追求的理想人格，有着深厚的思想蕴涵。无数的志士名流以"源清则流清"为理想的人格追求，彰显出了君子的人品节操与精神境界。

一、"源清则流清"的出处

"源清则流清"最早出自《荀子·君道》。《荀子·君道》中多次阐述"源清则流清"的道理："官人守数，君子养原；原清则流清，原浊则流浊。故上好礼义，尚贤使能，无贪利之心，则下亦将綦辞让，致忠信，而谨于臣子矣。""君者，民之原也；原清则流清，原浊则流浊。故有社稷者而不能爱民，不能利民，而求民之亲爱己，不可得也。"

在这里，"原"，通"源"字，指水流起源的地方，如江源、河源、泉源。"原清则流清"即"源清则流清"。这两段话的意思是：源头清澈，下游的流水也清澈；源头浑浊，下游的流水也浑浊。如果掌握了国家政权的人不能够爱护人民，不能让民众获得利益，却要求民众对自己亲近爱戴，那是不可能的。荀子关于源清流清的精辟论述给予人们谆谆告诫，为君子者，当知源清流清之理；为官者，当明上贤下洁之道。

二、"源清则流清"的涵义和内容

"源清流清"，在以荀子为代表的古代先贤看来，是君子所追求的理想人格。"源静则流清，本正则末茂。内修则外理，形端则影直。"（《意林·卷五·魏子十卷》）"源清流清"，作为君子追求的完美人格，有着深厚的思想蕴涵。

"源清流清"，首先要求君子人格要凝聚于内，强调人的内在德性。人的内在德性是理想人格的根本。"君子所以异于人者，以其存心也。"（《孟子·离娄下》）"存心"，即内在的德性或道德涵养。在古代知识分子看来，君子，之所以不同于常人，绝不是外在血肉之躯的区别，而在于内在的道德理性，这种道德理性是无限深广而又神秘的，构筑起了高度自省的内在人格世界。深广无垠而又神秘的内在德性，就像源泉一样，最理想的状态就是"清"。荀子曾说："人何以知道？曰：心。心何以知？曰：虚壹而静。……虚壹而静，谓之大清明。"（《荀子·解蔽》）荀子认为，"清"是一种终极状态，人应当虚怀若谷，使心灵处于"清"的状态。对于如何达到"清"的理想状态，老子曾指出："古之善为士者，微妙玄通，深不可识。夫唯不可识，故强为之容。豫兮若冬涉川；犹兮若畏四邻；俨兮其若容；涣兮若冰之将释；敦兮其若朴；旷兮其若谷；混兮其若浊；孰能浊以静之徐清？孰能安以久动之徐生？保此道者，不欲盈。夫唯不盈，故能蔽不新成。"（《道德经·第十五章》）老子认为，人应当像水学习，浊以静之徐徐而清。清静的内在德性如同水之源头一般，能赋予君子以坚定的道德操守。"富贵不能淫，贫贱不能移，威武不能屈，此之谓大丈夫。"（《孟子·滕文公下》）当君子遭遇到富贵、贫贱、威武等外在力量的冲击时，清静之内在德性能给予君子强大的精神支持，让君子不为富贵、贫贱、威武等外在力量所淫、所移、所屈，从而让君子的人格得到升华与绽放。

"源清流清"，在强调理想人格要凝聚于内的同时，还对君子的理想人格作了外在的规定。在古代先贤看来，个体总是存在于社会生活中，是社会生活的主体，有着实现社会理想的责任，因而个体不仅应当有内在的德性，正心，诚意，将理想的人格凝聚于内，还必须在现实社会生活中践行品格，使内在人格呈现于外，展现出外在的人格力量，通过外在的事功使人格获得完美的形象。以"清"为终极追求的内在德性能促使君子身体力行道德理想，自觉担负并完成崇高的社会使命。"儒者在本朝则美政，在下位则美俗。"（《荀子·儒效》）"清静能为天下正。能清静则为天下之长，持身正则无终已时也。"（《老子河上公章句·德经·洪德》）"清"的理想人格驱使着古代知识分子参与到安邦济世、治国平天下的政治实践之中，并潜移默化地使清正、清雅的道德品行成为为君者、为官者应遵守的道德标准与规范。孔子曾说："上敬老，则下益孝；上尊齿，则下益弟；上乐施，则下益宽；上亲贤，则下择友；上好德，则下不隐；上恶贪，则下耻争；上廉让，则下耻节。此之谓七教。七教者，治民之本也。政教定，则本正矣。凡上者，民之表也。表正则何物不正？是故人君先立仁于己，然后大夫忠而士信，民敦俗朴，男悫而女贞。六者、教之致也。布诸天下四方而不窕，纳诸寻常之室而不塞，等之以礼，立之以义，行之以顺，则民之弃恶如汤之灌雪焉！"（《孔子家语·王言解》）只有具备公认的良好道德品行和名声，才能获得百姓拥护，达到民之弃恶、国之大治、天下之太平的目的。

三、"源清则流清"价值观的影响

"官人守数,君子养原;原清则流清,原浊则流浊。"从古至今,无数的志士名流以此为理想的人格追求,展现出了君子的人品节操与精神境界。

司马迁(生卒年不详),西汉著名史学家、文学家,被后世尊称为太史公、历史之父。司马迁不仅学富五车,而且为官清廉,从不收受任何钱物礼品。在担任太史令时,将军李广曾派人给司马迁送来一只精致的盒子,盒子里放着一对世间罕见的玉璧。司马迁见到白璧,不由叹道:"这对玉璧,这般圆润,这般光洁,实乃'白璧无瑕'。玉璧如此,人又何尝不是如此?"随即,司马迁叫小女儿把白璧交给客人带回。司马迁不仅为官清廉,而且在身受酷刑的情况下,仍完成了"究天人之际,通古今之变,成一家之言"的史学巨著——《史记》。

邓攸(生卒年不详),东晋人士,曾任过太守之职,后官至中庶子。因为官清廉,邓攸被载入《晋书·良吏列传》,至今还流传着"邓攸离任,百姓牵船"的佳话。据《晋书·良吏列传》记载,东晋初年,吴郡太守一职空缺,朝廷任命邓攸为吴郡太守。邓攸随即赴任,赴任时邓攸自己装载着大米前去,担任太守期间,邓攸也从不领取丝毫俸禄。后来吴郡遭遇严重饥荒,邓攸上表朝庭,请求朝廷赈济灾民。但灾荒异常严重,很多灾民已断粮,于是未等朝廷批复,邓攸就果断开仓放粮。直至离任,邓攸也从没要过一文俸禄,从未动用一分公款。由于邓攸为政清廉,办案公正,吴郡百姓极为拥戴。后来,在邓攸离任欲离开吴郡时,吴郡众多百姓住在船只上,挽留邓攸,以致船无法起航,邓攸只好暂时停留,直到夜间,才得以离去。

顾协(470—542),南朝梁学者、文学家。顾协不仅极善文笔,颇有文学造诣,而且在官场中也颇有操守。为官数十载,顾协廉洁如水,饮食起居十分简朴,甚至每到冬天,连厚衣服也置不起,冻得浑身打战。对于巴结奉迎、送礼行贿之人,顾协都是严词拒绝。有一次,顾协的一个学生去看他,顾协本来很高兴,但这个学生竟送给他二千钱,顾协十分恼火,立即唤来家人,狠狠地将这个学生打了二十大棍。从此以后,再也没人敢给顾协送礼行贿了。顾协清贫一生,七十二岁去世。他去世后,连用来入殓的被子都没有,无不令人感慨万千,深深钦佩。

于谦(1398—1457),明代名臣,著名民族英雄,曾先后担任监察御史、巡抚、兵部尚书等职。于谦为官廉洁,为人耿直。在任期间,于谦总是衣食似平民,出行乘骡车,自己的俸禄也多用来接济穷人。但在当时,朝政腐败,贪污成风,贿赂猖獗。各地官僚进京,都要从本地老百姓那里搜刮绢帕、珠宝、白银等献给皇上和朝中权贵。但于谦每次进京,总是不带任何礼品。有人曾劝于谦即使不送钱，送点土特产也可以，但于谦回答道："我只带两袖清风"。这就是"两袖清风"的由来。直至今天，凡为官清廉、不贪钱财者，常以"两袖清风"誉之。

第五节 中 而 正

美国汉学家艾兰曾指出，"水之道"，乃"德之端"，水启迪着古代中国哲人的无穷智慧和美好品德。孔子观欹中之水而论道，发现"中而正，满而覆，虚而欹"之现象，从中体悟到"谦受益，满招损"的人生哲理，对世人起到了重要的警示作用。

一、"中而正"的出处与记述

"中而正"最早出自《荀子》，据《荀子》记载，"中而正"的思想是孔子与其弟子到鲁桓公祠庙参观，看到欹器中的水而提出的。

孔子观于鲁桓公之庙，有欹器焉，孔子问于守庙者曰："此为何器？"守庙者曰："此盖为宥坐之器。"孔子曰："吾闻宥坐之器者，虚则欹，中则正，满则覆。"孔子顾谓弟子曰："注水焉。"弟子挹水而注之。中而正，满而覆，虚而欹，孔子喟然而叹曰："吁！恶有满而不覆者哉！"子路曰："敢问持满有道乎？"孔子曰："聪明圣知，守之以愚；功被天下，守之以让；勇力抚世，守之以怯，富有四海，守之以谦：此所谓挹而损之之道也。"（《荀子·宥坐》）

欹器，是古代汲水的一种器皿。欹器注水后有三种状态，即"虚而欹，中而正，满而覆"。孔子正是通过欹器中水的三种不同状态，领悟到做人就像欹器中的水一样，不能自满，一自满就会有翻倒倾覆的危险。孔子告诫弟子要谨记"满招损，谦受益"的人生诫训，时刻保持谦虚谨慎，戒骄戒躁。孔子所提出的"虚而欹，中而正，满而覆"为世人所铭记，也使欹器不再仅仅是一种简单的汲水器皿，而是具有象征意义的警戒之器，警示着世人要向欹器中的水学习，做谦虚谨慎的人。

欹器

二、"中而正"的涵义和内容

水"中而正"的态势美,吸引着古代先贤为之注目,启迪着先哲为之沉思,激发了先哲的道德体认和价值追求。以孔子为代表的古代先贤,从价值的层面,挖掘出了"中而正"丰富的精神内涵。

"中而正"之水态势蕴含着对自我的深刻认识。自我认识包括对自我存在的认识,对自我身体、心理、社会特征等方面的认识。自我感觉、自我概念、自我观察、自我分析、自我评价等都是自我认识的内容。自我认识是自我调节控制的基础,人只有认识自己,才能战胜自己,实现自我价值。古希腊哲学家苏格拉底提出的"我是谁"的命题,实际上就是对自我认知的深刻思考。自我认识也是认识的制高点,纪伯伦曾借他人之口指出:"认识自我是一切认知之母。"孔子重视对自我的认识,并从敧器中的水"虚则敧,中则正,满则覆"三种不同状态中深受启发,认清了自我,认识到了自我存在的客观性规律,也认识到了自我存在的局限性。因此,孔子主张人要自谦,要虚以处己。孔子说:"德行宽裕者、守之以恭;土地广大者,守之以俭;禄位尊盛者,守之以卑,人众兵强者,守之以畏;聪明睿智者、守之以愚;博闻强记者,守之以浅。夫是之谓抑而损之。"(《韩诗外传·卷三》)同样,老子也指出,人应当像水一样认清自己,学会善下与谦卑。老子说:"知其雄,守其雌,为天下溪。为天下溪,常德不离,复归于婴儿。"(《道德经·第十五章》)老子所讲的"雄",喻意为尊;"雌",喻意为卑。老子告诫世人,人虽自知其尊显,但应守之以谦卑,就像水流入深溪一样,人能谦下如深溪,则德常在。不仅如此,老子还指出:"大国者下流,天下之交,天下之牝。牝常以静胜牡,以静为下。"(《道德经·第六十一章》)老子告诫为政者、为君者,尤其是大国为政者,应懂得"大者宜为下"之理,学会自谦与守弱。只有如水般做到自谦,才能受天下之垢。"水善利万物而不争,处众人之所恶,故几于道。"(《道德经·第八章》)"夫道,退故能先,守柔弱故能矜,自卑下故能高人,自损弊故实坚,自亏缺故盛全,处浊辱故新鲜,见不足故能贤,道无为而无不为也。"(《文子·九守·上仁》)水的善下与自谦,最接近于道。通过对自谦之水的观察和体悟,古代先贤达到了"道"的至高思想境界。

"中而正"之水态势也蕴含着对自己与外界关系的深刻认识。人,从本质上讲,"不是单个人所固有的抽象物,在其现实性上,它是一切社会关系的总和"。[①] 任何人都是处在一定的社会关系

---

① 中共中央马克思恩格斯列宁斯大林著作编译局.马克思恩格斯文集(第1卷)[M].北京:人民出版社,2009:501.

中从事社会实践活动的人，社会属性是人的本质属性。每一个人都是在这种客观的、不断变化的社会关系中塑造自我，对待自我，从而成为一个真正现实的、具有个性特征的人。因此，需要正确地认识和处理人与人之间的关系。对待他人，首先要做到尊重。孔子说："三人行，必有我师焉。"（《论语·述而》）任何人都有自身的优点，值得我们尊重和学习，只有尊重他人才能得到他人的尊重。对于如何尊重他人，孔子进一步讲道："恭敬之心，礼也。"（《礼记·冠义》）孔子认为，谦敬与礼让是联系在一起的，礼是人的立身之本。孔子说："不学礼，无以立。"（《论语·季氏》）孔子教导弟子应以礼待人，虚以接物，应"揖让而升，下而饮。"（《白虎通德论·卷二·礼乐》）对待他人，还要学会宽容他人。在与他人交往的过程中，由于性格、经历、文化、修养等差异的存在，因误会、不解和意见分歧难免会与他人产生矛盾，需要心胸宽广，大度容人，不斤斤计较。孔子说："己所不欲，勿施于人。"（《论语·颜渊》）每个人都应学会换位思考，设身处地，推己及人，对别人多一份理解，多一分宽容。"常宽容于物，不屑于人，可谓至极。"（《庄子·杂篇·天下》）宽容之德是实现个人与他人和谐必不可少的条件，是达到天人合一人生境界的重要途径。

三、"中而正"价值观的影响

在中华民族的长期发展中，"中而正"的理念、谦虚的美德历来占据着中华民族社会心理、思想观念的制高点，成为中华民族的重要道德规范，推动着中华民族成为了"礼仪之邦"。无数的中华儿女秉持"中而正"的理念，传承和弘扬着谦敬礼让的美德。

孙叔敖（约公元前630—前593），春秋时期杰出的政治家，楚国名相，以谦虚贤能闻名于世。相传，在孙叔敖即将出任楚国令尹时，举国上下的吏民都急着来道贺，但唯独有一老者，穿着粗衣，戴着白帽，最后来到孙府。他不是祝贺，而是吊问。孙叔敖没有怪罪他，而是非常有礼貌地去见他，对他说："楚王不知道我无德无才，是个不肖之徒，让我出任令尹，使吏民都来道贺，而先生独来吊问，先生有什么要说的吗？"老者说："身份已经很高贵但对人态度骄横的，百姓会除掉他；官位已经很大但独揽大权的，国君厌恶他；俸禄已经很丰厚但仍不知足的，不可能长久。"孙叔敖拜谢道："敬受命，希望能听到阁下更多的教诲。"老者语重心长地说道："官位越高而越应该没有架子，官职越大而越应该小心，俸禄越丰厚越应该不敢多取。您能恪守这三条，足以使楚国大治。"孙叔敖因为谦恭待人，无意之中获得了老者的宝贵意见。孙叔敖纳老者之言的故事很快流传开来，成为一段佳话。

刘邦与项羽的故事也深刻地体现了"中而正"的道理。汉末，刘邦率兵驻扎高阳，有一天，他传见贤士郦食其。当郦食其急匆匆来到刘邦的住所时，刘邦正惬意地靠床坐着，由两名侍女给他洗脚。郦食其见状，心中不悦，没有行下跪之礼，说："大王，你是想帮助秦国进攻，还是想率领诸侯攻打秦国？"刘邦见郦食其不但不行大礼，还提出这样的问题，不禁大怒。郦食其正色道："大王既然决心聚合人马，攻打秦国，就不应该如此轻慢长者。"刘邦听后，自知惭愧，于是急忙擦脚穿鞋，正衣整冠，从床上起来，屏退左右，恭恭敬敬地请郦食其上坐，感谢他的提醒。刘邦谦虚的品德和改正错误的实际行动，不但赢得了郦食其的尊重，而且赢得了许多谋士的尊重。因此，在他周围聚集了大批的贤士，如张良、萧何、韩信等。正是在这些人的辅佐下，刘邦得以成就帝业。反观项羽，尽管有"力拔山兮气盖世"的英雄气概，势力也远远大于刘邦，但他骄傲自大，刚愎自用，事事但凭一己之见，听不进部下的意见，以致许多有才之人弃他而去，甚至连他唯一的谋臣范增也被逼走，最终只落得四面楚歌、乌江自刎的下场。

顾炎武（1613—1682），明清之际著名学者、思想家，学识渊博，而且虚怀若谷，有着高尚的谦虚之德。顾炎武经常对照别人检查自己，发现自己的不足。他曾这样说道："在探讨自然与人世，有坚忍不拔的精神方面，我不如王锡阐；在刻苦读书增长才干并能洞察细微方面，我不如杨雪臣；在专门精研儒家三《礼》，成为具有高超见解的一代经师方面，我不如张尔岐；在冷静地立于各家学说之外独立思考以求更深见解方面，我不如傅山；在艰苦条件下还能独立攻读、无师自成方面，我不如李容；在能够经历各种艰难险阻、随时适应环境变化方面，我不如路安卿；在博闻强记、无所不知方面，我不如吴任臣；在文章尔雅、宅心和厚方面，我不如朱彝尊；在好学不倦、笃于朋友方面，我不如王宏撰；在精心六书、信而好古方面，我不如张弨。"由于顾炎武能够从别人的长处看到自己的差距，虚怀若谷，所以，他更能勤奋好学，最终成为明清之际三大学者（黄宗羲、王夫之、顾炎武）之一，于政治、经济、经学、史地、音韵诸学无不贯通。

第六节 淡泊明志

"淡泊明志"，是中国古代先贤从水的淡泊宁静特性中凝练出的道德品质。"淡泊明志"，虽寥寥四字，但有着博大精深的思想，从人生价值的角度指明了人生目的，彰显了甘于淡泊又积极进取的人生态度，构筑起了中国古代知识分子独特的人生观，成为中华民族宝贵的精神财富得以传承和弘扬。

一、"淡泊明志"的记述

"仙方称上药，静者服之常绰约。柏梁沉饮自伤神，犹闻驻颜七十春。乃知甘醲皆是腐肠物，独有淡泊之水能益人。"（韦应物《全唐诗·卷一百九十五·汉武帝杂歌三首》）水的淡泊启迪着中国古代先贤的哲思。

道家思想创始人老子说："众人熙熙，如享太牢，如春登台。我独怕兮其未兆；如婴儿之未孩；累累兮若无所归。众人皆有余，而我独若遗。我愚人之心也哉！沌沌兮，俗人昭昭，我独若昏。俗人察察，我独闷闷。澹兮其若海，飂兮若无止，众人皆有以，而我独顽似鄙。我独异于人，而贵食母。"（《道德经·第二十章》）从淡泊之水中，老子体悟到人生当如水般甘守淡泊朴素。庄子说："水静犹明，而况精神！圣人之心静乎，天地之鉴也，万物之镜也。夫虚静恬淡，寂寞无为者，天地之平而道德之至，故帝王圣人休焉。"（《庄子·外篇·天道》）庄子，同老子一样欣赏水之淡泊清静，以水之"虚静恬淡、寂寞无为"来比圣人之心，主张以淡泊之心，摆脱一切世俗羁绊，追求超脱的得道境界。

与道家一样，儒家也主张以淡泊之水明其志。孔子说："一箪食，一瓢饮，在陋巷。人不堪其忧，回也不改其乐。"（《论语·雍也》）孔子认为，退居陋巷，不怍箪瓢、心斋白日、志迥青霄，这种淡泊明志就是君子之贤德。

墨家也主张人要有淡泊之心，要兼相爱，节制欲望。《墨子·卷十·经上》指出："平，知无欲恶也。""平：惔然。"清代孙诒让所著《墨子闲诂》注解为"盖谓淡泊无所爱憎于人"，即淡泊明志之意。（《墨子闲诂·卷十·经下》）《朱子语类》评述墨子道："墨子尚俭恶乐，所以说'里号朝歌，墨子回车'。想得是个淡泊枯槁底人。"（《朱子语类·孟子五·滕文公下》）

旨在修心的佛教思想也包涵了淡泊明志之意。《六祖坛经》，亦称《六祖大师法宝坛经》中讲："人我是须弥，邪心是海水，烦恼是波浪，毒害是恶龙，虚妄是鬼神，尘劳是鱼鳖，贪嗔是地狱，愚痴是畜生。""去邪心，海水竭；烦恼无，波浪灭；毒害忘，鱼龙绝。自心地上，觉性如来，放大光明，外照六门清净，能破六欲诸天。"（《乾隆大藏经》《六祖坛经》）《除盖障菩萨所问经》提出十种善法，通过修行十种善法，"即得如水"，淡泊明志，以修行成功。佛家之中流传着这样的禅语：一方一净土，一笑一尘缘。一念一清净，心是莲花开。三千世界，九天之内，心若清净，无处不是净土。人生的悲欢离合，酸甜苦辣，皆系于心。身在红尘之中，凡事以善为本，有所为，有所不为，心自然日趋平和、宁静，如开放的莲花一样自然，从容，不为谁开不为谁落。这就是佛家淡泊明志的生动写照。

相较之下，道教中人对淡泊之志的追求更是强烈。道教人士向往虚静玄妙、超脱凡俗的至高境界。道教的基本教义可以归纳为："尊道贵德，天人合一；敬天法祖，寻仙访道；天人感应，天道承负；性命双修，返璞归真；上善若水，柔弱不争；清静寡欲，自然无为；我命在我，不在天地；忠孝节义，仁爱诚信；福禄寿喜，吉祥如意；仙道贵生，济世度人。"道教人士提倡淡泊名利，清心寡欲，以此修身修己。《抱朴子》明示："食啗弱糊口，布褐缊袍，淡泊肆志，不忧不喜，斯尊乐，喻之无物也。"（《抱朴子·外篇·逸民》）"微飙不能扬大海之波；毫芒不能动万钧之锤。是以漆园思惠，有捐斤之叹；伯氏哀期，有剿弦之愤。短唱不足以致弘丽之和，势力不足以移淡泊之心。"（《抱朴子·外篇·广譬》）

"淡泊明志"的记述，最著名的是诸葛亮的《诫子书》。"夫君子之行，静以修身，俭以养德。非淡泊无以明志，非宁静无以致远。"有德行的人以静思反省使自己尽善尽美，以俭朴节约培养高尚品德。不淡泊不能使志向明确坚定，不宁静不能实现远大理想。这是诸葛亮对其一生的自我总结，也是对子孙的严格教诲，成为激励后世学子修身立志的名篇。

二、"淡泊明志"的涵义和内容

"淡泊明志"，虽寥寥四字，但所蕴含的思想是博大精深的，不仅从人生价值的角度指明了人生的目的志向，而且也彰显了甘于淡泊又积极进取的人生态度，构筑起了独特的人生观。

"淡泊明志"，从人生价值的角度指明了人生的目的。人生目的，是对"人为什么活着"这一人生根本问题的认识和回答，是人在人生实践中关于自身行为的根本指向和人生追求，是人生观的核心，对于人生实践具有重要作用。人活着，绝不仅仅是为了满足个人及其家庭的私欲。如果人只是为了追求安逸的物质生活，那与动物没有什么区别。孟子说："饱食暖衣，逸居而无教，则近于禽兽。"（《孟子》）人不同于动物，人有着追求理想、树立志向、实现抱负的精神需要。孔子说："三军可夺帅也，匹夫不可夺志也。"（《论语·子罕》）墨子说："志不强者智不达。"（《墨子·修身》）诸葛亮说："志当存高远。"（《诸葛亮文集·诫外甥书》）"淡泊明志"，即指明了人应当立志高远，追求"大志"。虽然"淡泊明志"要求人应当在个人生活上甘于淡泊，不问名利，不求闻达，但这并不意味着人应当弃世。如果只是消极地逃避现实，便是愚人的做法了。"淡泊"是要以"明志"作为终极理想目标的。"淡泊明志",志在修身,志在济世。"淡泊以明志"是对如何明确人生目的、选择正确人生的最好概括。"淡泊"但有着"大志"的人生,才是最具光辉、最有价值的人生。

"淡泊明志",从人生价值的角度指明了人生的态度。人生态度,表明了人应当怎样对待人生,对待生活。人生态度,是人生观的重要内容。一个人对人生的态度如何,制约着他对周围世界的看法,制约着他对人生矛盾和问题的认识与把握,影响着人的精神状态和人生走向。"淡泊明志",表明了既要甘于淡泊又要积极进取的人生态度,这是人生志向得以实现的一把金钥匙。只有不为外物所惑,不为一切名利所干扰,甘于淡泊,甘于寂寞,甘于宁静,才能明志,才能致远。"五色令人目盲,五音令人耳聋,五味令人口爽,驰骋畋猎令人心发狂,难得之货令人行妨。是以圣人为腹不为目,故去彼取此。"(《道德经·第十二章》)尘世浮华中,诱惑很多,纵情于声色货利,浮生如梦,只会低俗,庸碌和沉沦,这不是有志之人应有的人生态度。"士志于道,而耻恶衣恶食者,未足与议也。"(《论语·里仁》)"饭疏食,饮水,曲肱而枕之,乐亦在其中矣。不义而富且贵,于我如浮云。"(《论语·述而》)粗茶淡饭,安于贫穷,恬于进取,才是人应当追求的心灵境界。甘于淡泊并不意味着看破红尘,消极颓废,而是要求有积极进取的人生态度。淡泊最终的指向是明志,是要达于天下,泽于后世。在淡泊宁静中,要充分准备,不断积累,积极进取,百折不挠,坚忍不拔,才能以静制动,去实现自己的人生价值,达到理想的境界。"天将降大任于斯人也,必先苦其心志,劳其筋骨,饿其体肤,空乏其身,行拂乱其所为,所以动心忍性,增益其所不能。"(《孟子·告子下》)"大江歌罢掉头东,邃密群科济世穷。面壁十年图破壁,难酬蹈海亦英雄。"(周恩来《大江歌罢掉头东》)甘于淡泊而又积极进取,才能提升人生的价值,书写人生的华章。

三、"淡泊明志"价值观的影响

"淡泊明志",作为一种独特的人生观价值观,自古至今,深入中华民族的精神和思想深处,成为中华民族宝贵的精神财富得以传承和弘扬。

原宪(公元前515—前?),孔子的弟子,自孔子逝世后隐居于鲁国。原宪,以茅草为屋顶,织蓬草为门,以破瓮为窗,虽清贫,但处之淡然。一天,原宪正坐在家中弹琴唱歌,子贡乘马车来看望原宪。原宪戴着一顶破帽,穿着一双破旧的鞋子依着藜杖立于门前。子贡见原宪如此简陋装扮,说道:"先生患了何病?"原宪回答道:"无财是贫,有学问而不能施行的才是病,我是贫而不是病。"原宪继续说道:"迎合世俗去做官可以得到显贵得到名利,但我绝不会这么做。"子贡听后十分惭愧。原宪安贫乐道不媚俗的故事广泛流传。

陶渊明,东晋末期南朝宋诗人、辞赋家,是中国古代第一位田园诗人,被称为"千古隐逸之宗"。陶渊明曾任江州祭酒、建威参军、镇军参军、彭泽县令等。东晋安帝义熙元年(405年),因官场黑暗,陶渊明辞官归隐,虽生活极为清贫,但陶渊明能安于贫穷,恬于进取。陶渊明在自家门前种了五棵柳树,自称"五柳先生",一边耕种,一边写诗,怡然自乐。他的田园诗充满了对田园恬淡生活的热爱。

欧阳修(1007—1072),北宋政治家、文学家、史学家,"唐宋八大家"之一。欧阳修虽官至翰林学士、枢密副使、参知政事,但也是淡泊明志之人。欧阳修喜爱收藏前人的金石图书,他整理出版古代金石遗文达一千卷,在校正史传百家谬误上,作出了很大贡献。欧阳修老年退休时自号"六一居士"。之所以号"六一居士",欧阳修解释:"我有金石遗文一千卷,藏书一卷,琴一把,棋一盘,常备酒一壶,加之生活于其间的一老者(欧阳修),这就是'六一居士'。""六一居士"的称谓充分反映了欧阳修淡泊明志的精神。

文徵明(1470—1559),明代著名画家、书法家、文学家,不仅与唐伯虎、祝枝山、徐祯卿并称"江南四大才子",而且是一位淡泊明志、不交权贵、颇有骨气的奇才。文徵明的诗文书画虽名气甚大,但他却为自己的诗文书画定下了三条严格的戒律:一不为皇亲国戚藩王贵族作;二不为太监宦官作;三不为外国人作。此外,他生平还有"三不":一不近女色;二不登官府门阶;三不与地方官吏书信来往。其致力于诗文书画,不求显贵,以戏墨弄翰自遣。晚年声誉卓著,号称"文笔遍天下",年近九十,仍孜孜不倦,直至"便置笔端坐而逝"。

第七节 海 纳 百 川

"海:天池也。以纳百川者。"(东汉许慎著《说文解字·卷十二·水部》)水包容一切的博大胸襟启迪着世人要胸怀宽广,学江海为"百谷之王"。"海纳百川,有容乃大"成为自古至今无数仁人志士修身的至高境界。

一、"海纳百川"的记述

海的浩瀚与博大,给华夏先民留下了深刻的印象。在中国古老的神话故事中,可以看到华夏先民对浩瀚大海的崇拜。《列子·汤问》中说:"物有不足,故昔者女娲氏炼五色石以补其阙,断鳌之足以立四极。其后共工氏与颛顼争为帝,怒而触不周之山,折天柱,绝地维,故天倾西北,日月星辰就焉;地不满东南,故百川水潦归焉。"华夏先民在历经对海的初始崇拜后,开始细细欣赏海的博大之美,《诗经·小雅·沔水》之中记录了对海的赞美:"沔彼流谁、朝宗于海。"庄子也极为赞赏大海"不见水端"之大美。"天下之水,莫大于海。万川归之,不知何时止而不盈;尾闾泄之,不知何时已而不虚;春秋不变,水旱不知。此其过江河之流,不可为量数。"(《庄子·秋水》)

大海包容一切的博大胸襟启迪着古代先贤向江海学习,为"百谷之王"。老子在《道德经·第六十六章》中说:"江海所以能为百谷王者,以其善下之,故能为百谷王。是以圣人欲上民,必以言下之;欲先民,必以身后之。是以圣人处上而民不重,处前而民不害。是以天下乐推而不厌。以其不争,故天下莫能与之争。"江海之所以成为大小百川的总汇处,正是由于其"善下",能接纳和包容一切河流,不管是大河还是小溪,不管是清泉还是浊泥。老子主张圣人应向江海学习,要有大海般博大的胸襟。文子秉承了老子的思想,指出为君者应向江海学习,为"天下溪谷"。"古之善为君者法江海,江海无为以成其大,洼下以成其广,故能长久,为天下溪谷,其德乃足,无为能取百川,不求故能得,不行故能至,是以取天下而无事。"(《文子·自然》)管子也指出:"海不辞水,故能成其大;山不辞土石,故能成其高;明主不厌人,故能成其众;士不厌学,故能成其圣。"(《管子·形势解》)清朝爱国名将林则徐更是以一副楹联向世人倡导海纳百川的宽宏气量:"海纳百川,有容乃大;壁立千仞,无欲则刚。"林则徐以这一副楹联自勉,表明了自己为人为官之宽宏肚量、为国为民之博大心胸,也教育了世人要向大海学习,拥有海纳百川的精神。

二、"海纳百川"的涵义和内容

"海:天池也。以纳百川者。"(许慎《说文解字·卷十二·水部》)"海纳百川",顾名思义,大海宽广无垠,可以容纳众多河流的水量,有着接纳一切的包容之德。"海纳百川",通常被用来比喻人的心胸宽广,正如晋朝袁宏《三国名臣序赞》中指出,"形器不存,方寸海纳",李周翰对此作出了"方寸之心,如海之纳百川也,言其包含广也"的经典注解,人应有海纳百川的博大胸怀。十九世纪,法国文学家雨果也曾讲道:"世界上最宽阔的是海洋,比海洋更宽阔的是天空,比天空更宽阔的是人的胸怀。"

"海纳百川"的精神品质要求对待他人要宽容,即要宽厚和容忍,原谅和不计较他人。一方面,因为人与人之间总会存在着这样或那样的差异,或者生活方式、或者行为习惯、或者思维方式、或者个性特征不同，或者品德修养上存在着差异，人与人之间发生矛盾是不可避免的，应当尊重彼此的个性，宽容别人。正如古语所说，要做到"和而不同"，求同存异。另一方面，"人非圣贤孰能无过"，生活中谁都可能犯错误，无意间伤害到别人，这就需要我们去理解别人，宽容别人，体谅别人，而不可得理不饶人，更不可冤冤相报，而应该以德报怨。这就像弥勒菩萨像告诉我们的，"大肚能容，容天下难容之事；开口便笑，笑世间可笑之人。"

"海纳百川"的精神品质也要求在宽容他人的同时能够悦纳自己。"金无足赤人无完人。"每个人都有自己的过去，每个人也都有一些缺点和弱点，这就要求我们要宽容自己，悦纳自己，善待自己。宽容不仅是一种美德，也是一种人生境界。人生路漫漫，我们应让自己豁达一些，大度一些，不要患得患失，对自己的错误和失败，不要过度自责，不要跟自己过不去，要学会给心灵松绑，让精神得到解脱。正如范仲淹所说，"不以物喜，不以己悲"。拥有这种宠辱不惊的坦然心态，才能更好地总结经验，迈向人生新高峰，领略人生的无限风光和无尽美好。

三、"海纳百川"价值观的影响

"海纳百川"的精神，是中华文化的精髓，是中华民族宝贵的精神财富，为中华儿女提供了高尚的做人之道和崇高的修养内涵。从古至今，无数的中华儿女从"海纳百川"的精神中深受教益，体悟到为人处世的智慧，留下了一段又一段千古佳话。

齐桓公（公元前716—前643），春秋时期齐国国君，不计前嫌，任用管仲为相，最终成就了春秋五霸之首的地位。相传春秋时期齐国国君齐襄公被杀，齐襄公的两个兄弟闻讯后都急于回齐国争夺王位，公子纠当时在鲁国，其师为管仲；公子小白（后来的齐桓公）当时在莒国，其师为鲍叔牙。在公子小白回齐国的路上，管仲带兵堵截时射中了他，公子小白倒地装死，管仲派人回鲁国报捷，随后不慌不忙地护送公子纠回齐国。但是公子小白是诈死，等到公子纠和管仲进入齐国国境，公子小白和鲍叔牙早已日夜兼程抢先回到了齐国国都，公子小白当上了齐国国君，成为齐桓公。齐桓公豁达大度，即位以后，不但没有治罪于管仲，反而立刻任命管仲为相，让他管理国政。管仲辅佐齐桓公整顿内政，开发富源，大开铁矿，多制农具，使齐国很快富强起来，成为了春秋五霸之首。

蔺相如（生卒年不详），战国时期赵国著名政治家、外交家，凭着海纳百川的博大胸怀感化了廉颇，于是就有了"负荆请罪"的千古颂词。蔺相如曾带着"和氏璧"出使秦国，凭着机智与英勇，始终没让秦国占到半点便宜，最后完璧归赵，受到了赵王的赏识，拜他为上卿，职位在廉颇之上。廉颇是屡建战功的大将军，见蔺相如职位竟高于自己，颇感气愤，说道："我有攻城野战的大功，而蔺相如只不过动动口舌而已，况且此人出身贫贱，我不能屈居在他之下，倘若让我遇见他，我一定要当面羞辱他。"廉颇的话很快传到蔺相如的耳中，但蔺相如识大体，顾大局，所以每逢上朝之日，就故作生病，以免廉颇与自己争位次。有时蔺相如出门，远远看见廉颇，就会吩咐车子调转方向避开。相府里的宾客大感不解，蔺相如问宾客："你们看廉将军与秦王谁更厉害？"大家异口同声说："那当然是秦王厉害。"蔺相如说："我蔺相如敢在秦国朝廷上当众呵斥秦王，侮辱秦国的大臣，又怎会偏偏怕廉将军？只是我想到，强秦不敢侵犯我赵国，不过是因为有我们二人在。两虎相斗，必有一伤，我之所以避让他，是先国家之急而后私仇。"蔺相如的话不胫而走，很快传到廉颇耳中。廉颇认识到是自己不对，连忙脱光上衣，叫人取来荆条绑在身上，到相府请罪。从此，赵国将相和睦，精诚团结，秦国更不敢侵犯赵国了。

　　历史上还流传着安徽桐城"六尺巷"的佳话。在清朝康熙年间安徽桐城出了一名大学士张英。张英的兄弟在桐城因一个巷道的事与邻居发生争执，互不相让。张英的弟弟认为其兄在京城做大官，只要让其兄说一句话，邻居就不敢再与他争执，于是张英的兄弟就写了一封信给他，告知与邻居争执的事情。张英见信后回了一首诗："千里修书只为墙，让他三尺又何妨。万里长城今犹在，不见当年秦始皇。"张英的兄弟接到这首诗

六尺巷

后，认识到自己的错误，主动让出了三尺，邻居见之，也让出了三尺，因而就出现了六尺巷。于是"宰相肚里能撑船"的故事流传开来。

　　康熙，清初帝王，正是拥有宽广的胸怀，才成为中国古代最有作为的帝王之一，缔造了辉煌的"康乾盛世"。康熙即位之时，很多汉人反清倾向明显。面对这种状况，康熙颇为豁达，采取了很多宽容的举措。他采纳汉官的建议，去太学祭拜孔子。此前，历代帝王祭拜孔子，一般都是执学生礼，至多两拜九叩。但康熙不顾大臣阻拦，执意执臣礼，三拜九叩。之后，康熙又提出以儒家思想治理天下，拉近了与汉人的心理距离。对于明朝遗民的问题，康熙也显示了其海纳百川的博大胸怀。康熙即位之初，很多明朝遗民眷恋故国，心怀复明理想，对清朝的统治采取不合作甚至敌对的态度。对此，康熙不但没有实施惩罚，反而决定开设"博学鸿儒科"，由各地州府从那些不愿意参加科考的明朝遗老和硕儒中推荐一百八十二人参加此项考试，以让他们发挥其才。但

很多人并不买账，告老、称病、规避的有四十多人。康熙采取了很多措施去说服他们，但仍有顾炎武等人坚决不肯参加考试。对此，康熙也没有震怒，而是对他们表示足够的尊重，不为难他们。在参加考试的一百七十九人中，有些人故意漏字、错字、押错韵，漏做题目，更有人在文中称清朝为"清夷"。对这些人，不少清廷官员建议严加惩处甚至杀头，但康熙认为，在文中称清朝为"清夷"的，应是无心之失，不应追究；漏做题目的，显然是对这次考试的无声抗议，康熙表示理解。最难处理的是那些在考试中故意漏字、错字、押错韵的人，如不录用，百姓会笑话清廷不识英才，如果录用，又会被"鸿儒"们笑话没才学，连简单的问题都看不出来。经过反复思量，康熙最终决定让人把试卷上的错误一一改正后发还给明朝遗老，所有参加考试的人全部录用。之后，康熙又从这些人中挑选一些特别出色的来编写《明史》，并且告诉他们不要有什么顾忌，只管写出真实的历史。康熙博大的胸襟，最终让很多人折服，放弃了复明的想法。作为一个卓越的政治家，康熙拥有着常人所没有的宽广胸怀，这成就了他"千古一帝"的丰功伟业。

第六章 以水为乐的审美观

美，是人类社会实践的产物，是人类积极生活的显现，是客观事物在人们心目中引起的愉悦情感。审美观是从审美的角度看世界，是世界观的组成部分。审美观是在人类的社会实践中形成的，和政治、道德等其他意识形态有密切的关系。不同的文化、不同的民族、不同学派的人具有不同的审美观。与西方审美观不同，中华民族的审美观自古以来呈现出以水为乐的鲜明特征。不管是儒家哲人、还是道家哲人，都将审美的眼光集中投向水，通过赏水的审美实践，形成了以水为乐的审美情怀。不管是在唐诗还是宋词中，都有着丰富的水意象，深厚的水意蕴，润泽的水气息，浓郁的水芬芳；不管是音乐作品还是绘画作品，都打上了深深的水文化烙印，鸣响着水的优美旋律，描绘着水的绚丽色彩，带给人们心旷神怡的审美享受。

第一节 智 者 乐 水

水，不仅是儒家比德的对象，也成为儒家审美的对象。通过对水的观察与思考，以孔子为代表的儒家将对道德的认知上升到了审美爱好的高度，提出了"智者乐水"的审美思想。

一、"智者乐水"的出处与注疏

"智者乐水"最早出自《论语》，《论语·雍也》说道："知者乐水，仁者乐山；知者动，仁者静；知者乐，仁者寿。"孔子通过"知者乐水，仁者乐山"表达了对水的审美性观照。

孔子"智者乐水"的论断引起后世儒家哲人的思考。"夫智者何以乐水也？"西汉刘向解释道："泉源混混，不释昼夜，其似力者；循理而行，不遗小间，其似持平者；动而之下，其似有礼者；赴千仞之壑而不疑，其似勇者；障防而清，其似知命者；不清以入，鲜洁以出，其似善化者；众人取平品类以正，万物得之则生，失之则死，其似有德者；淑淑渊渊，深不可测，其似圣者。通润天地之间，国家以成，是知之所以乐水也。《诗》云：'思乐泮水，薄采其茆；鲁侯戾止，在泮饮酒。'乐水之谓也。"（《说苑·杂言》）西汉韩婴对"智者乐水"也做出了解释："夫水者，缘理而行，不遗小间，似有智者；动而下之，似有礼者；蹈深不疑，似有勇者；障防而清，似知命者；历险致远，卒成不毁，似有德者。天地以成，群物以生，国家以宁，万事以平，品物以正。此智者所以乐于水也。"（《韩诗外传·卷三》）韩婴同刘向一样，从水展现出的"泉源混混""循理而行""动而之下""赴千仞之壑而不疑""障防而清""不清以入，鲜洁以出"之美中寻找"智者乐水"的答案。

三国时期魏国何晏对"智者乐水"做出了不同的解释,将对水之美的认识上升到了一个更高的层次。何晏指出:智者乐水的原因在于"知者乐运其才知以治世,如水流而不知已"。仁者乐山的原因在于"仁者乐如山之安固,自然不动,而万物生焉"。智者所以动,在于"日进故动";仁者所以静,在于"无欲故静";智者所以乐,在于"智者自役得其志故乐";仁者所以寿,在于"性静者多寿考"。(魏何晏注,宋邢昺疏《论语注疏·雍也第六》)何晏关于"智者乐水"的解释对后世产生了重要的影响。北宋时期,经学家邢昺在何晏的基础上进一步对"智者乐水"做了义疏:"'子曰'至'仁者寿'。正义曰:此章初明知,仁之性;次明知,仁之用;三明知,仁之功也。'知者乐水'者,乐,谓爱好。言知者性好运其才知以治世,如水流而不知已止也。'仁者乐山'者,言仁者之性好乐如山之安固,自然不动,而万物生焉;'知者动'者,言知者常务进,故动;'仁者静'者,言仁者本无贪欲,故静;'知者乐'者,言知者役用才知,成功得志故欢乐也;'仁者寿'者,言仁者少思寡欲,性常安静,故多寿考也。"(魏何晏注,宋邢昺疏《论语注疏·雍也第六》)南宋朱熹也基本沿用何晏的解释,在《四书章句集注·论语集注·雍也第六》中对"智者乐水"注解道:"子曰:'知者乐水,仁者乐山;知者动,仁者静;知者乐,仁者寿。'知,去声。乐,上二字并五教反,下一字音洛。乐,喜好也。知者达于事理而周流无滞,有似于水,故乐水;仁者安于义理而厚重不迁,有似于山,故乐山。动静以体言,乐寿以效言也。动而不括故乐,静而有常故寿。程子曰:'非体仁知之深者,不能如此形容之。'"

二、儒家对自然美的审美认知

水,在儒家看来,是最为理想的原始意象。以孔子为代表的儒家将审美的眼光集中投向水,以水为师,培养了"智者乐水"的审美意识和情怀,不仅形成了儒家对自然美的认知,还形成了对人格美、社会美的认知,最终完整地体现了儒家的审美思想。

在儒家看来,水是万物之源,是善的化身,同时也是美的化身。从水这一客观存在的自在之物中,以孔子为代表的儒家得到了难以名状的美的享受,对水无以复加的赞美之情溢于言表。《孟子·离娄下》记载,徐子问孟子:"仲尼亟称于水,曰:'水哉,水哉!'何取于水也?"孟子答曰:"源泉混混,不舍昼夜。盈科而后进,放乎四海,有本者如是,是之取尔。"不管孟子是否揣测到了孔子的心意,但孔子对水的无限感慨与强烈赞美是毋庸置疑的。

水,何以如此之美,美在何处?水,不管从外在形态上还是从内在精神上,都能带给人美妙的审美体验和享受。从外在形态上讲,水有静态的美,也有动态的美。一方面"水静犹明",水静静地躺在幽深的潭底，展现出了宁静的空灵的美。若把这种静态的美上升为美学范畴，则是优美的典型表现。另一方面，正如诗云："君不见黄河之水天上来，奔流到海不复回。"水浩渺无边，昼夜不息，蔚为壮观，展现出了动态的奔腾的美。若把这种动态的美上升为美学范畴，则可以称之为壮美。相较于静态的优美之水，以孔子为代表的儒家更欣赏至动、至刚的活水，也就是动态的壮美之水。孔子驻足川上，对浩浩荡荡奔腾向前的壮美川水发出了强烈的感叹："逝者如斯夫！不舍昼夜。"（《论语·子罕》）

从内在精神讲，水有柔弱处下之美，也有勇猛进取之美。从孔子对水的赞叹之词可以看出，孔子观水赏水更为崇尚的是勇猛进取之水，西汉董仲舒在《春秋繁露·山川颂》中对孔子观水所做的注解也证明了这一点："水则源泉混混沄沄，昼夜不竭，既似力者；盈科后行，既似持平者；循微赴下，不遗小间，既似察者；循谷不迷，或奏万里而必至，既似知者；障防山而能清净，既似知命者；不清而入，洁清而出，既似善化者；赴千仞之壑，入而不旋，既似勇者；物皆困于火，而水独胜之，既似武者；孔子在川上曰：'逝者如斯夫！不舍昼夜。'此之谓也。"

三、儒家对人格美的审美认知

以孔子为代表的儒家通过观水形成对自然美的审美认知，还将水之美与道德之美联系在一起，尤为强调人格之美、品德之重。不论是孔子还是后世儒人，都在赞叹水之自然美的同时，对人格美也提出了要求。

《论语》关于水的论述闪耀着人格美的光辉。《论语·雍也》篇中说："知者乐水，仁者乐山；知者动，仁者静；知者乐，仁者寿。"这不仅道出了孔子关于山水等自然美的审美观点，而且将山水与智者仁者的不同特点联系起来，说明了不同精神品格的人对自然山水的审美喜爱也不尽相同。仁者何以乐山，智者何以乐水？山水自然之美，在于与人的道德精神处于类比同构的状态。因而，每临大水必观、以水比德成为孔子重要的审美实践。《论语·子罕》篇还记载了孔子"岁寒然后知松柏之后凋也"的言论。孔子以松柏耐寒之美比喻和说明了坚守仁义之道、临难而不失其德的品格之美。

在孔子观水赏水的言论中，道德观念是相当丰富的，道德倾向尤为明显，充满着以道德象征为美的思想。《荀子·宥坐》中说："孔子观于东流之水。子贡问于孔子曰：'君子之所以见大水必观焉者，是何？'孔子曰：'夫水遍与诸生而无为也，似德。其流也埤下，裾拘必循其理，似义。其洸洸乎不淈尽，似道。若有决行之，其应佚若声响，其赴百仞之谷不惧，似勇。主量必平，似法。盈不求概，似正。淖约微达，似察。以出以入以就鲜洁，似善化。其万折也必东，似志。是故见大水必观焉。'"孔子指出，对于君子而言，水已不再仅仅是水，君子虽然也欣赏水之美，但最终目的却是体会道德之美、人格之美。对于人格美，孔子还点出了其内容方面的本质特征，即"似德""似义""似道""似勇""似法""似正""似察""似善化""似志"，为儒家美学注入了人格美的精髓。

值得注意的是，孔子论美，重道德之美、内容之美，但也并不排斥悦目的形式与文饰之美。在孔子看来，人格美包含着两个方面的内容，即内在精神美与外在形式美，二者是相互依存的，要坚持内在精神美和外在形式美的统一，尤其是要在坚持道德内容充实的前提下重视文饰之美和形质统一。正如孔子所说的，"文质彬彬，然后君子。"将道德认知上升到审美爱好，将道德精神与外在文饰统一起来，使人敬之乐之，这才是孔子心目中完整的人格美涵义。

四、儒家对社会美的审美认知

儒家"智者乐水"的美学内涵除了自然美、人格美的方面，还包括社会美的方面。《论语》中记载了孔子让弟子各言其志的场景，从孔子"吾与点也"的喟叹可以看出孔子对社会美的审美认知。

子路、曾皙、冉有、公西华侍坐。子曰："以吾一日长乎尔，毋吾以也。"居则曰："不吾知也！如或知尔，则何以哉？"子路率尔而对曰："千乘之国，摄乎大国之间，加之以师旅，因之以饥馑；由也为之，比及三年，可使有勇，且知方也。"夫子哂之。"求！尔何如？"对曰："方六七十，如五六十，求也为之，比及三年，可使足民。如其礼乐，以俟君子。""赤！尔何如？"对曰："非曰能之，愿学焉。宗庙之事，如会同，端章甫，愿为小相焉。""点！尔何如？"鼓瑟希，铿尔，舍瑟而作。对曰："异乎三子者之撰。"子曰："何伤乎？亦各言其志也。"曰："莫春者，春服既成。冠者五六人，童子六七人，浴乎沂，风乎舞雩，咏而归。"夫子喟然叹曰："吾与点也！"（《论语·先进》）

从孔子与众弟子的对话中可以明显地感受到孔子对社会之美的崇尚，对和谐美好生活的向往与憧憬。实际上，这正体现出儒家的审美追求是以社会的和谐发展为宗旨的。

在儒家看来，从自然山水之中获得的个体感官的愉悦，目的都是为了提升人的伦理道德追求，进而实现社会的和谐。这正如《孟子》所说的："桀纣之失天下也，失其民也；失其民者，失其心也。得天下有道：得其民，斯得天下矣；得其民有道：得其心，斯得民矣；得其心有道：所欲与之聚之，所恶勿施尔也。民之归仁也，犹水之就下、兽之走圹也。故为渊驱鱼者，獭也；为丛驱爵者，鹯也；为汤武驱民者，桀与纣也。今天下之君有好仁者，则诸侯皆为之驱矣。虽欲无王，不可得已。今之欲王者，犹七年之病求三年之艾也。苟为不畜，终身不得。苟不志于仁，终身忧辱，以陷于死亡。《诗》云'其何能淑，载胥及溺'，此之谓也。"（《孟子·离娄上》）

"民之归仁也，犹水之就下"，以孔孟为代表的儒家以"水"为本喻的审美追求，决定了儒家的美学是合审美、伦理于一体的，是以个体的感性心理欲求和社会的理性道德规范的和谐统一为核心的。一方面，儒家充分肯定了个体存在完满实现的价值及个体人格的独立性；另一方面，儒家又认为，个体只有在社会中才能得到充分发展，个体感性的愉快和满足、个体人格的发展同社会的伦理道德要求应当统一起来。因而，儒家的美学具有极强的伦理学特点。

儒家美学的结构，是从仁学出发的。对于儒家仁学思想，李泽厚先生指出："尽管'仁'字早有，但把它作为思想系统的中心，孔子确为第一人。"[1]"仁"字在《论语》中出现的次数超过百次。"仁"在孔子看来，不是一个纯粹的单一的道德概念，更是一种道德情感。这种道德情感的根本即在于爱，"仁"的精神就是爱人，爱父母、兄弟乃至普通大众。通过培养人们内在的真挚的道德情感，通过"仁者爱人"，儒家希望促进国家与社会的和谐统一。和谐统一，是中国人自古以来梦寐以求的理想社会状态，也是儒家仁学的落脚处。儒家美学即是从仁学出发，追求和谐统一的理想状态。和谐统一，既是儒家对社会与人生的一种道德理想，也是儒家的审美追求。

第二节 相忘于江湖

"渊兮，似万物之宗"。（《道德经·第四章》）"水善利万物而不争，处众人之所恶，故几于道。"（《道德经·第八章》）水在道家的思维中，是道的象征和载体，同时也是美的化身。正是从水的意象中，生发出了道家"相忘于江湖"的审美思想。

一、"相忘于江湖"的出处及注疏

"相忘于江湖"，最早出现于《庄子》，庄子在多篇中提到了"相忘于江湖"。"死生，命也，其

---

[1] 李泽厚. 新版中国古代思想史论[M]. 天津：天津社会科学院出版社，2008：17.

有夜旦之常，天也。人之有所不得与，皆物之情也。彼特以天为父，而身犹爱之，而况其卓乎！人特以有君为愈乎己，而身犹死之，而况其真乎！泉涸，鱼相与处于陆，相呴以湿，相濡以沫，不如相忘于江湖。"（《庄子·内篇·大宗师》）"泉涸，鱼相与处于陆，相呴以湿，相濡以沫，不如相忘于江湖。"《庄子·外篇·天运》

庄子的"相忘于江湖"，承继了老子《道德经》的思想。老子《道德经》虽未出现"相忘于江湖"的明确表述，但隐含了"相忘于江湖"的思想。三国时期王弼著《道德真经注》，作为《道德经》众多注疏中具有重要地位和影响的著作，指出了《道德经》中暗含"相忘于江湖"的涵义。"大道废，有仁义；失无为之事，更以施慧立善道，进物也。智慧出，有大伪；行术用明，以察奸伪；趣睹形见，物知避之。故智慧出则大伪生也。六亲不和，有孝慈；国家昏乱，有忠臣。甚美之名生于大恶，所谓美恶同门。六亲，父子兄弟夫妇也。若六亲自和，国家自治，则孝慈忠臣不知其所在矣。鱼相忘于江湖之道，则相濡之德生也。"（王弼《道德真经注》）

从《庄子·外篇·天运》中的记述，可以看到，道家所提出的"相忘于江湖"思想与儒家的"智者乐水"思想有着很大的区别，道家并不认同儒家以仁学为基础的观点。对于道家提出的"相忘于江湖"，后世学人进行了阐释与发挥。唐代马总撰《意林·卷二·庄子十卷》说道："泉涸，鱼相与处于陆，相呴以湿，相濡以沫，不如相忘于江湖。与其不足而相爱，岂若有馀而相忘。与其誉尧而非桀，不如两忘而化其道。忘善恶，遗死生，与化一者，安知尧桀所在耶。夫大块载我以形，劳我以生，佚我以老，息我以死。""鱼相忘于江湖，人相忘于道术。各自足而相忘，天下莫不皆能。至人常足，故常也。"（《意林·卷二·庄子十卷》）

在道家的思维里，"相忘于江湖"是一种至美至乐的境界。道家认为，不是任何人都能领悟"相忘于江湖"的真谛，到达这种至高的境界，庄子通过《庄子·外篇·秋水》中庄子与惠子游于濠梁之上的对话说明了这一点。庄子说："鯈鱼出游从容，是鱼乐也。"惠子质疑道："子非鱼，安知鱼之乐？"庄子进一步说道："子非我，安知我不知鱼之乐？"这段经典对白韵味深长，引人遐思，无形之中激发起人们对难以企及的"相忘于江湖"至美境界的体悟和追求。

"相忘于江湖"的思想在后世得到推崇，成为世人崇尚和追求的目标。西汉典籍《淮南子》中说道："其道可以大美兴，而难以算计举也。是故日计之不足，而岁计之有余。夫鱼相忘于江湖，人相忘于道术。古之真人，立于天地之本，中至优游，抱德炀和，而万物杂累焉，孰肯解构人间之事，以物烦其性命乎？"（《淮南子·俶真训》）

二、道家对自然的审美认知

与儒家一样,道家也重视水这一意象,将审美的眼光投向水,以水为师,但道家所形成的是与儒家截然不同的审美思想。不论是从对自然的审美认知,还是从对人格的审美认知、对社会的审美认知,都展现出道家独特的审美观。

在道家看来,水"几于道",也是美的代表,拥有外在形态的美与内在精神的美。从水的外在形态上讲,与儒家喜观流动之水不同,道家更欣赏静态的水。如果说动态的水有着灵动的美,那么,静态的水则有着空灵的美。将静态的美上升至美学的范畴,则是优美。水的宁静、淡泊、柔弱等均是水之优美的表现,是天性的本真美。水宁静、淡泊的优美能过滤掉所有的躁动不安,让人杂念全消。因而,道家没有取象于流水,而是取象于宁静、淡泊的静水。诸多道家典籍中对静水的描绘与论述都体现出道家对静水的钟情与赞美。"人莫鉴于流水,而鉴于止水,唯止能止众止。"(《庄子·内篇·德充符》)"水静则明烛须眉,平中准,大匠取法焉。水静犹明,而况精神!……夫虚静恬淡,寂寞无为者,万物之本也。"(《庄子·外篇·天道》)"老子曰:道以无为有体,视之不见其形,听之不闻其声,谓之幽冥者。幽冥者,所以论道,而非道也。夫道者,内视而自反,故人不小学,不大迷,不小惠,不大愚。莫鉴于流潦,而鉴于止水,以其保之,止而不外荡。"(《文子·上德》)"人莫鉴于流沫,而鉴于止水者,以其静也;莫窥形于生铁,而窥于明镜者,以其睹其易也。夫唯易且静,形物之性也。"(《淮南子·俶真训》)

从内在精神美看,道家在赏析水之美时,更注重水的柔弱之美与谦卑之美。对水的柔弱之美,老子、文子等都有着诸多的赞叹。"天下莫柔弱于水,而攻坚强者莫之能胜,其无以易之。弱之胜强,柔之胜刚,天下莫不知,莫能行。"(《道德经·第七十八章》)"天下莫柔弱于水,水为道也,广不可极,深不可测,长极无穷,远沦无涯,息耗减益,过于不訾,上天为雨露,下地为润泽,万物不得不生,百事不得不成……是谓至德。"(《文子·道原》)道家认为,水是世间最柔弱的。水,可以被一切东西所进入,可以被任意拍打、踩踏,可以装入任何形状的器皿。水,当之无愧乃天下之至柔,但是,任何人都不能小觑它,它柔弱中透着坚韧,任何刚强之物都无法摧毁它。正是水的至柔,让水也成为世间最刚强的物质。道家认为,水的至柔让水最接近于道,因此,道家尤为崇尚水蕴含的柔弱之美。

在道家眼中,水是如此的柔弱,同时,也是如此的谦卑。水,滋养万物,但从不与万物相争,总是处于大家厌恶的下位,谦卑地奉献自己。老子曾多次赞扬水蕴含的内在谦卑之美。因为,这种美证明了水就像"道"一样伟大,证明了水就是"道"的象征。"水善利万物而不争,处众人之所恶，故几于道。居善地，心善渊，与善仁，言善信，正善治，事善能，动善时。夫唯不争，故无尤。"（《道德经·第八章》）"江海所以能为百谷王者，以其善下之，故能为百谷王。是以圣人欲上民，必以言下之；欲先民，必以身后之。是以圣人处上而民不重，处前而民不害。是以天下乐推而不厌。以其不争，故天下莫能与之争。"（《道德经·第六十六章》）"知其雄，守其雌，为天下溪。雄以喻尊，雌以喻卑。人虽自知其尊显，当复守之以卑微，去雄之强梁，就雌之柔和，如是则天下归之，如水流入深溪也。为天下溪，常德不离，人能谦下如深溪，则德常在，不复离于己。"（《老子河上公章句·道经·反朴》）

三、道家对人格的审美认知

在关注自然美的同时，道家更为强调人格美。老子"天下皆知美之为美，斯恶已"的美学名言，明显已将人格、人品修养作为道家美学研讨的对象。正如老子提出的"上善若水"，道家提倡人应像水一样，甘守清净，回归恬淡无欲的境界，这样才能获得极大的精神满足和美的享受。从水之美中，道家得出了他们的人生美学。

虚静淡泊。以老子为代表的道家观水悟道，指出道生万物，道的特性是虚静，自然万物的本性也应是虚静。只有通过虚静，自然万物才能呈现自己的形态，最终才能复归于虚静。只有保持内心的虚静，才能去体合虚静的自然万物，进入对生命本源的观照，最终进入至高的审美境界。

老子最早倡导虚静，要求人们在虚静之中保持内心的清澈澄明，摆脱现实的束缚和制约，让心灵释放，以获得自由，只有心灵得到了自由，才能通达"道"这一最高审美境界。老子说："致虚极，守静笃。万物并作，吾以观复。夫物芸芸，各复归其根。归根曰静，是谓复命。复命曰常，知常曰明。不知常，妄作凶。"（《道德经·第十六章》）

庄子同样主"静"，倡导虚静无为的审美心理态度、涤除玄览的审美认知方式，以及超脱尘俗的审美情调。"天道运而无所积，故万物成；帝道运而无所积，故天下归；圣道运而无所积，故海内服。明于天，通于圣，六通四辟于帝王之德者，其自为也，昧然无不静者矣。圣人之静也，非曰静也善，故静也，万物无足以铙心者，故静也。水静则明烛须眉，平中准，大匠取法焉。水静犹明，而况精神！圣人之心静乎，天地之鉴也，万物之镜也。夫虚静恬淡，寂漠无为者，天地之平而道德之至，故帝王圣人休焉。"（《庄子·外篇·天道》）

庄子更是在继承老子"虚静"的思想上，提出了"心斋坐忘"的命题。庄子曾借孔子与颜回的对话讲述了"心斋"之理。"若一志，无听之以耳而听之以心，无听之以心而听之以气。听止于耳，心止于符。气也者，虚而待物者也。唯道集虚。虚者，心斋也。"(《庄子·内篇·人间世》)庄子所提出的"心斋"，就是不依靠感官的直接感受，保持内心的虚静澄明，用心去体悟神秘莫测、不可名状的天道。庄子还借孔子与颜回的对话道出了"坐忘"之说。"颜回曰：'回益矣。'仲尼曰：'何谓也？'曰：'回忘仁义矣。'曰：'可矣，犹未也。'他日复见，曰：'回益矣。'曰：'何谓也？'曰：'回忘礼乐矣。'曰：'可矣，犹未也。'他日复见，曰：'回益矣。'曰：'何谓也？'曰：'回坐忘矣。'仲尼蹴然曰：'何谓坐忘？'颜回曰：'堕肢体，黜聪明，离形去知，同于大通，此谓坐忘。'仲尼曰：'同则无好也，化则无常也。而果其贤乎！丘也请从而后也。'"(《庄子·内篇·大宗师》)庄子所谓的"坐忘"，就是要忘记自己的肢体，把内心的杂念统统剔除，达到无欲无求。在道家看来，天道虽神秘莫测、不可名状，但仍需与人道沟通，需人去"体道、悟道"，以达到"与道冥合""天人合一"的境界。由于"大道"具有超越的神秘性，因而仅凭一般的感觉经验或理性认知，无法进入"众妙之门"，难以认识其奥妙，这就要求人只能以神秘直觉的方式"体悟大道"，即庄子所说的"以神遇而不以目视"。"心斋坐忘"即是庄子提出的这一种体悟方法。这种体悟方式虽有些神秘色彩，但所描述的是人进入"致虚守静""忘我凝神""心与道冥"的心理体悟状态。庄子认为，通过"心斋坐忘"的用心体悟与修行，保持心的虚静，能够达到"道"这一最高的审美境界。

去奢除欲。道家认为，要在虚静之中养神守气，达到至高的审美境界，就必须时刻抵制外界审美享乐之诱惑。老子曾说："金玉满堂，莫之能守；富贵而骄，自遗其咎。功遂身退天之道。"(《道德经第九章》)河上公对"金玉满堂，莫之能守"作出了解释，指出外界看似美妙的诱惑之物其实都会伤神累身："金玉满堂，莫之能守。嗜欲伤神，财多累身。富贵而骄，自遗其咎。夫富当赈贫，贵当怜贱，而反骄恣，必被祸患也。功成、名遂、身退，天之道。言人所为，功成事立，名迹称遂，不退身避位，则遇于害，此乃天之常道也。譬如日中则移，月满则亏，物盛则衰，乐极则哀。"(《河上公章句·道经·运夷》)

老子对外界的诱惑之物进行了归纳，指出："五色令人目盲；五音令人耳聋；五味令人口爽；驰骋田猎，令人心发狂；难得之货，令人行妨。是以圣人为腹不为目，故去彼取此。"(《道德经·第十二章》)老子主张，"五色""五音""五味""驰骋田猎""难得之货"等外界诱惑之物会让人"目盲""耳聋""口爽""心发狂""操行受到伤害"，所以人们应该抛弃它们，回归恬淡无欲的境界。对此，河上公进一步作出解释："五色令人目盲；贪淫好色，则伤精失明也。五音令人耳聋；好听五音，则和气去心，不能听无声之声。五味令人口爽；爽，亡也。人嗜于五味于口，则口亡,言失于道也。驰骋畋猎,令人心发狂,人精神好安静,驰骋呼吸,精神散亡,故发狂也。难得之货,令人行妨。妨,伤也。难得之货,谓金银珠宝,心贪意欲,不知餍足,则行伤身辱也。是以圣人为腹,守五性,去六情,节志气,养神明。不为目,目不妄视,妄视泄精于外。故去彼取此。去彼目之妄视,取此腹之养性。"(老子《河上公章句·道经·检欲》)

在老子看来,即便是荣华富贵缠身,面对外界各种诱惑,也应丝毫不为所动:"重为轻根,静为躁君。是以圣人终日行不离辎重。虽有荣观,燕处超然。奈何万乘之主,而以身轻天下?轻则失本,躁则失君。"(《道德经·第二十六章》)在老子的基础上,河上公作出了进一步发挥,告诫世人不要被欲望所惑。"重为轻根,人君不重则不尊,治身不重则失神,草木之花叶轻,故零落,根重故长存也。静为躁君。人君不静则失威,治身不静则身危,龙静故能变化,虎躁故夭亏也。是以圣人终日行,不离辎重。辎,静也。圣人终日行道,不离其静与重也。虽有荣观,燕处超然。荣观,谓宫阙。燕处,后妃所居也。超然,远避而不处也。奈何万乘之主奈何者,疾时主伤痛之辞。万乘之主谓,王者。而以身轻天下?王者至尊,而以其身行轻躁乎。疾时王奢恣轻淫也。轻则失臣,王者轻淫则失其臣,治身轻淫则失其精。躁则失君。王者行躁疾则失其君位,治身躁疾则失其精神也。"(老子《河上公章句·道经·重德》)正如河上公指出的,"除情去欲守中和,是谓知道要之门户也。"(老子《河上公章句·道经·体道》)道家认为,只有去奢除欲,才是真正的有道之士。世人应节制欲望,节制情感和情绪,挣脱苦海,爬上无欲之彼岸,尽情地享受无欲所带来的真正快乐。

对于人格美,道家与儒家不同,尤为强调内在美重于外在美,内容重于形式。道家认为,内在美是"道"的本质之美,也是人格、人品的本质之美。从道家对"道"的直接体现——"常名"的解释可以看出这一点:"道可道,谓经术政教之道也。非常道。非自然生长之道也。常道当以无为养神,无事安民,含光藏晖,灭迹匿端,不可称道。名可名,谓富贵尊荣,高世之名也。非常名。非自然常在之名也。常名当如婴儿之未言,鸡子之未分,明珠在蚌中,美玉处石间,内虽昭昭,外如愚顽。"(老子《河上公章句·道经·体道》)道家认为,"常名"作为"道"的体现,呈现出"道"的原始性状,混沌朦胧,自由自在,藏美而不外露,就如同藏于蚌中的明珠,藏于璞石中的美玉,"内虽昭昭,外如顽愚",具有一种内在美。"道"之美一般就表现于这种内在美,这种内在美是合于"道"深藏不露特点的本质之美。对于人而言,这也就要求人心合乎道意,要求外表质朴但心存高远之内在人格美。

道家对圣人的描述就极为注重内在人格美,在讲到圣人内向性格之美时,就用形象的审美比喻和对比强调了圣人完全不同于流俗的人格美追求。"人欲彰显,圣人欲伏光;人欲文饰,圣人欲质朴；人欲色，圣人欲于德。不贵难得之货；圣人不眩为服，不贱石而贵玉。学不学，圣人学人所不能学。人学智诈，圣人学自然；人学治世，圣人学治身；守道真也。"（老子《河上公章句·德经·守微》）

四、道家对社会的审美认知

道家对社会的审美认知不同于儒家，道家崇尚"无为而治"的社会生活美，希望以此达到"相忘于江湖"的美学境界。

道家认为，社会生活也遵从"道"之规律，大道之运行乃自然天成、无为而为，社会之运行也像"道"一样自然无为；社会生活之美同于大道之美，奉行"无为而治"治理方略的社会则是最美的。道家尤为推崇上古社会，认为上古时期简直就是"天下太平、安居乐业"的人间天堂，究其原因，就是上古时期实行了无为而治的方略。老子曾说："太上，下知有之；其次，亲而誉之；其次，畏之；其次，侮之。信不足，焉有不信焉。悠兮，其贵言。功成事遂，百姓皆谓我自然。"（《道德经·第十七章》）

河上公对老子眼中的上古社会解释说："太上，下知有之。太上，谓太古无名之君。下知有之者，下知上有君，而不臣事，质朴也。其次，亲之誉之。其德可见，恩惠可称，故亲爱而誉之。其次畏之。设刑法以治之。其次侮之。禁多令烦，不可归诚，故欺侮之。信不足焉，（有不信焉）。君信不足于下，下则应之以不信，而欺其君也。犹兮其贵言。说太上之君，举事犹，贵重于言，恐离道失自然也。功成事遂，谓天下太平也。百姓皆谓我自然。百姓不知君上之德淳厚，反以为己自当然也。"（老子《河上公章句·道经·淳风》）

可以看出，在老子眼中，最好的社会治理是百姓不知国君的存在，其次便是百姓亲近、赞美国君，再次便是百姓畏惧国君，最差的便是百姓侮辱国君。产生诸种差异的原因，就在于国君是否实行了无为而治的方略。如果国君实行无为而治，百姓则可以顺应自然地生活，活出自己想要的人生，而不是被设定的、被压迫的人生。也就是说，"无为而治"是社会治理的上上之策。

老子要求，治国之圣人应遵循大道运行之规律，以"无为"为处事原则，以"不言"为教育准则，实行"无为而治"的社会治理之策："有无相生，难易相成，长短相较，高下相倾，音声相和，前后相随。是以圣人处无为之事，行不言之教；万物作焉而不辞，生而不有。为而不恃，功成而弗居。夫唯弗居，是以不去。"（《道德经·第二章》）对此，河上公也作出了详细的解释，强调了治国之圣人应明白社会治理"以道治也"的规律。"是以圣人处无为之事，以道治也。行不言之教，以身师导之也。万物作焉各自动也。而不辞，不辞谢而逆止。生而不有，元气生万物而不有为而不恃，道所施为，不恃望其报也。功成而弗居。功成事就，退避不居其位。夫唯弗居，夫惟功成不居其位。是以不去。福德常在，不去其身也。此言不行不可随，不言不可知疾。上六句有高下长短，君开一源，下生百端，百端之变，无不动乱。"（老子《河上公章句·道经·养身》）

老子还指出，无为而治的社会治理之策是高妙的，通过无为而治，最终人们可以迎来万物自得自化的最美世界："道常无为而无不为。侯王若能守之，万物将自化。"（《道德经·第三十七章》）老子认为，一个社会之所以能无为而治，就在于支配整个世界的道虽是无为的，却能无所不为，以此类推，治国之君如能守住无为之道心，万事万物都将能自行衍化，整个社会就能变得无限美好，人们将从这样的社会中获得极大的审美享受。

老子提出的"无为而无不为"的原则，具有深刻的美学意义，也是整个道家美学的理论基础和出发点。在无为而治思想的基础上，老子还提出了"小国寡民"的理想社会模式。老子指出："小国寡民。使有什伯之器而不用；使民重死而不远徙。虽有舟舆，无所乘之，虽有甲兵，无所陈之。使民复结绳而用之，甘其食，美其服，安其居，乐其俗。邻国相望，鸡犬之声相闻，民至老死，不相往来。"（《道德经·第八十章》）在这样的民众寡少的小国，百姓不爱机巧，互不相犯，不喜远徙，各得其所，不爱战争，生活淳朴，欲求无多，自得其乐，邻国之间互不干扰，和睦相处。这种小国寡民社会，如人间仙境一般，是老子心目中美好的理想社会。

对于老子的小国寡民思想，庄子也曾提及，指出小国寡民实乃至治之极："子独不知至德之世乎？昔者容成氏、大庭氏、伯皇氏、中央氏、栗陆氏、骊畜氏、轩辕氏、赫胥氏、尊卢氏、祝融氏、伏羲氏、神农氏，当是时也，民结绳而用之，甘其食，美其服，乐其俗，安其居，邻国相望，鸡狗之音相闻，民至老死而不相往来。若此之时，则至治已。……舍夫种种之民而悦夫役役之佞，释夫恬淡无为而悦夫哼哼之意，哼哼已乱天下矣。"（《庄子·外篇·胠箧》）庄子赞赏上古之时小国寡民的理想社会模式，同时，还尖锐地指出现实社会中的统治者们未能无为而治导致天下大乱，谆谆教诲那些统治者们，劝导他们奉"虚无"为政治生活之准则，否则将失去天下。

第三节　黄河之水天上来

水，作为一种重要的审美意象，常常出现在文学作品中。尤其是在卷帙浩繁的中国古代诗歌作品中，水作为一种独特意象，被无数文人墨客所垂青，自《诗经》至唐宋诗词，沧海桑田的变迁不仅没有使"水"这一意象随着时间的流逝而淹没，相反，在千百年的文学变迁中大放异彩，水意象的审美意蕴变得深厚无比，在一代又一代才华横溢的诗人笔下被运用到炉火纯青、登峰造极的地步。诗人抑或以水咏景，抑或以水寄情，抑或以水言志，细细品读，各臻其妙，各有千秋，成就了百读不厌的审美盛宴。

一、诗歌中的水意象

诗歌之中写水之作比比皆是，信手可拈。不管是奔腾之江河、澎湃之湖泊、浩瀚之大海、挂流百丈之瀑布、淙淙秀美之溪涧泉流等物象，都进入到文人墨客的审美视野，成为诗人寄托情思的理想意象。

唐诗中出现最为频繁的意象当推黄河、长江。黄河作为中华民族的母亲河，在唐诗中有着独特的呈现，诗人为之抒写的名篇佳作不计其数，千古流传。李白诗曰："君不见黄河之水天上来，奔流到海不复回。"（李白《将进酒》）"黄河西来决昆仑，咆吼万里触龙门。"（李白《公无渡河》）温庭筠诗曰："黄河怒浪连天来，大响硡硡如殷雷。"（温庭筠《公无渡河》）王之涣诗曰："白日依山尽，黄河入海流。"（王之涣《登鹳雀楼》）"黄河远上白云间，一片孤城万仞山。"（王之涣《凉州词二首》）王维诗曰："大漠孤烟直，长河落日圆。"（王维《使至塞上》）在这些诗人笔下，黄河是如此的气势磅礴，宏伟壮观，生动地展现了中华民族的风采，诠释了中华民族战无不胜、奋发图强的精神。

《将进酒》意境图

长江作为中国第一大江，也备受诗人的垂青，常出现于诗人的笔下。李白诗曰："孤帆远影碧山尽，唯见长江天际流。"（李白《黄鹤楼送孟浩然之广陵》）"两岸青山相对出，孤帆一片日边来。"

（李白《望天门山》）杜甫诗曰："无边落木萧萧下，不尽长江滚滚来。"（杜甫《登高》）李颀诗曰："兴来逸气如涛涌，千里长江归海时。"（李颀《放歌行答从弟墨卿》）白居易诗曰："日出江花红胜火，春来江水绿如蓝。"（白居易《忆江南》）张若虚诗曰："春江潮水连海平，海上明月共潮生。"（张若虚《春江花月夜》）诗人笔下的长江，不管是壮阔、浩瀚、滔滔奔流的气势，还是浪漫迷人的景象，都让人无不为之震撼和感叹。

除长江外，在浩瀚的诗海中，其他大江名川也都有所呈现。如汉江，李白吟道："岘山临汉江，水渌沙如雪。"（李白《襄阳曲》）刘长卿诗曰："茫茫汉江上，日暮复何之。"（刘长卿《送李中丞之襄州》）对于锦江的景色，李白诗曰："万国烟花随玉辇，西来添作锦江春。"（李白《上皇西巡南京歌十首》）杜甫诗曰："锦江春色来天地，玉垒浮云变古今。"（杜甫《登楼》）刘禹锡诗曰："濯锦江边两岸花，春风吹浪正淘沙。"（刘禹锡《浪淘沙》）对于珠江，王泠然诗曰："陈兵剑阁山将动，饮马珠江水不流。"（王泠然《句》）韦庄诗曰："绿树藏莺莺正啼，柳丝斜拂白铜鞮，弄珠江上草萋萋。"（韦庄《浣溪沙》）各大名川大江在诗人笔下展现出了美丽的画卷。

诗歌之中还有不少描写湖泊的名篇佳作。如鄱阳湖，作为中国第一大淡水湖，在诗人笔下呈现出了浩瀚的气势。如贯休诗曰："百虑片帆下，风波极目看。吴山兼鸟没，楚色入衣寒。"（贯休《春过鄱阳湖》）而洞庭湖，历来就是文人骚客青睐的对象。李世民吟道："峨嵋岫初出，洞庭波渐起。"（李世民《度秋》）刘希夷诗曰："日悬沧海阔，水隔洞庭深。"（刘希夷《江南曲八首》）卢照邻诗曰："洞庭波起兮鸿雁翔，风瑟瑟兮野苍苍。"（卢照邻《明月引》）对于杭州西湖，其美景也总是让诗人为之陶醉。如白居易诗曰："欲将此意凭回棹，报与西湖风月知。"（白居易《杭州回舫》）苏轼诗曰："欲把西湖比西子，淡妆浓抹总相宜。"（苏轼《饮湖上初晴后雨二首》）杨万里诗曰："毕竟西湖六月中，风光不与四时同。接天莲叶无穷碧，映日荷花别样红。"（杨万里《晓出净慈寺送林子方》）

诗歌之中，大海也是诗人乐于吟咏的对象。李白诗曰："巨海纳百川，麟阁多才贤。"（李白《金门答苏秀才》）李世民诗曰："瀚海百重波，阴山千里雪。"（李世民《饮马长城窟行》）李隆基诗曰："城阙天中近，蓬瀛海上遥。"（李隆基《送玄同真人李抱朴谒灞山仙祠》）柳宗元诗曰："洋洋西海水，咸命穷天涯。"（柳宗元《鼓吹铙歌·吐谷浑》）崔融诗曰："月生西海上，气逐边风壮。"（崔融《关山月》）高适诗曰："校尉羽书飞瀚海，单于猎火照狼山。"（高适《燕歌行》）张九龄诗曰："海上生明月，天涯共此时。"（张九龄《望月怀远》）诗人笔下，大海辽阔无垠、雄浑豪壮的景象无不激起人们情感的浪涛。

挂流百丈之瀑布，作为一种独特的水景，也吸引着诗人的目光。李白观庐山瀑布，留下了著名的诗篇："日照香炉生紫烟，遥看瀑布挂前川。"（李白《望庐山瀑布水二首》）杨炯诗曰："悬萝暗疑雾，瀑布响成雷。"（杨炯《和刘侍郎入隆唐观》）孟浩然诗曰："香炉初上日，瀑布喷成虹。"（孟浩然《彭蠡湖中望庐山》）黄檗诗曰："千岩万壑不辞劳，远看方知出处高。"（黄檗《瀑布联句》）李忱诗曰："溪涧岂能留得住，终归大海作波涛。"（李忱《瀑布联句》）张继诗曰："花映新林岸，云开瀑布泉。"（张继《江上送客游庐山》）

淙淙秀美之溪涧流水，在诗人笔下，也显得如此迷人。徐氏诗曰："千寻绿嶂夹流溪，登眺因知海岳低。"（徐氏《玄都观》）张籍诗曰"溪水连地霜草平，野驼寻水碛中鸣。"（张籍《关山月》）温庭筠"溪长荇叶深，作底难相寻。"（温庭筠《江南曲》）李世民"新流添旧涧，宿雾足朝烟。"（李世民《咏雨》）上官昭容"志逐深山静，途随曲涧迷。"（上官昭容《游长宁公流杯池二十五首》）溪涧流水的淙淙秀美，就如同小家碧玉般，无不让人为之心动。

清澈作响的泉水，同样极具诗情画意。李世民诗曰："蓬瀛不可望，泉石且娱心。"（李世民《秋日二首》）李隆基诗曰："林泉先得性，芝桂欲调神。"（李隆基《王屋山送道士司马承祯还天台》）上官昭容诗曰："泉石多仙趣，岩壑写奇形。"（上官昭容《游长宁公流杯池二十五首》）李白诗曰："枯枝无丑叶，涸水吐清泉。"（李白《长歌行》）刘商诗曰："明烛重然煨烬灰，寒泉更洗沉泥玉。"（刘商《胡笳十八拍》）清澈作响的泉流，激起诗人们丰富的情感。

二、诗歌中的水意蕴

水意象在唐诗中有着多重的意蕴，或传达爱意，或见证友情，或抒发豪情，或再现逸致闲情，或表达离别之情等，其内涵可谓丰富，令人叹为观止。

（一）爱情

爱情，是人类永恒的话题，也是诗歌吟咏不衰的主题。诗海之中，不乏脍炙人口、感人肺腑的爱情诗精品。

《诗经》第一篇《关雎》就是描写爱情的："关关雎鸠、在河之洲。窈窕淑女、君子好逑。"（《诗经·国风·关雎》）屈原《九歌》中也有二首描写湘水之神的爱情诗，即《湘君》和《湘夫人》。"君不行兮夷犹，蹇谁留兮中洲？美要眇兮宜修，沛吾乘兮桂舟。令沅湘兮无波，使江水兮安流。望夫君兮未来，吹参差兮谁思！"（《楚辞·九歌·湘君》）湘夫人为及早与湘君相会，历尽艰辛驾舟横渡长江到涔阳去找湘君。"捐余袂兮江中，遗余褋兮醴浦。搴汀洲兮杜若，将目遗兮远者。时不可兮骤得，聊逍遥兮容与。"（《楚辞·九歌·湘夫人》）湘君把贴身之物抛于水中，希望水波传情，送给他心爱的湘夫人。这些篇章显然描写的都是水边的爱情。水给爱情增添了活力与光彩，也赋予爱情诗独特的意蕴。此后的诗歌之中，通过水描写爱情的更是不计其数，抑或是相思之苦，抑或是爱恋之甜，抑或是离弃之怨等，可以说是千姿百态，多姿多彩。

诗歌之中有很多作品将长流不绝之水比作不尽的相思情意。大诗人李白的创作中，就有不少以水喻男女相思之情的。"春风复无情，吹我梦魂断。不见眼中人，天长音信短。阳台隔楚水，春草生黄河。相思无日夜，浩荡若流波。流波向海去，欲见终无因。遥将一点泪，远寄如花人。妾在春陵东，君居汉江岛。一日望花光，往来成白道。一为云雨别，此地生秋草。秋草秋蛾飞，相思愁落晖。"（李白《寄远十一首》）"宝刀截流水，无有断绝时。妾意逐君行，缠绵亦如之。"（李白《自代内赠》）"忆君迢迢隔青天，昔日横波目，今成流泪泉。"（李白《长相思三首》）在这些诗歌中，李白运用了非常巧妙的比喻指出，恋人间的相思之情就如同滔滔江水般绵绵无绝期。而且，李白还以相思之泪将男女相思情之深之浓刻画得淋漓尽致。除诗人李白外，还有很多诗人也都留下了描写水与相思之情的篇章。如卢仝诗曰："美人兮美人，不知为暮雨兮为朝云，相思一夜梅花发，忽到窗前疑是君。"（卢仝《鼓吹曲辞·有所思》）孟郊诗曰："海风萧萧天雨霜，穷愁独坐夜何长。驱车旧忆太行险，始知游子悲故乡。美人相思隔天阙，长望云端不可越。"（孟郊《出门行二首》）

在浩瀚的诗海中，不仅可以感受水带给人们的相思之苦，还可以感受到水带给人们的爱恋之甜。如王昌龄曾写道："吴姬越艳楚王妃，争弄莲舟水湿衣。来时浦口花迎入，采罢江头月送归。荷叶罗裙一色裁，芙蓉向脸两边开。乱入池中看不见，闻歌始觉有人来。越女作桂舟，还将桂为楫。湖上水渺漫，清江初可涉。摘取芙蓉花，莫摘芙蓉叶。将归问夫婿，颜色何如妾。"（王昌龄《采莲曲三首》）这首诗中，美丽的吴越女子泛舟湖上，采摘芙蓉花而不摘芙蓉叶，她要把芙蓉花带回家，问问丈夫到底是花更美还是人更美。可以想见越女的爱情生活是多么的甜蜜。

当然，爱情既有甜蜜的，也有苦涩的。不少诗人就曾借水诉说古代女子的离弃之怨。李白曾写道："汉帝重阿娇，贮之黄金屋。咳唾落九天，随风生珠玉。宠极爱还歇，妒深情却疏。长门一步地，不肯暂回车。雨落不上天，水覆难再收。君情与妾意，各自东西流。昔日芙蓉花，今成断根草。以色事他人，能得几时好。"（李白《妾薄命》）武平一也吟道："有女妖且丽，裴回湘水湄。水湄兰杜芳，采之将寄谁。瓠犀发皓齿，双蛾频翠眉。红脸如开莲，素肤若凝脂。绰约多逸态，轻盈不自持。常矜绝代色，复恃倾城姿。子夫前入侍，飞燕复当时。正悦掌中舞，宁哀团扇诗。洛川昔云遇，高唐今尚违。幽阁禽雀噪，闲阶草露滋。流景一何速，年华不可追。解佩安所赠，怨咽空自悲。"（武平一《妾薄命》）这些诗句，通过悲戚的水意蕴淋漓尽致地传达出了恋人离弃后的痛楚。

（二）友情

水意象因其流动自由之姿态而有绵缈悠长之美，故而重谊之诗人多以水比拟友情之深厚与久长。李白曾写道："李白乘舟将欲行，忽闻岸上踏歌声。桃花潭水深千尺，不及汪伦送我情。"（李白《赠汪伦》）这首诗是李白于泾县游历时写给当地好友汪伦的一首诗，描绘的是李白乘舟欲行时，友人汪伦踏歌赶来送行的情景。诗中李白以千尺之深的桃花潭水意象比拟与汪伦的友谊之深，将看不见的情感有形化，形象地表达出汪伦对李白的那份真挚深厚的友谊。诗人以清新自然的语言、丰富奇特的想象成就了这首动人的传世诗章，深受后人传颂。在李白的诗歌作品中，与此类似的还有："我苦惜远别，茫然使心悲。黄河若不断，白首长相思。"（李白《送王屋山人魏万还王屋》）这首诗中，李白则以长流不绝之黄河水，比拟对友人的不尽思念，形象地表达了对友人的深深情意。

除诗人李白外，还有很多诗人重视与友人的情谊，也留下不少上乘之作。如诗人王昌龄曾写道："映门淮水绿，留骑主人心。明月随良掾，春潮夜夜深。"（王昌龄《送郭司仓》）诗中王昌龄以画意般笔法描写了月夜淮河的碧绿水波仿佛在替主人挽留友人。在友人离去后，诗人思念的心绪像淮水春潮般夜夜加深。诗人以潮水形容自己对友人的思念，将看不见的心绪形象化、直观化，带给人们生动悠长的美感。"武陵溪口驻扁舟，溪水随君向北流。行到荆门上三峡，莫将孤月对猿愁。"（王昌龄《卢溪主人》）这首诗中，王昌龄同样以画意般笔法描写了对友人的不舍。溪水悠悠长流不断，深情地陪伴友人一直向前流淌，似乎不愿离去。悠悠不绝的溪水之中满载着诗人对友人绵缈的深情，寄托着诗人对友人真挚的祝福及无尽的思念。

（三）亲情

亲情如水，绵延不绝。水，也常常出现在诗中，以寄托诗人对亲人的思念。诗人李白写道："望极落日尽，秋深暝猿悲。寄情与流水，但有长相思。"（李白《泾川送族弟錞》）"西望落日将尽，秋色深暝，猿猴悲鸣。将亲情寄于流水，但愿有相思长相随。"李白以流水比拟对亲人的思念，形象地刻画出了与亲人的离别之愁。诗人杜甫也触水生情,睹水思人,写下了亲情之作。"戍鼓断人行,秋边一雁声。露从今夜白,月是故乡明。有弟皆分散,无家问死生。寄书长不避,况乃未休兵。"(杜甫《月夜忆舍弟》)这首诗描写了杜甫的兄弟因战乱而离散,居无定处,杳无音信,于是思念之情油然而生,特别是在秋露与明月的映衬下,听着戍楼上的鼓声和失群孤雁的哀鸣声,对亲人的思念之情愈加深沉和浓烈。秋露与明月营造的沉郁哀伤意蕴无不感人肺腑。

在亲情诗中,除了流水、露珠被用来抒怀以表思念外,泪水、酒水也是常出现的意象,其伤感的意蕴使之常常出现于亲人分离分隔的时刻。"国破山河在,城春草木深。感时花溅泪,恨别鸟惊心。烽火连三月,家书抵万金。白头搔更短,浑欲不胜簪。"(杜甫《春望》)"雪满衣裳冰满须,晓随飞将伐单于。平生意气今何在,把得家书泪似珠。边草萧条塞雁飞,征人南望泪沾衣。黄尘满面长须战,白发生头未得归。"(令狐楚《塞下曲二首》)"寻河愁地尽,过碛觉天低。送子军中饮,家书醉里题。"(岑参《碛西头送李判官入京》)甚至诗人会以血水意象,来渲染亲人分离的痛苦与悲伤。"老母别爱子,少妻送征郎。血流既四面,乃亦断二肠。"(施肩吾《古别离二首》)

此外,水意象的多种姿态、多重蕴涵也使得诗人借以抒发亲人间的复杂情感。"煮豆燃豆萁,豆在釜中泣。本是同根生,相煎何太急"(曹植《七步诗》)诗人巧妙地运用了比喻和拟人的修辞手法,以豆在釜中泣的现象表达了自己对手足相残的悲愤痛苦之情。"无情之物尚如此,为人不及还堪悲。父归坟兮未朝夕,已分黄金争田宅。高堂老母头似霜,心作数支泪常滴。"(贯休《行路难五首》)这首诗中,诗人以高堂老母之泪无声地表达了对骨肉亲人间无情纷争的无奈。

(四)豪情

奔腾不息、浩瀚无垠之水,往往激发着诗人的壮志豪情。在浩浩诗海之中,气吞山河之作不胜枚举。

滚滚东流的汨罗江成就了中国文学史上第一部充满政治豪情的浪漫主义诗歌总集——《楚辞》。这一部长篇政治抒情诗集,文辞华美,篇幅宏阔,风格绚烂,吟咏之间,仿佛见到屈原伫立汨罗江畔,且行且吟:"河伯兮开门,迎余兮欢欣。顾念兮旧都,怀恨兮艰难。窃哀兮浮萍,汜淫兮无根。"(《楚辞·九怀·尊嘉》)"驾玄螭兮北征,骛吾路兮葱岭。连五宿兮建旄,扬氛气兮为旌。历广漠兮驰骛,览中国兮冥冥。"(《楚辞·九怀·思忠》)汨罗江之水诉说着屈原的命运与奋斗,满载着屈原的壮志豪情与苦闷愤怒,激起了屈原奇异瑰丽的想象:水神河伯打开大门迎接屈原,思念楚国却被流放的屈原心怀苦闷怨怒举步维艰,哀叹自己如同水上浮萍,四处漂泊无根难回故乡。屈原驾起龙车向北奔驰，直向西北葱岭。连起五星宿作旗旄，扬起满天云雾作旗旌。屈原要在那辽阔无际的旷野奔驰，遍观一片昏暗不明！《楚辞》，满载着愤世嫉俗、报国无门的屈原洗尽历史铅华而发出的豪情壮语，今人读之，无不为屈原的铮铮铁骨所景仰，无不为屈原的壮志豪情而感动。

在咏水的豪情诗中，留下名篇佳作最多的要属李白。作为浪漫主义诗人，面对祖国壮丽河山，李白难抑满腔激情，诗句喷薄而出。不管是浩瀚之大海，还是雄伟之黄河、奔腾之长江，抑或是飞流之瀑布，在李白的笔下，都承载着万丈的豪情。"巨海纳百川，麟阁多才贤。献书入金阙，酌醴奉琼筵。"（李白《金门答苏秀才》）"君不见黄河之水天上来，奔流到海不复回。君不见高堂明镜悲白发，朝如青丝暮成雪。人生得意须尽欢，莫使金尊空对月。天生我材必有用，千金散尽还复来。烹羊宰牛且为乐，会须一饮三百杯。"（李白《将进酒》）"朝见裴叔则，朗如行玉山，黄河落天走东海，万里写入胸怀间。身骑白鼋不敢度，金高南山买君顾。"（李白《赠裴十四》）"朝辞白帝彩云间，千里江陵一日还。两岸猿声啼不尽，轻舟已过万重山。"（李白《早发白帝城》）"流远荆门外，来从楚国游。山随平野尽，江入大荒流。月下飞天镜，云生结海楼。仍连故乡水，万里送行舟。"（李白《渡荆门送别》）"闲来垂钓坐溪上，忽复乘舟梦日边。行路难，行路难，多歧路，今安在。长风破浪会有时，直挂云帆济沧海。"（李白《行路难三首》）"故人西辞黄鹤楼，烟花三月下扬州。孤帆远影碧空尽，唯见长江天际流。"（李白《黄鹤楼送孟浩然之广陵》）"日照香炉生紫烟，遥看瀑布挂前川。飞流直下三千尺，疑是银河落九天。"（李白《望庐山瀑布水二首》）这些描绘豪迈之水的诗句，可以说是惊天动地，回肠荡气。凭借水这一意象，李白以其海纳百川的博大胸襟，豪放不羁的个性，排山倒海的气势，出神入化的想象，为这些诗章营造出了雄奇瑰丽、五彩缤纷、豪情满怀的深厚意蕴。

杜甫，虽然是现实主义诗人，但也曾以澎湃之江河抒发壮志豪情。"风急天高猿啸哀，渚清沙白鸟飞回。无边落木萧萧下，不尽长江滚滚来。万里悲秋常作客，百年多病独登台。"（杜甫《登高》）"玉露凋伤枫树林，巫山巫峡气萧森。江间波浪兼天涌，塞上风云接地阴。丛菊两开他日泪，孤舟一系故园心。"（杜甫《秋兴八首》）"细草微风岸，危樯独夜舟。星垂平野阔，月涌大江流。"（杜甫《旅夜书怀》）从这些诗句里我们可以感受到，杜甫的诗，感时伤世，沉郁顿挫，与李白风格迥异。但是，杜甫的诗也不乏壮阔之情。正是诗人杜甫忧国忧民的博大胸怀，才将江流之气势描绘得如此深沉和宏大。

此外，还有诸多诗人都将豪情壮志注入澎湃江海之中，留下了气吞山河的名篇。"白日依山尽,黄河入海流。欲穷千里目,更上一层楼。"(王之涣《登鹳雀楼》)"思出宇宙外,旷然在寥廓。长风万里来,江海荡烦浊。"(王维《苦热行》)"岁岁金河复玉关,朝朝马策与刀环。三春白雪归青冢,万里黄河绕黑山。"(柳中庸《征怨》)

(五)逸致闲情

水的磅礴气势让无数诗人为之直抒豪情,同样,水的恬淡虚静也熏陶出了无数诗人的逸致闲情,将清心淡泊的生活作为一种雅致人生意境的追求。不少诗人在对清溪、流水山涧、雨景等的纯然欣赏、静观体悟中获得了心境的宁静与愉悦,留下了脍炙人口的诗篇佳作。"言入黄花川,每逐清溪水。随山将万转,趣途无百里。声喧乱石中,色静深松里。漾漾泛菱荇,澄澄映葭苇。我心素已闲,清川澹如此。请留磐石上,垂钓将已矣。"(王维《青溪》)"家临清溪水,溪水绕磐石。绿萝四面垂,褭褭百余尺。"(宋之问《答田征君》)"苍苍竹林暮,吾亦知所投。静坐山斋月,清溪闻远流。"(王昌龄《宿裴氏山》)"清溪深不测,隐处唯孤云。松际露微月,清光犹为君。"(常建《宿王昌龄隐居》)"夜到清溪宿,主人碧岩里。檐楹挂星斗,枕席响风水。"(李白《宿清溪主人》)

清溪,本是再寻常不过的景致,但在诗人们的眼中却充满着魅力,让无数的诗人为之陶醉。诗中清雅素淡的水意象表达了诗人们恬淡闲适的心情,折射出了诗人们甘于淡泊的心境。诗人们追求着人生的自由审美极境,向往着艺术化的人生存在,追求着诗意的栖居。这一点甚至令古代帝王都为之羡慕。唐代李隆基曾写道:"紫府求贤士,清溪祖逸人。江湖与城阙,异迹且殊伦。"(李隆基《王屋山送道士司马承祯还天台》)

同清溪一样,流水山涧也映照出诗人们的闲情逸致。韦应物曾写道:"独怜幽草涧边生,上有黄鹂深树鸣。春潮带雨晚来急,野渡无人舟自横。"(韦应物《滁州西涧》)本是荒凉的野外山涧,在诗人的眼中变得如此之美丽。幽深的山涧里长着一片可爱的芳草,参天树丛中有黄鹂悠然的唱歌。向晚时分,下起了春雨,潮水暴涨,野渡无人,孤舟自横。诗人对野外山涧的静心观照与欣赏,折射出闲雅的心境,也体现出诗人归隐山林、甘守淡泊的人生追求。韦应物曾多次表达对这样一种恬淡生活的向往。"万木丛云出香阁,西连碧涧竹林园。高斋犹宿远山曙,微霭下庭寒雀喧。道心淡泊对流水,生事萧疏空掩门。"(韦应物《寓居沣上精舍,寄于、张二舍人》)"登原忻时稔,采菊行故墟。方愿沮溺耦,淡泊守田庐。"(韦应物《秋郊作》)

此外,雨景也深受诗人喜爱,其闲适灵动的特点使之在诗歌之中有着不凡的艺术生命力。"飒飒秋雨中,浅浅石流泻。跳波自相溅,白鹭惊复下。"(王维《栾家濑》)在飒飒的秋雨中,溪水溅起了跳珠,惊飞了正在捕鱼的白鹭,当白鹭明白这只是一场虚惊时又缓缓地盘旋落下。诗人描写了秋雨中妙趣横生的一幕,充满了自然的生机与情趣,体现出了诗人对大自然的热爱、对恬淡田园生活的向往。除了王维,还有不少以雨景怡情雅兴的诗人。汪藻诗曰:"钩帘百顷风烟上,卧看青云载雨过。"(汪藻《即事二首》)陆游诗曰:"卧读陶诗未终卷,又乘微雨去锄瓜。"(陆游《小园四首》)徐俯诗曰:"春雨断桥人不度,小舟撑出柳荫来。"(徐俯《春游湖》)这些诗句,恬淡优美,清逸明秀,将诗人的闲情逸致生动地刻画了出来。

（六）离别之情

绵绵悠长之水,就如同惜别时的依依不舍之情。因此,很多赠别之诗往往离不开水。李白所写《赠汪伦》既是一首友情诗,也是一首离情诗,其中"桃花潭水深千尺,不及汪伦送我情",既以潭水千尺之深形象地比拟了友情之深,同时也说明了友人汪伦对李白的不舍。整首诗清新自然,旷达洒脱,道出了诗人离别时的愉悦感动之情。同样,擅写离别诗的王昌龄也曾以水之意象直抒旷达洒脱的离别之怀。"沅水通波接武冈,送君不觉有离伤。青山一道同云雨,明月何曾是两乡。"(王昌龄《送柴侍御》)王昌龄的离别诗很多,不下四十首,除了以水意象之绵长表达对离别的旷达洒脱情怀外,还有以绵绵之水表现凄凄别情的。"寒江绿水楚云深,莫道离居迁远心。晓夕双帆归鄂渚,愁将孤月梦中寻。"(王昌龄《送人归江夏》)这首诗中的水意象无不透出诗人永无止境的离愁别绪,道出了诗人心中的凄楚。"寒江""绿水""楚云"都具有冷清、阴郁的特征,既点出了眼前湘山楚水景致的凄凉,又折射出了诗人"迁远心"的感伤,加之"晓夕双帆"与"孤月"的映衬,诗人浓烈的离别孤寂之感油然而生,意境极其凄冷。同样抒写诗人流放之际离别感伤的还有:"枫林已愁暮,楚水复堪悲。别后冷山月,清猿无断时。"(王昌龄《送张四》)诗中的"楚水复堪悲"意象强烈而鲜明,既写出了流放之地的凄清,也写出了诗人落寞及悲凉的心境,加之"枫林愁暮""冷山月""清猿"意象,更是将诗人的离别愁绪展现得淋漓尽致。

众多的诗人将水与自己的情感世界融为了一体,将爱情、亲情、友情、豪情、闲情、离情等各种情感与心情,与周边的流水浪涛构成自然的对应,不断地通过各种姿态各种蕴涵的水意象书写自己的情思,赋予水以强烈的感情色彩,营造出了诗人的意中之境,展现出了情景交融的美学风格,带给人们不可言喻的审美享受。

第四节　画船听雨眠

水，作为生命之源，文明之源，自古以来就是诗人讴歌顶礼的对象，催放出了炫丽的诗歌之花。水，不仅在唐诗之中大放异彩，在宋词之中也波光潋滟，浪花飞扬。徜徉词海，我们可以感受到宋词中丰富的水意象，深厚的水意蕴，润泽的水气息，浓郁的水芬芳。

一、宋词中的水意象

水之意象，在宋词中有着十分重要的地位。可以说，水孕育和滋生了宋词。翻开任何一本宋词集，我们可以看到无数的词牌都沐浴在水波之中，带着氤氲的水气息，如《水调歌头》《浣溪沙》《浪淘沙》《满江红》《江城子》《定风波》《西江月》《渔家傲》《雨霖铃》《潇湘夜雨》《水龙吟》《临江仙》《鱼傲春水》《暮山溪》《鹊桥仙》《凤池吟》《醉江月》《过涧歇近》《望海潮》《望江南》《如鱼水》《谢池春慢》《西河》《西湖》《西湖念语》《雨中花令》《夜行船》《越溪春》《宴瑶池》《泛清波》《摸鱼儿》等。从中，我们可以跟随众位词人的脚步，怡然欣赏多姿多彩的水意象。

江河。宋代词人居南方者众多，因而，长江水在宋词中多有呈现，众多词人描写了长江之水激荡翻滚之态。"大江东去，浪淘尽，千古风流人物。故垒西边，人道是：三国周郎赤壁。乱石穿空，惊涛拍岸，卷起千堆雪。江山如画，一时多少豪杰。"（苏轼《念奴娇·赤壁怀古》）苏轼笔下的大江雄浑苍凉，大气磅礴，撼魂荡魄，堪称"古今绝唱"。"江山自雄丽，风露与高寒。寄声月姊，借我玉鉴此中看。幽壑鱼龙悲啸，倒影星辰摇动，海气夜漫漫。涌起白银阙，危驻紫金山。"（张孝祥《水调歌头·金山观月》）张孝祥笔下的大江飘逸浪漫，令人心旷神怡。"我住长江头，君住长江尾。日日思君不见君，共饮长江水。此水几时休，此恨何时已。只愿君心似我心，定不负相思意。"（李之仪《卜算子·我住长江头》）李之仪笔下的大江，词语极平常，却满载着深沉真挚

《念奴娇·赤壁怀古》意境图

的痴恋情意。

海。在浩如烟海的宋词之中，咏海之篇往往有着浪漫的格调、空阔的境界、深厚的意蕴。"秋风万里，湛银潢清影，冰轮寒色。八月灵槎乘兴去，织女机边为客。山拥鸡林，江澄鸭绿，四顾沧溟窄。醉来横吹，数声悲愤谁测。飘荡贝阙珠宫，群龙惊睡起，冯夷波激。云气苍茫吟啸处，龟吼鲸奔天黑。回首当时，蓬莱方丈，好个归消息。而今图画，谩教千古传得。"（张元干《念奴娇·题徐明叔海月吟笛图》）张元干以其丰富的想象力，捧出了一个雄浑而空灵的大海，让人如临仙境。"望处雨收云断，凭阑悄悄，目送秋光。晚景萧疏，堪动宋玉悲凉。水风轻，蘋花渐老，月露冷、梧叶飘黄。遣情伤。故人何在，烟水茫茫。难忘，文期酒会，几孤风月，屡变星霜。海阔山遥，未知何处是潇湘。念双燕、难凭远信，指暮天、空识归航。黯相望。断鸿声里，立尽斜阳。"（柳永《玉蝴蝶·望处雨收云断》）柳永笔下的烟水茫茫之海无不激起怀人思绪，别有一番意境。

湖泊。多居南方水乡泽国的宋代词人描绘湖泊之作不胜枚举，尤其是西湖、洞庭湖。对于西湖，同样的景色在不同词人的笔下呈现出的是不同的景象。"禁苑东风外，飏暖丝晴絮，春思如织。燕约莺期，恼芳情偏在，翠深红隙。漠漠香尘隔。沸十里、乱弦丛笛。看画船，尽入西泠，闲却半湖春色。柳陌。新烟凝碧。映帘底宫眉，堤上游勒。轻暝笼寒，怕梨云梦冷，杏香愁幂。歌管酬寒食。奈蝶怨、良宵岑寂。正满湖、碎月摇花，怎生去得。"（周密《曲游春》）周密笔下的西湖秀美如画，生意盎然。"接叶巢莺，平波卷絮，断桥斜日归船。能几番游，看花又是明年。东风且伴蔷薇住，到蔷薇、春已堪怜。更凄然。万绿西泠，一抹荒烟。当年燕子知何处，但苔深韦曲，草暗斜川。见说新愁，如今也到鸥边。无心再续笙歌梦，掩重门、浅醉闲眠。莫开帘，怕见飞花，怕听啼鹃。"（张炎《高阳台·西湖春感》）张炎笔下的西湖则与前者形成鲜明对比，此时的西湖满载着国破家亡的凄凉与词人的无限哀愁。对于洞庭湖，也有不少词人书写华章。"洞庭青草，近中秋，更无一点风色。玉界琼田三万顷，着我扁舟一叶。素月分辉，银河共影，表里俱澄澈。悠然心会，妙处难与君说。应念岭海经年，孤光自照，肝胆皆冰雪。短发萧骚襟袖冷，稳泛沧溟空阔。尽挹西江，细斟北斗，万象为宾客。扣舷独啸，不知今夕何夕。"（张孝祥《念奴娇·过洞庭》）词中，作者沉浸于洞庭广阔清静、上下澄明的湖光水色中，将湖水作酒，北斗当杯，万象为宾，实乃奇思妙想，足见作者沉醉于洞庭美景的恬适之情。

楼台烟雨。楼台因水而生，水赋予楼台灵性与神韵，无数文人墨客、风流才子登楼把盏，凭栏作词，以抒胸臆。"遥望中原，荒烟外、许多城郭。想当年、花遮柳护，凤楼龙阁。万岁山前珠翠绕，蓬壶殿里笙歌作。到而今、铁骑满郊畿，风尘恶。兵安在？膏锋锷。民安在？填沟壑。叹江山如故，千村寥落。何日请缨提锐旅，一鞭直渡清河洛。却归来、再续汉阳游，骑黄鹤。"（岳飞《满江红·登黄鹤楼有感》）岳飞登临黄鹤楼，北望中原失地，写下了这首明快、豪放抒情感怀词，足见岳飞得胜归来的心中宿愿与复我河山的豪情壮志。楼台之词，除了明快豪放之风格，还有婉约深曲之风格。"雾失楼台，月迷津渡。桃源望断无寻处。可堪孤馆闭春寒，杜鹃声里斜阳暮。驿寄梅花，鱼传尺素。砌成此恨无重数。郴江幸自绕郴山，为谁流下潇湘去。"（秦观《踏莎行·郴州旅舍》）这首词中，秦观勾勒出了一个夜雾凄迷、月色昏黄下的烟雨楼台之景，形象地刻画了作者凄苦和哀怨的心境。"伫倚危楼风细细。望极春愁，黯黯生天际。草色烟光残照里。无言谁会凭栏意。拟把疏狂图一醉。对酒当歌，强乐还无味。衣带渐宽终不悔。为伊消得人憔悴。"（柳永《蝶恋花·伫倚危楼风细细》）这首词中，柳永登楼凭栏，举酒长吟，满楼都是望不尽的春日离愁。

溪流池塘。淙淙之溪水、碧波之池塘，在宋词之中也是常出现的意象。"游蕲水清泉寺，寺临兰溪，溪水西流。山下兰芽短浸溪，松间沙路净无泥，潇潇暮雨子规啼。谁道人生无再少？门前流水尚能西！休将白发唱黄鸡。"（苏轼《浣溪沙·游蕲水清泉寺》）从这首触景生慨、蕴含人生哲理的词中，可以看到暮春三月雨后的兰溪一派生机盎然的景色，更可以看到苏轼热爱生活、乐观旷达的精神。"寒水依痕，春意渐回，沙际烟阔。溪梅晴照生香，冷蕊数枝争发。天涯旧恨，试看几许销魂，长亭门外山重叠。不尽眼中青，是愁来时节。情切。画楼深闭，想见东风，暗销肌雪。辜负枕前云雨，尊前花月。心期切处，更有多少凄凉，殷勤留与归时说。到得却相逢，恰经年离别。"（张元干《石州慢·寒水依痕》）在张元干的这一晚年离乡思归之作中，可以看到冬去春来、悄然复苏的溪流之景，更可以看到作者内心深沉细腻的思乡之情。"水满池塘花满枝。乱香深里语黄鹂。东风轻软弄帘帏。日正长时春梦短，燕交飞处柳烟低。玉窗红子斗棋时。"（赵令畤《浣溪沙·水满池塘花满枝》）这首词以池塘深闺之景将女子对爱情的向往与无限的相思愁情表现得淋漓尽致。全词词浅意深，语短情长，含蓄蕴藉，意境朦胧，给人以意犹未尽、余韵深长之蕴感。

二、宋词中的水意蕴

有人说，宋词如水。的确，不管是宋词中演绎出的爱情、亲情、友情、豪情、离别愁绪，抑或是国家之恨、人生感叹，都是被水浸泡过的，潮湿清凉而不失温润，读来心中会留下绵长的韵味。

（一）爱情

宋词之中，爱情与水密切相连，水是柔情蜜意、悠悠无尽之爱情的象征与见证。水之悠长阔远，造就了恋人不尽的相思意绪。晏殊在《蝶恋花·槛菊愁烟兰泣露》中写道："槛菊愁烟兰泣露。罗幕轻寒，燕子双飞去。明月不谙离恨苦。斜光到晓穿朱户。昨夜西风凋碧树。独上高楼，望尽天涯路。欲寄彩笺兼尺素。山长水阔知何处。""山长水阔""望尽天涯路"将相思之苦、脉脉之愁表现得淋漓尽致，营造了一个令人神往的境界，也使这首词成为一首颇负盛名的婉约词。

水之淙淙，恰似爱情之清纯曼妙。宋代词人柳永在《夜半乐·冻云黯淡天气》中写道："望中酒旆闪闪，一簇烟村，数行霜树，残日下、渔人鸣榔归去。败荷零落，衰杨掩映，岸边两两三三，浣纱游女，避行客、含羞笑相语。"这首词虽寥寥数语却朴素生动，异趣横生。从中，可以看到，溪水淙淙，映照出了浣纱游女的芳心萌动。

水之空灵，无不激起词人对爱情之浪漫的无尽遐想。秦观在《鹊桥仙·纤云弄巧》中写道："纤云弄巧，飞星传恨，银汉迢迢暗度。金风玉露一相逢，便胜却人间无数。柔情似水，佳期如梦，忍顾鹊桥归路。两情若是久长时，又岂在朝朝暮暮。"借水咏唱牛郎、织女的爱情故事，秦观表达了对天长地久忠贞爱情的向往。意境的新颖、设想的奇巧无不是受空灵之水的启发。

水之苍凉，让失意的爱情愈加凄婉惆怅。秦观在词作《满庭芳·山抹微云》中写道："山抹微云，天粘衰草，画角声断谯门。暂停征棹，聊共引离尊。多少蓬莱旧事，空回首、烟霭纷纷。斜阳外，寒鸦万点，流水绕孤村。销魂。当此际，香囊暗解，罗带轻分。谩赢得、青楼薄幸名存。此去何时见也，襟袖上、空惹啼痕。伤情处，高城望断，灯火已黄昏。"一片暮霭苍茫、斜阳寒水之冬日景象栩栩如生，道出了遭遇爱情失意的迷茫怅惘心境。尤其是其中的"斜阳外，寒鸦万点，流水绕孤村"将痛苦的心情刻画得入木三分、韵味余长，也展现出了一种至情至性的超凡境界，无不让人叹为绝唱。

泪之流淌，更是谱写了爱的悲怆挽歌。苏轼曾为其亡妻写过一首悼念之词《江城子·乙卯正月二十日夜梦记》："十年生死两茫茫。不思量，自难忘。千里孤坟，无处话凄凉。纵使相逢应不识，尘满面，鬓如霜。夜来幽梦忽还乡。小轩窗，正梳妆。相顾无言，唯有泪千行。料得年年肠断处，明月夜，短松冈。"苏轼通过记梦来抒写对亡妻王弗真挚的爱情和深沉的思念。全词感情深挚，凄婉地诉说着苏轼与亡妻的生离死别之痛和相思之苦。尤其是"相顾无言，唯有泪千行"，无言的泪水更是让苏轼长久郁结于心的深长的悲叹从心底迸发而出，凄婉悲怆至极，读来令人肝肠寸断。

（二）亲情

自古以来中国文人都有着根深蒂固的乡愁，尤其是在开国一度繁荣而后又偏安江南的宋代，词人多有在外漂泊的经历，因而诞生了不少写思亲乡愁的辞章。这些辞章往往也离不开水。

柳永，是写游子思亲乡愁最多的宋代词人。在他的羁旅行役之词中，我们常常可以看到水的踪影。"对潇潇暮雨洒江天，一番洗清秋。渐霜风凄紧，关河冷落，残照当楼。是处红衰翠减，苒苒物华休。惟有长江水，无语东流。不忍登高临远，望故乡渺邈，归思难收。叹年来踪迹，何事苦淹留。想佳人妆楼颙望，误几回、天际识归舟。争知我，倚阑干处，正恁凝愁！"（《八声甘州·对潇潇暮雨洒江天》）一生漂泊浪迹的柳永，在这首词中描绘了秋日暮雨中长江的凄凉之景，借此表达了羁旅行役之苦，也抒发了久客他乡思念归家之痛。该词从头至尾都萦绕着长江水，满载着作者浓浓的乡愁。同样，在《满江红·暮雨初收》中柳永写道："暮雨初收，长川静、征帆夜落。临岛屿、蓼烟疏淡，苇风萧索。几许渔人飞短艇，尽载灯火归村落。遣行客、当此念回程，伤漂泊。桐江好，烟漠漠。波似染，山如削。绕严陵滩畔，鹭飞鱼跃。游宦区区成底事，平生况有云泉约。归去来、一曲仲宣吟，从军乐。"桐江之水，再次见证了柳永对故乡的一往情深、对亲人的日思夜恋，也说明了柳永是一位善于以水表现游子思亲情怀的词人。

除了柳永，宋代还有不少抒思乡归家之怀的词人，如蒋捷。蒋捷曾写道："一片春愁待酒浇。江上舟摇，楼上帘招。秋娘渡与泰娘桥，风又飘飘，雨又潇潇。何日归家洗客袍？银字笙调，心字香烧。流光容易把人抛，红了樱桃，绿了芭蕉。"（《一剪梅·舟过吴江》）吴江的春景映照着作者凄楚的神魂。春深似海，愁深胜似海。这首写在离乱颠簸流亡途中的心歌，反映了作者漂泊异乡的凄冷愁闷，也表达了作者思归与团聚之急切心情。

（三）友情

在宋词之中，友情与水也有着道不尽的关联。水的滋养，让友情之词也变得水淋淋的。

苏轼，作为一代文豪，为我们留下不少抒写友情的佳作。《临江仙·送钱穆父》即苏轼为送别自越州北徙、途经杭州的老友钱穆父（名勰）而作。"一别都门三改火，天涯踏尽红尘。依然一笑作春温。无波真古井，有节是秋筠。惆怅孤帆连夜发，送行淡月微云。樽前不用翠眉颦。人生如逆旅，我亦是行人。"作者通过无波古井、惆怅孤帆、淡月微云等意象凸显了对老友的眷眷惜别之情，写得深沉细腻，婉转回互，动人心弦。《虞美人·波声拍枕长淮晓》为苏轼所作的另一首送别词，是苏轼在与秦观高邮相会后，于淮上与秦观饮别时所写之词。"波声拍枕长淮晓，隙月窥人小。无情汴水自东流,只载一船离恨向西州。竹溪花浦曾同醉,酒味多于泪。谁教风鉴在尘埃?酝造一场烦恼送人来!"苏轼描绘了清晨驾驶小船沿河岸而下依依惜别的情景,回忆了与友人秦观值得珍惜的往日时光,反映了苏轼、秦观二人的深挚情谊。"无情汴水自东流,只载一船离恨向西州。"流水无情人有情,正是无情的卞水,将惜别之人的深厚友谊渲染得如此动人。

与苏轼风格相近的宋代词人陆游,也写过以水抒发友情之词作。《浪淘沙·丹阳浮玉亭席上作》就是其中之一。"绿树暗长亭,几把离尊,阳关常恨不堪闻。何况今朝秋色里,身是行人。清泪浥罗巾,各自销魂,一江离恨恰平分。安得千寻横铁锁,截断烟津。"这首词绘出了陆游在长亭把酒送别友人的情景,满目的苍凉、满江的凄寒无不让人湿泪沾襟、愁绪满怀,恰似一江秋水。最后,作者还通过锁江之念想表达了永不分离的美好愿望。

宋代女词人李清照所作《蝶恋花·泪湿罗衣脂粉满》也是一首抒写友情的惜别之词。"泪湿罗衣脂粉满,四叠阳关,唱到千千遍。人道山长山又断,萧萧微雨闻孤馆。惜别离伤方寸乱,忘了临行。酒盏深和浅。好把音书凭过雁,东莱不似蓬莱远。"(《蝶恋花·泪湿罗衣脂粉满》)这首词是李清照由青州去往莱州途中写给留居青州的姐妹的。作者回忆送别时的景象,潇潇秋雨让独居旅馆的作者愁上加愁,无限凄清,以致忘了临行。潇潇秋雨真切形象地展现了作者当时难别的心境,其情凄惶、哀怨可见一斑。

宋代词人王观的别友词作,相较其他词人则没有那么沉重,而是极为明丽脱俗、新巧轻快。"水是眼波横,山是眉峰聚。欲问行人去那边?眉眼盈盈处。才始送春归,又送君归去。若到江南赶上春,千万和春住。"(《卜算子·送鲍浩然之浙东》)这首词描绘的是春末时节作者送别友人鲍浩然的场景,情意绵绵而又富有灵性。作者以美人灵动的眼波比水,以美人蹙起的眉头喻山,以美人之眉眼盈盈喻山水交汇之浙东,不仅巧妙形象地描绘出眼前诗情画意的山水景象,而且还含蓄地表达了与友人的惜别深情,寄寓了对友人的真诚祝福。这虽是一首送别词,但没有离别的哀怨感伤,只有俏皮的描绘与祈愿。正是对水的发想奇绝,才产生了这首别具一格、曼妙活泼的生花之词。

(四)愁情

自古以来,流水便与悲欢离合的愁绪联系起来。相较之前的文学作品,在宋词之中,水作为闲愁的意象,获得了更为具体、更为细腻的艺术展现。

李清照曾写了一首词,其悲愁之深重,无不令人感动涕零,也让该词千古传颂。"风住尘香花已尽,日晚倦梳头。物是人非事事休,欲语泪先流。闻说双溪春尚好,也拟泛轻舟。只恐双溪舴舴艋舟，载不动许多愁。"（李清照《武陵春·春晚》）这首词是李清照避乱金华时所作。此时的李清照正处于国破家亡之中，丈夫去世，流离他乡，历尽乱离之苦，所以词情极为悲戚。尤其是作者以舴艋舟载不动愁的艺术形象来表达悲愁之多，颇为新颖奇巧，深沉哀婉，感人至深。同样的作品还有《声声慢·寻寻觅觅》："寻寻觅觅，冷冷清清，凄凄惨惨戚戚。乍暖还寒时候，最难将息。三杯两盏淡酒，怎敌他、晚来风急？雁过也，正伤心，却是旧时相识。满地黄花堆积。憔悴损，如今有谁堪摘？守着窗儿，独自怎生得黑？梧桐更兼细雨，到黄昏、点点滴滴。这次第，怎一个愁字了得！"作者通过描绘残秋凄雨之景，道出了因国破家亡、天涯沦落而产生的孤寂落寞、悲凉愁苦的心境。词中"梧桐更兼细雨，到黄昏、点点滴滴"的如泣如诉，将作者孤独寂寞的愁绪与动荡不安的心境展现得淋漓尽致。

李清照的词作表现的愁情是如泣如诉的，而欧阳修的词作表现出的则是缠绵悱恻的愁情。"候馆梅残，溪桥柳细，草薰风暖摇征辔。离愁渐远渐无穷，迢迢不断如春水。寸寸柔肠，盈盈粉泪，楼高莫近危阑倚。平芜尽处是春山，行人更在春山外。"（欧阳修《踏莎行·候馆梅残》）溪桥、细柳等水景，让充满离愁的作者更添愁思。一江迢迢不断的春水，载满了作者道不尽的离愁。作者以愁比水，形象贴切，给人以悱恻幽回、情深意远之感。

宋代词人贺铸也曾以水诉愁，只不过所抒写的是百无聊赖的闲愁。"凌波不过横塘路，但目送，芳尘去。锦瑟华年谁与度？月桥花院，琐窗朱户，只有春知处。飞云冉冉蘅皋暮，彩笔新题断肠句。试问闲愁都几许？一川烟草，满城风絮，梅子黄时雨。"（贺铸《青玉案·凌波不过横塘路》）贺铸通过对凌波、月桥、飞云、雨等暮春之水的描写，抒发了自己所感到的"闲愁"，既有路遇佳人而不知所往的怅惘，也有怀才不遇、悒悒不得志的愁思。凌波、月桥、飞云、雨的立意新奇，让人无限遐想，成为萦绕心头的名篇。

（五）豪情

与唐诗相比，宋词多温婉之词，虽没有"君不见黄河之水天上来"的磅礴之势，但也不乏写水的豪放之词。苏轼、辛弃疾、陆游等词人都曾写过满是豪情的华章。

在宋代词人中，苏轼可谓是开豪放词派之先河，其以水为题材的词作豪迈雄健，独具风格。"大江东去，浪淘尽，千古风流人物。故垒西边，人道是：三国周郎赤壁。乱石穿空，惊涛拍岸，卷起千堆雪。江山如画，一时多少豪杰。遥想公瑾当年，小乔初嫁了，雄姿英发。羽扇纶巾，谈笑间，樯橹灰飞烟灭。故国神游，多情应笑我，早生华发。人生如梦，一尊还酹江月。"（苏轼

《念奴娇·赤壁怀古》）这首词是苏轼豪放词的代表之作。在这首广为传唱的词中，苏轼由奔腾东去之长江遥想当年在赤壁鏖战的众多英雄豪杰，表达了关注历史和人生的旷达之心。全词借水抒怀，雄浑大气，笔力遒劲，境界宏阔。滔滔之江水，让这首词有了撼人魂魄的力量。在苏轼的诸多作品中，我们都可以感受到他潇洒豪壮的气概。如"江汉西来，高楼下，葡萄深碧。犹自带、岷峨云浪。"（《满江红·江汉西来》）"大瓢贮月归春瓮，小杓分江入夜瓶。"（苏轼《汲江煎茶》）

宋代另一位豪放词人辛弃疾，是与苏轼齐名的大家，也留下了不少脍炙人口的疏放豪壮之词。"千里渥洼种，名动帝王家。金銮当日奏草，落笔万龙蛇。带得无边春下，等待江山都老，教看鬓方鸦。莫管钱流地，且拟醉黄花。唤双成，歌弄玉，舞绿华。一觞为饮千岁，江海吸流霞。闻道清都帝所，要挽银河仙浪，西北洗胡沙，回首日边去，云里识飞车。"（《水调歌头·寿赵漕介庵》）辛弃疾以其突兀奇特的想象，抒发了气魄雄健的一笔。作者以其豪言壮志挽银河、拍仙浪、洗胡沙，浪漫主义激情在天河云涛中闪耀飞扬，足见潇洒旷达的襟怀。与此相似的还有"唤起一天明月，照我满怀冰雪，浩荡百川流。鲸饮未吞海，剑气已横秋。"（《水调歌头·和马叔度游月波楼》）、"乘风好去，长空万里，直下看山河"（《太常引·建康中秋夜为吕叔潜赋》）、"浮天水送无穷树，带雨云埋一半山"（《鹧鸪天·送人》）等。

辛弃疾不仅是豪情满怀的词人，而且也是忧国忧民的志士。在他的词作之中常常可以感受到浓郁的爱国豪情。"我来吊古，上危楼、赢得闲愁千斛。虎踞龙盘何处是，只有兴亡满目。柳外斜阳，水边归鸟，陇上吹乔木。片帆西去，一声谁喷霜竹。却忆安石风流，东山岁晚，泪落哀筝曲。儿辈功名都付与，长日惟消棋局。宝镜难寻，碧云将暮，谁劝杯中绿。江头风怒，朝来波浪翻屋。"（《念奴娇·登建康赏心亭呈史留守致道》）临水伤怀，水光如镜，江头怒吼的狂风、掀翻屋顶的惊涛巨浪映照出了时代的艰危，也吟唱出了志士仁人的心声，读来让人热血沸腾。

（六）人生哲理

"子在川上曰：逝者如斯夫！不舍昼夜。"自古以来，哲人都喜欢每临大水必观之，从水中感悟人生之哲理。宋代词人亦如此，并为我们留下了发人警醒的咏水哲理名篇。

苏轼的词作不乏人生哲理。尤其是在被贬的时期，苏轼常临水感叹。"夜饮东坡醒复醉，归来仿佛三更。家童鼻息已雷鸣。敲门都不应，倚杖听江声。长恨此身非我有，何时忘却营营。夜阑风静縠纹平。小舟从此逝，江海寄余生。"（《临江仙·夜归临皋》）这首词是被贬于黄州的苏轼与几位友人泛舟长江，对月痛饮后作。苏轼由浩荡无穷之江海，联想到了匆忙而短暂的人生。江海自由自在，无拘无束，奔流到海，而人生却灾难深重，举步维艰。苏轼由此幡然醒悟，发出了"长恨此身非我有，何时忘却营营"的感叹，誓要远离纷纷扰扰、是非不断的名利场。这可以说是苏轼从坎坷的人生际遇和眼前的大江中得到的人生感悟。

一位名为圆禅师的诗僧曾写了一首《渔家傲》，与苏轼的《临江仙》一样，也是一篇抒写人生哲理的咏水词。"本是潇湘一钓客，自东自西自南北。只把孤舟为屋宅。天宽窄，席天幕地人难测。顷闻四海停戈革，金门懒去投书册。时向滩头歌月白。真高格，浮名浮利谁拘得！"在这首以水修心的悟道之词中，作者写道，要鄙弃红尘俗世之浮名浮利，以舟为屋，以水做伴，独钓潇湘，这实际上就是一种超脱的人生态度，一种看破红尘的至高境界。

抒写人生哲理的咏水词在宋词中还有不少。如"寒来暑往几时休。光阴逐水流。浮云身世两悠悠。何劳身外求。天上月，水边楼。须将一醉酬。陶然无喜亦无忧。人生且自由。"（张抡《阮郎归》）、"谁道人生无再少？门前流水尚能西！休将白发唱黄鸡。"（苏轼《浣溪沙·游蕲水清泉寺》）、"惆怅孤帆连夜发，送行淡月微云。尊前不用翠眉颦。人生如逆旅，我亦是行人。"（苏轼《临江仙·送钱穆父》）、"柔情似水，佳期如梦，忍顾鹊桥归路。两情若是久长时，又岂在朝朝暮暮。"（秦观《鹊桥仙·纤云弄巧》）等。这些美丽而蕴意深长的咏水词，至今仍然如同不竭的甘泉，灌溉着人们的心田。

第五节　高　山　流　水　曲

音乐是人类最普遍、最古老的传达感情的一种艺术。它是用声音塑造的听觉艺术和表演艺术，通过演唱和演奏，使听者获得美的艺术感受。不论是音乐的产生，还是发展，都打上了深深的水文化烙印。水哺育了华夏民族，也给音乐艺术以深刻的启迪与陶冶，许多中华古典音乐作品都流淌着水之美的旋律，从中可以看到色彩缤纷的水意象，产生各种不同的水感触，生发出丰富多彩的水联想。

一、水与音乐的产生

关于音乐的产生，目前存在着几种不同的说法，但不管是从哪一种说法来看，音乐的产生都是和水息息相关的。具体而言，第一种说法，即认为音乐起源于对自然界事物的模仿，如流水、风啸等；第二种说法，即认为音乐自巫术起源，通过巫术祈雨正是音乐最初功能性的体现；第三种说法，即认为音乐来源于人们的劳动实践，而人们的劳动实践离不开水，所以音乐的产生必然会打上深深的水文化烙印。

我国是世界上产生音乐作品最早的国家之一。在原始社会时期，我们的祖先逐水而居，在与水相关的劳动与生活中创造了音乐歌曲，用以反映原始社会的生活风貌，如《伊耆氏蜡辞》《击壤歌》等。

我国最早的诗歌总集《诗经》中对"水"的描绘也十分常见。例如："关关雎鸠，在河之洲，窈窕淑女，君子好逑。"(《诗经·国风·周南·关雎》)"蒹葭苍苍，白露为霜。所谓伊人，在水一方。"(《诗经·国风·秦风·蒹葭》)"汉之广矣，不可泳思。江之永矣，不可方思。"(《诗经·国风·周南·汉广》)《楚辞·九歌》之中也有关于水的描述。而最动人的关于水的音乐传说，莫过于伯牙与钟子期的故事，与此相关的著名琴曲《高山流水》也一直流传至今。

至秦汉时期，我国建立了乐府机构。乐府的任务，主要为收集、整理、改编民间音乐，创作新的音乐作品，在郊祀、宴席等场合进行表演。在乐府所收集与创作的歌曲作品中，很多曲目与水息息相关。汉武帝元光三年，黄河在瓠子（今河南濮阳县西南）决口，由于封堵失败，导致多年洪水泛滥。西汉武帝元封二年，汉武帝亲自指挥堵决口战役，终于成功堵塞决口。为了纪念堵口成功，汉武帝命乐府创作并排练演唱了《瓠子之歌》。

隋唐之后，歌舞盛行，大量与水相关的音乐作品涌现。唐开元初年，唐玄宗李隆基成立了一个皇家音乐团体，称为"法部"。由法部创作和教习的乐曲称法曲，其中与水相关的名曲有《雨霖铃》《听龙吟》《泛龙舟》等。明太祖朱元璋十七子朱权，是知名音乐家，编著了《神奇秘谱》，成为我国最早刊印的琴曲集，其中与水相关的琴曲有《高山流水》《潇湘水云》等。清代音乐家谢元准编著的《碎金词谱》一书，其中与水相关的音乐作品不少，如《海天秋角词》《水调歌》等。

在近代时期，我国惨遭列强侵略，面临着深重的灾难。一批批爱国音乐家为挽救民族危亡，纷纷以音乐作为武器，以悲愤激昂的旋律，呼唤民众奋起抗击外敌侵略。在他们创作的歌曲中，有很多是与水相关的，如音乐家杨晢之作词、沈心工作曲的《黄河》。

在现代时期，我国的音乐家们同样受水的启发创作了不少名曲。如由光未然作词、冼星海作曲的《黄河大合唱》，是我国现代音乐史上一部里程碑式的巨作。1938年11月武汉沦陷后，光未然带领抗敌演剧三队两渡黄河，亲眼目睹黄河咆哮的雄浑气势，心灵受到强烈的震撼，创作了气壮山河的诗篇《黄河吟》。作曲家冼星海抱病为之作曲，终于谱写出了《黄河大合唱》这部不朽的音乐作品。全曲以排山倒海的气魄、热情奔放的旋律，表现了中华儿女不畏艰险、勇敢顽强、自强不息的精神和保家卫国、抗日杀敌的昂扬斗志。

新中国成立以后，中国人民扬眉吐气，出现了更多以江河湖海泉等水域为载体，歌颂美好生活的音乐作品。如寄情于江河的《长江之歌》《我爱五指山，我爱万泉河》《乌苏里船歌》等；歌颂湖泊的《太湖美》《洪湖水，浪打浪》等；寄情于泉水的《泉水叮咚响》《边疆的泉水清又纯》等；赞美大海的《大海啊，故乡》《鼓浪屿之歌》等，可谓不胜枚举。

二、音乐中的水意象

水，有着万般姿态的物象，自古便是文人墨客尤为喜爱的题材，在唐诗、宋词、书法、绘画作品中大量出现。同样，在音乐中，水意象也是极为常见的，从古至今有很多音乐作品对水进行了生动形象的描绘。

早在春秋战国时期就流传着一首著名的古琴曲——《流水》。从题目来看，该曲就是以流水为题材描绘水意象的。作为一首古琴曲，《流水》以古琴丰富的音乐语言和演奏手法、完美的艺术表现为我们生动细腻地描绘了一幅水之美景：从上游高山大谷的溪涧泉瀑中流出了涓涓的细流，蜿蜒飘逸，琴声在静谧中激起层层涟漪，清凉的气息环绕四周。音符在琴中化为点点滴滴的流水轻轻敲打在人们的心头，仿佛进入迷人仙境。明澈晶莹的溪水欢快地驰骋着，渐渐的，汇成了江河，气势恢宏起来，水雾弥漫，涛声轰鸣，一泻千里，如同"飞流直下三千尺，疑是银河落九天"那般。那种雄壮的美，无不让人为之激动、澎湃、振奋。紧接着，洋流滚滚，远远地向大海奔流而去……风浪渐静后，远处传来优美而轻松的歌声，那是在高山大谷间辛勤劳作了一天的渔翁回家的脚步。琴曲就在这样如画的景象中进入了尾声。

著名琵琶古曲《春江花月夜》，原称《夕阳箫鼓》，又名《浔阳琵琶》《浔阳夜月》《浔阳曲》等，以其严密的乐曲结构、精巧的艺术构思、委婉朴实的旋律、流畅多变的节奏、细腻的配器手法，形象地描绘出月夜春江的迷人景色。该曲有"夕阳箫鼓""花蕊布迴风""关山临却月""临山斜阳""枫荻秋声""巫峡千寻""箫声红树里""临江晚眺""渔舟唱晚""夕阳影里一归舟"十个辞藻华丽的小标题，犹如一幅动人的长卷山水画，把风姿多彩的水之美景联合在一起，通过动与静、远与近、情与景的结合，使整个乐曲富有层次，高潮突出，强调了春天的江夜美，聆听此曲，仿佛能够看到斜阳若影、江上归舟的美好景色。

南宋郭沔（字楚望）作琴曲《潇湘水云》，利用多种手法，成功地描绘了云水掩映、烟波浩渺的水意象。全曲包括引子、四大部分、尾声。引子部分以圆润飘逸的泛音和不断上扬的跳宕旋律表现了轻烟缭绕、水波荡漾的优美意境，犹如一幅远景山水画；第一部分描绘了云水苍茫、壮丽迷人的景色；第二部分，即"水云声"的段落，利用"往来""荡吟"的指法技巧，在古琴低音区滑奏，表现了一种水气袅袅、云影飘忽的情态；第三部分是全曲最为精彩之处，在越过三个八度的广阔音域内用大音程急促跳进，加之强烈切分节奏的运用，将云水激荡、奔腾翻涌的壮阔画面表现得淋漓尽致；第四部分曲调再度转为舒缓、平静，使乐曲进入一个新的境界；尾声结束在低音区的商音上，旋律具有沉重压抑的色彩，仿佛曾经怒涛汹涌的潇湘水云至此风平波息，只有作者感情的余波还在微弱地起伏。

三、音乐中的水感触

水是有灵性的，任何人看到水之姿态，听到水之声音都会有所感触。当水之声音通过美妙的音乐演奏出来时，没有人不会为之动容，感慨万分。其中，我们能够深深感受到音乐之水传达出的感人至深的情感。

在中国古典音乐中，借"水"以抒写爱情的有不少作品，如《西曲莫愁乐》等。西曲和吴歌是乐府《清商曲》的二部歌曲名，原是民歌，后为南朝官署乐府采用。西曲流行于湖北的荆、郢、樊、邓之间，吴歌流行于长江下游，皆在浔阳（今九江市）之西，故称西曲。西曲大都描写商贾水上生活和商妇送别之情，《西曲莫愁乐》就是典型代表："莫愁在何处，莫愁石城西。艇子打两桨，催送莫愁来。闻欢下扬州，相送楚山头，探手抱郎看，江水断不流。"这首曲子借江水表达了依依惜别的离愁之情。

在中国古典音乐中，借"水"以抒写友情的也有不少曲目，如《高山流水》。《列子·汤问》记载：于伯牙善抚琴，钟子期善听琴。一次，伯牙弹了一首高山屹立、气势雄伟的乐曲，钟子期赞赏地说："巍巍乎志在高山。"伯牙又弹了一首惊涛骇浪、汹涌澎湃的曲子，钟子期又说："洋洋乎志在流水。"钟子期能深刻地领会伯牙所弹奏乐曲的内涵。从此，俩人成了知音，被传为千古佳话。乐曲《高山流水》描述的就是伯牙与钟子期的这一段感人至深的友谊。据文献记载，《高山流水》原为一曲，自唐代以后，《高山》与《流水》分为两首独立的琴曲。其中《流水》一曲在近代得到更多的发展，曲谱初见于明代《神奇秘谱》。管平湖先生演奏的《流水》曾被录入美国太空探测器的金唱片，于1977年8月22日发射到太空，向茫茫宇宙寻找新的"知音"。

古琴台

在与水相关的古典音乐作品中，也有一些作者借"水"以抒发对祖国美丽风光的歌颂与热爱之情，如《平沙落雁》。《平沙落雁》是一首展景抒怀的琴曲，又名《雁落平沙》《平沙》，作者相传有唐代陈子昂、宋代毛逊、明代朱权等，众说不一。曲谱最早载于明末崇祯七年（1634年）刊印的《古音正宗》。此曲原为四段，在流传的过程中发展成六段、七段、八段等不一。全曲以水墨画般的笔触，淡远而苍劲地勾勒出壮丽的秋江景色，表现沙流清浅，云程万里，群雁飞鸣的声情。曲意爽朗，乐思开阔，给人以肃穆而又富于生机之感，借鸿雁之高飞，抒发和寄托远大的胸臆，体现了对祖国美丽风光的歌颂与热爱。

在与水相关的古典音乐作品中，也有一些歌曲描写的是对国家危亡的心忧、对故土的深沉思念及骨肉离别的痛苦感情，如古琴曲《胡笳十八拍》。《胡笳十八拍》是据汉代以来流传的同名叙事诗而创作的琴曲，是我国音乐史上一首杰出的古典名曲。全曲共十八段，运用宫、徵、羽三种调式，音乐的对比与发展两大层次分明，前一层次十余拍主要倾诉作者身在胡地时对故乡的思恋；后一层次则抒发惜别稚子的隐痛与悲怨。乐曲以十分感人的乐调诉说了悲惨的人生际遇，反映了战乱给人民带来的深重灾难，抒写了对祖国、对故土的深沉思念及骨肉离别的痛苦感情。郭沫若曾将这一古琴曲称为"是一首自屈原《离骚》以来最值得欣赏的长篇抒情诗"。同样，在近现代音乐作品中，也有着不少以水抒发爱国之情的曲目，如《黄河大合唱》。《黄河大合唱》以滔滔咆哮之黄河作为烘托，抒发了热爱祖国之情、表达了一片赤子之心。

四、音乐中的水联想

音乐中的水不仅会让人深有感触，而且会让人在欣赏之余产生无限的遐想。音乐中水的事迹、水的意趣，说不完，也道不尽。

在很多与水相关的中国古典音乐作品中，都有对历史事迹的描写，聆听这些作品，就仿佛回到遥远的时代。《伊耆氏腊辞》，是一首古老的农事祭歌，属于中国远古时期的歌谣，选自《礼记·郊特牲》。这首歌是一个叫伊耆氏的部落首领"腊祭"时的祝辞。"腊祭"即古人每年十二月祭祀百神，感谢众神灵一年来对农作物的福佑并为来年的丰收祈福的日子。据《礼记·郊特牲》载，这篇"腊祭"祝辞的歌词为："土反其宅，水归其壑，昆虫毋作，草木归其泽！"大意是：土壤回原位，流水入深谷，昆虫别出来，草木生长在湿润的地方。从这首短歌的歌词看，实际上是对自然的"咒语"。在遥远的上古时代，大水泛滥，土地被淹没，昆虫成灾，草木荒芜，眼看收获无望，在原始宗教意识的支配下，我们的祖先企图靠着这种有韵律的语言，来指挥自然，改变自然，使它服从自己的愿望。因而，这首歌集中反映了原始先民面对地质灾害、洪水灾害、动物灾害、植物灾害等众多自然灾害侵袭时的复杂矛盾心理状态。四句歌词，句句既是祈求，也是命令；既是祝愿，也是诅咒。全曲既反映了原始先民饱受自然灾害侵袭的深重苦难，也反映了他们相信利用巫术、咒语能够消除自然灾害的乐观心理。阅读这首祝辞，眼前仿佛闪现出我们的祖先正在旷野之中举行庄严、肃穆的祝祷仪式。当我们设身处地、神思飞越地逐一念起这一句又一句的祝辞时，在心灵深处似乎也能感受到我们的祖先当年有过的那种动荡和不平衡的感情，并由此获得艺术美的享受。

《击壤歌》，是一首远古先民咏赞美好生活的歌谣。据《论衡·感虚篇》载，《击壤歌》歌词为："日出而作，日入而息。凿井而饮，耕田而食。帝力于我何有哉！"大意为：太阳出来就去耕作田地，太阳落山就回家休息。凿一眼井就可以有水喝，种出庄稼就不会饿肚皮。这样的日子有何不自在，谁还去羡慕帝王的权力。这首歌谣用极口语化的表述方式，吟唱出了生动的田园风景诗。太阳出来起来劳动，太阳下山休息养生，打一口井用以饮水，整理田地种出丰登五谷。聆听这首歌，就仿佛看到了在尧帝的时代，"天下太和，百姓无事"，老百姓过着安定舒适的日子。一位八九十岁的老人，一边悠闲地做着"击壤"的游戏，一边悠扬地唱着这首歌。自然中见淳美，朴拙中见太平。这是他们怡然于俭朴生活的自足的歌声，展现出了农耕时代上古先民的幸福生活场景，诠释出原始的自由安闲和自给自足的简单快乐。

治水之歌《大夏》，传说是我国原始社会到奴隶社会的过渡时期产生的著名歌舞。在禹治水成功后，人们为了欢庆治水的胜利，歌颂禹的功绩，举行盛大的歌舞祭祀活动，人们表演的乐舞，后来就叫做《大夏》。春秋时期，吴国季札非常喜爱音乐。一次季札以使臣的身份到鲁国访问，鲁国热情地为他演出了《大夏》。季札深深地被《大夏》所吸引,赞美道:"真美啊!像这样勤劳而又有道德的人,除了禹,谁能比得上?"除《大夏》以外,这一时期还流传一首与禹治水有关的南方民歌。据《吕氏春秋》记载,禹在治水的过程中,遇到一个"涂山氏"氏族的女子。后来禹又到其他地方巡行,那个女子便派人站在涂山南麓,唱着她所作的"候人兮猗"情歌,等待禹的到来。这首歌是目前所知最早的一首南方民歌。这首歌用婉转起伏的旋律抒发了女子对禹强烈的思念之情。聆听治水之歌,仿佛回到禹的时代,感受着那时人们治水成功的欢愉,感受着那时人们的爱情生活。

《十面埋伏》,是一首著名的大型琵琶曲,堪称曲中经典,向世人展现了一幅生动感人的垓下决战之画面。乐曲内容的壮丽辉煌,风格的雄伟奇特,在古典音乐中是罕见的。此曲最早见于1818年出版的华秋萍《琵琶谱》,1895年李芳园编订的《南北派十三套大曲琵琶新谱》将它改名为《淮阴平楚》。乐曲是根据公元前202年楚汉两军在垓下进行决战时,汉军设下十面埋伏的阵法,从而彻底击败楚军,迫使项羽自刎乌江这一历史事实加以集中概括谱写而成。聆听这首曲目,就仿佛身临其境,切实地感受着这场古代著名战争的激烈战况。

在中国古典音乐作品中,也有以水反映人生际遇的佳作,如《二泉映月》,中国民间音乐家华彦钧(阿炳)所作,聆听此曲,仿佛看到了阿炳所历尽的人生艰辛。阿炳原为无锡城区一名道士,自幼受音乐的熏陶,对音乐非常喜爱。在父亲的教习下,他十六七岁便学会了结构繁复、技法多变的梵音,吹、拉、弹、打、唱、念样样精通,并能正式参加道教法事音乐的演奏活动。年过而立之后,阿炳的境遇急转直下,生活潦倒,又患上眼疾,双目相继失明,再到后来便流落街头卖艺,生活十分贫困。底层的生活让他历尽了人世的艰辛,饱尝了旧社会的辛酸屈辱。但才艺出众的阿炳,常在夜深人静之时,到惠山泉畔聆听叮咚的泉声。在自然山水清音的熏陶下,潜心创作了二胡曲《二泉映月》,以此反映他对痛苦生活的感受。这首曲子是阿炳生活的写照,是他情感宣泄的传世之作。阿炳利用自己的创作天赋,把所见、所闻、所感、所想化作这一段扣人心弦、催人泪下的音符。听着《二泉映月》,无不让人在如泣如诉的旋律中产生共鸣。

此外,在与水相关的音乐作品中,我们还可以感受到水带给我们的意趣。聆听这些音乐作品,不禁让人浮想联篇。如《渔樵问答》,是一首流传了几百年的古琴名曲,反映的是一种隐逸之士对渔樵生活的向往,希望摆脱俗尘凡事的羁绊。乐曲通过渔樵在青山绿水间自得其乐的情趣,表达出对追逐名利者的鄙弃。乐曲采用渔民和樵夫对话的方式,题材集中精炼,以上升的曲调表示问句,以下降的曲调表示答句,曲调飘逸潇洒,描绘出渔樵在青山绿水中悠然自得的神态。乐曲中时而出现伐木或摇橹的声响,使人无形地联想起渔樵生活的情景。

第六节　清明上河图

"圣人含道暎物，贤者澄怀味像。至于山水，质有而灵趣，是以轩辕、尧、孔、广成、大隗、许由、孤竹之流，必有崆峒、具茨、藐姑、箕、首、大蒙之游焉。又称仁智之乐焉。夫圣人以神法道，而贤者通；山水以形媚道，而仁者乐。不亦几乎？"（南朝宋宗炳《画山水序》）山水，以其形质之美，更好、更集中地体现了"道"，使仁者智士游山水得道而乐之。中国古代历史上，众多的文人墨客寄情山水，并以水为题材进行了大量的创作。纵观源远流长的中国绘画史，在浩如烟海的绘画作品中，不管是滚滚奔流的江河、抑或碧波万顷的湖泊、抑或灵动的飞瀑、溪涧和流泉等，都有着传神的表现，内容丰富多彩，风格多样，名作济济。欣赏这些传世之瑰宝，感受其强烈的水视觉、缤纷的水色彩、深厚的水意蕴，是一种让人心旷神怡的审美享受。

《清明上河图》（局部）

一、水与中国绘画的产生及发展

中国绘画起源于远古的洪荒时代，早在7000多年前，先古的觉醒便以图案方式记录下来，出于对水这一异己力量的困惑、恐惧和敬仰，先民将水作为了绘画的表现对象。在新石器时代中期文化遗址出土的精美彩陶上出现的折波纹就有水波或远山的写意，而新石器时代晚期文化遗址中发现的双耳旋纹瓶和双耳涡纹瓮的彩陶也都有由几组水波样曲线构成的涡旋式图案，这些纹样是对水波和旋涡的模拟。夏、商、周三代到战国末期，水在绘画之中有着更加丰富多彩的体现。在青铜器物装饰上经常绘有云纹、雷纹、卷云纹、涡状纹、曲波纹、山川等具象，与云、水有着更为切近的关系。春秋战国时期，绘画这一艺术形式逐渐实现了从器物装饰向壁画、帛画的转移。战国时，曾出现一幅辉煌的绘画作品《山海图》。此图以神话传说为主要内容，图中包容了天地四海中的万物，规模宏伟。

　　魏晋南北朝时期，山水形象已大量出现在绘画作品中，且出现了以山水景观为主要描写对象的山水画。第一个独立使用"山水"这一名称和以山水作为主要题材进行绘画创作实践的是东晋绘画大师顾恺之。在其代表作《洛神赋图》中，可以看到山与水的复杂表现。顾恺之稍后的宗炳和王微是真正确立山水画独立地位的代表人物。宗炳传之后世的《画山水序》是中国画史上第一篇正式的山水画论，其中指出，山水不再是人的陪衬，而是人所追求的独立审美对象。王微的重要山水画论《叙画》，也强调了山水画要有独立的艺术性，指出要画出太虚灵动的山水，表达主体的灵性与情感。《画山水序》和《叙画》的问世标志着完全意义的山水画艺术的初步确立，为后世画山水奠定了坚实的理论基础。

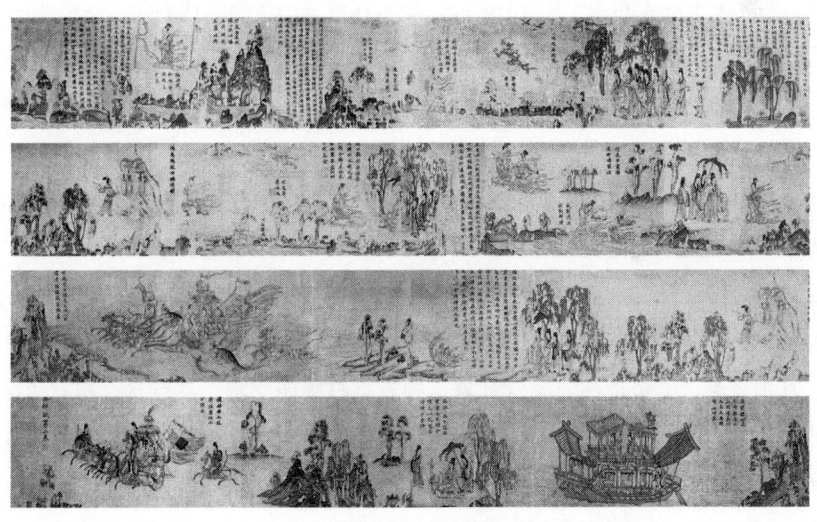

《洛神赋图》

　　隋唐五代，是中国绘画史上的繁荣时期。这个时期的画家，有文献和画迹可考的数不胜数，他们如群星灿烂，辉耀于画坛，其中杰出的山水画家有展子虔、吴道子、李思训父子、王维、张璪、王墨、毕宏、郑虔、王宰、卢鸿、项容等。隋朝时期，展子虔的《游春图》被称为是青绿山水的开山之作。盛唐时期的李思训、李昭道父子继承并发展了展子虔青山绿水一派的画法和风格，使之趋向成熟。李思训父子多以墨笔勾勒轮廓，用青绿重彩设色，画树多用夹叶，有时还用泥金勾填，产生金碧辉映、富丽堂皇的艺术效果。与李思训同时代的王维，则开创了另一画派——水墨渲淡。王维的山水画充满诗情画意，境界高远，如他的《雪溪图》，画江南雪景，陋舍寒江，一片萧瑟，让人看来顿生无限思绪。与王维画风一致的还有张璪、王墨等，他们对水墨山水画的发展作出了极大的贡献。此外，画圣吴道子在山水画方面也有卓越成就。

宋代是中国绘画艺术的鼎盛时期。宋代的山水画发展了多种风格，达到了前所未有的成就。一方面是水墨山水画的大发展；另一方面是青绿山水画的表现手法更丰富了，在重彩中讲究笔墨技法，提高了青绿山水的表现力。水墨山水画发展到宋朝，出现了明显的变化。李唐、刘松年、马远、夏圭等水墨山水画家在山水画坛上创造出"水墨苍劲"的新风格，给人以苍劲挺拔而又清新俊秀的美感。尤其在章法布局上，他们能别开生面，打破"全景山水"的传统格局，创造出边角取景法，使山水画产生新的意境。宋代的青绿山水画虽继承了李思训的传统，但也吸收了水墨山水画的优秀技法，虽精细巧整，但不繁琐纤弱，既有雄伟之概，又无粗犷之嫌，在艺术上开拓了新的境界。如北宋王希孟的《千里江山图》，是宋代青绿山水画的代表作。这幅画山峦起伏，绵延千里，江河湖泊，浩渺万顷，其间穿插以庄院、村落、舟桥、人物，结构井然，工细雅致，表现了非凡的艺术才华。南宋赵伯驹、赵伯骕兄弟，妙于青绿山水，形成了青绿山水画的复兴局面。赵伯驹画有《江山秋色图》，清丽秀雅，精工至极，堪称《千里江山图》的姊妹篇。

在中国绘画史上，元代的山水画较前代而言更加占有绝对的主导地位。元代出现了很多著名的山水画大家，如赵孟頫、高克恭、黄公望、王蒙、倪瓒、吴镇等。赵孟頫，开创"浅绛山水"之先河，且提出"作画贵有古意"之说，提倡质朴自然之风，一变宋人工艳琐细之体，确立了元代绘画艺术思维的审美标准，开启了元代山水画的新风。其作品如《溪山仙馆图》，水墨兼淡色，重峦叠嶂，万木森深，山势奇伟，墨气沉着，颇有空疏秀朗之感。高克恭，与赵孟頫南北相对，亦为一代画坛领袖，其山水画秀润清新，气韵闲逸，代表作有《云山图》《秋山暮霭》《墨竹坡石图》等。赵孟頫曾在《墨竹坡石图》中题诗曰："高侯落笔有生意，玉立两竿烟雨中。天下几人能解此，萧萧寒碧起秋风。"黄公望，五十岁左右才专门从事山水画创作，先后进入虞山、富春山居住，领略江山之胜，模写记之。其画作中，山头多矾石，林木苍秀，岩壑清幽，意境深远。其代表作《富春山居图》经过七年的努力才完成，该画作以浙江富春江为背景，全图用墨淡雅，山和水的布置疏密得当，墨色浓淡干湿并用，极富变化，被称为"画中兰亭"，被列为中国十大传世名画之一。王蒙的画笔精墨妙，茂密苍郁，但密而不塞，郁而逸秀，千岩万壑，林木幽深，极具艺术魅力。倪瓒的山水喜取平远之景，笔墨不多，意境深幽，萧疏秀峭，清新俊逸。吴镇的画水墨苍莽，纵横跌宕，淋漓雄厚。总体来看，元代山水画普遍不刻意于客观对象的"似"与"真"，而是着重于"尚意"，呈现出的是空疏秀朗之风格。

《富春山居图》（局部）

明代是山水画画派林立、画人无数的重要时期。明前期的山水画以"浙派"执牛耳，笔力雄健，粗率顿挫，墨气酣畅，萧疏苍劲。浙派代表画家有戴进、吴伟等。戴进画有《秋江独钓图》《风雨归舟图》等；吴伟画有《长江万里图》《溪山渔艇图》等。明代中后期，"吴派"主导山水画坛，该派用笔多细长挺秀、清丽典雅、灵逸生动，书卷气浓。其中代表人物有沈周、文徵明、唐寅、仇英，并称为"吴门四大家"。沈周的山水画多描绘江南胜景，反映文人淡泊生活情趣，其山水画作主要有《雨意图》《苏州纪胜图册》等。文徵明的笔墨风格，有"细文""粗文"两种。"粗文"用笔粗放，郁密苍劲，如《霜柯竹石图》；"细文"柔密秀丽，格调雅致，如《万壑争流图》。唐寅画风俊逸，《落霞孤鹜图》是其山水画的代表作。仇英的山水画追求幽淡高雅的格调，其名作《山水清音图》用笔轻灵，赋色轻淡，烘托出高人逸士置身高山流水之中抚琴奏乐的情致。此外，明朝时期还有以董其昌为领袖的"华亭派"，其画作墨色清淡，古雅秀娟。且在山水绘画理论上，董其昌也极有建树，提出了"南北宗"学说。

山水画发展到清代，仍不失画坛中的主流地位。在清初画坛，势力最大的是"四王"系统的山水画。"四王"，即王时敏、王鉴、王翚、王原祁。其代表作有王时敏的《落木寒泉图》《山水图册》，王鉴的《仿宋元山水册》《青绿山水图》，王翚的《仿王右丞雪景山居图》《西湖烟柳图》，王原祁的《云山无尽图》《河岳凝晖图》《江山清霁图》等。除"四王"以外，还有吴历和恽格，吴历的力作有《湖天春色图》《泉声松色图》和《夏山雨霁图》,恽格的代表作有《山水册》《夜雨初霁图》《乔柯急涧图》等。清代中后期,山水画大家不多,嘉庆、道光年间,戴熙、张夕庵追步"四王"较有作为,有"京江派"之称。清末,崇尚花鸟竹石的"海派"崛起,其中的吴石仙被称为革新派山水画家,取法二米、沈周等,并融合西洋水彩画法,代表作有《溪山烟雨》《烟雨归村》等,为人所称道。

近现代以来,在西学东渐的情境下,吴昌硕、齐白石、黄宾虹和潘天寿等,作为中国传统画派的大家,他们坚持天人合一、回归自然的民族精神,顺应了中国社会文化走向现代化过程中审美意识的转化,对中国传统画的现代性发展作出了历史性贡献。

二、中国绘画中的水视觉

中国山水画,绘尽中华大地上的名山大川、历史名胜、田野村居,凝聚成中华民族特有的山水文化,迷恋着一代又一代的中华儿女。无论是历朝各代绘制的鸿篇巨幅山水画,还是充满人文气息的隽秀小品山水画,都展现出了秀丽的山河景象,带给人们强烈的视觉效果和艺术震撼力,使人观之难以忘怀。在这些山水画中,各式各样的水意象悉数尽现。这些画中水的形态表现大致可以归为两类:一类是动态之水,如泉流、瀑布、江河、海涛、云、雨等;另一类是静态之水,如湖、泊、沼、泽、池、潭、水汽等。这些千姿百态、万种风情的水意象,为山水画十之意境表现增添了无尽的艺术魅力。

泉流、瀑布、江河、海涛等,这些大自然中最为常见的水总是奔流不止,呈现出灵动的美。它们婉转、迂回、萦绕的奔腾姿态在中国山水画中有着丰富的表现。

在山水画中,泉流、瀑布的出现比较多。泉流、瀑布通常以自身的灵动从险峻之山峰飞流而下,落入山间的溪水中,泉水与溪水合为一流绕山而行,整个画面寓静于动,生趣盎然。如北宋画家范宽所作《溪山行旅图》,山峰突兀,乱石点点,泉水从狭小之石缝飞泻而出,细若白线,挂流千丈,与此同时,水汽形成的云烟缭绕,自山的背后流经的溪流潺潺,与幽深婉转的深山飞泉交相辉映,似心有灵犀,二者交汇,流向画外。作者描绘的泉瀑景致如此之美,动人心弦。如果说范宽《溪山行旅图》中的瀑布是以"垂直"的方式倾泻下来,那么郭熙的《早春图》中瀑布则是以"折叠"的方式倾泻下来的。郭熙的《早春图》,同样是主峰耸立,形成"大山堂堂"的气势,而左右两边都是溪谷山涧,左边的溪水由远而近,溪流渐汇,过桥而从山峰间一泻而出,右边则是飞泉三叠而下,沿山石婉转曲折奔腾而下,显示瀑布的灵动之美,山石被瀑布冲击半隐半现,左右两角的溪水看似被近景的山隔断,实则在山下汇为湖泊河流。再如明代画家文徵明的

《万壑争流图》，所绘山泉动感十足。画中山上的泉水飞泻而出，河中的涟漪以及被泉水冲下来的石头更是极大地增强了飞泉奔流直下的动态之势。

在山水画中，江海也是常出现的描画对象。江水、海水不同于泉流瀑布，其水域面积较大，且由于水底有暗滩、礁石而不能顺利流淌，会出现回流曲折，形成漩涡涌出泡沫，或者因风力作用而产生巨浪，因而，在山水画中江海的表现可谓是别出心裁。对于汹涌澎湃、巨浪翻滚之江海的描绘，山水画往往非常突出浪头的走势，用线条细腻地画出"水花四溅"的姿态以及海浪波涛起伏之动感等。比如宋代画家夏圭的《钱塘秋潮图》，就是表现钱塘江秋潮来临时波涛翻滚奔腾的景象。此图把海浪放在画面的中央位置，近处以小片崖石、杂树交织，远景为模糊的山，峰峦起伏，中间在视觉集中的位置刻画了"一线潮"的走势，浪潮用中锋勾勒，白浪滔滔，水花跳跃有力，富有节奏感，用浅墨染出水波的凹处和线的繁密处，使得整体统一协调，富有美感，将钱塘江秋潮时的磅礴气势充分地表现了出来。

《溪山行旅图》

大自然中，有一些水平静而没有大的波澜，如湖水、潭水等，呈现出的是水的静态美。宁静的波光粼粼的水面，往往能营造一种超然悠远的独特意境。因而在山水画中，描绘静态之水的有很大篇幅。通过对静水的描画，画家将文人士大夫向往的空灵超脱意境充分表现了出来。如宋代画家马远的《寒江独钓图》，只画了漂浮于水面的一叶扁舟和一个在船只上独坐垂钓的渔翁，他身体略前倾，全神贯注。作者寥寥数笔就将清冷静寂的湖面画得栩栩如生。然而，就是这寥寥数笔表现出了烟波浩渺的江水和极强的空间感，衬托了江上寒意萧瑟的气氛，从而更加集中地刻画了渔翁专心于垂钓的姿态，提供了一种渺远的意境和广阔的想象余地，令人思之不尽。明代沈周所作《万绿春风图》描绘的也是静态之水，画中微风吹拂下的水面平静恬然，配以远林近树，显得悠远飘逸，带给人们一种耐人寻味的意境。

总之，山水画带给人们对水的视觉是强烈而又丰富多彩的。水有湖河江海溪涧瀑泉之别，山水画中的泉流瀑布奔放，江水空旷，海水雄浑，溪涧幽曲，湖水平远，河水苍莽。动态水的灵动之美与静态水的空灵之美在山水画中交相辉映，一览无余。

三、中国绘画中的水色彩

"因意写形，意象造型"的文化观念使得中国古代山水画不太重视色彩的表现。受儒道两家不同的色彩观的影响，古代山水画从"青绿重彩"和"写意水墨"两个方向进行。在青绿山水画中，色彩本身并不是再现的自然的固有色。虽然画论中也提出"随类赋彩，以色貌色"的理性认识，但是在后世的绘画实践中并没有贯彻下去。因此，青绿山水画主要受儒家五色思想的影响，是山水意象过滤之后的感觉，即心理色彩的再现。受道家思想的影响，在水墨山水画中，画家选择黑白两种最原始的颜色，代表五彩的世界。从视觉感官的"无"生出心理色彩的"有"。在水墨画中，水之颜色经常呈现白色，景物则为黑色，黑白对比鲜明，王维的《雪溪图》中首次运用了墨染之法画水，即运用黑色层层渲染，呈现出灰黑色的效果，表现惨淡萧疏的景象。

山水画中水的颜色选择，从视觉的角度来看，不同的色彩运用，存在互补的关系。青绿山水画中，水以勾线填色，或加之色彩辅之渲染。最早一幅青绿山水作品《游春图》中颜色的运用，山是重著青绿，林木的树干以赭石辅之，树叶勾勒成形，水以沉靛横点叶，虚实点染相结合，以泥金和石青构成补色的对比。比如，朱砂与石青，石绿与赭石，墨色与彩色等是互补色。在《千里江山图》中，水纹用笔纤细，水面尽染枯绿色，背后加衬石青和石绿，天空用石青，气氛浑然一体，画面统一于大青绿的基调中，和谐而富有变化。

《游春图》

水的色彩表现除了运用互补色，造成视觉上的对比效果，凸显水的清澈外，还注意到了色彩的变化因周围环境和季节更替而有所不同。唐代王维在《山水论》中说道："春景则雾锁烟笼，长烟引素，水如蓝染，山色渐青；夏景则古木蔽天，绿水无波，穿云瀑布，近水幽亭；秋景则天如水色，簇簇幽木，雁鸿秋水，芦岛沙汀；冬景则借地为雪，樵者负薪，渔舟倚岸，水浅沙平。"画论中总结了春景水用蓝色染出，夏天则为绿色等用色观念，与之持相同观点的是宋代韩拙《山水纯全集》："然水有四时之色，随四时之气。春水微碧，夏水微绿，秋水微清，冬水微惨。"[1]

水之颜色总结起来不外乎白色、灰黑色、蓝色、绿色等。这些色彩的运用引起了不同的心理反应，所以画家一般用白色表现冬日有雪的天气，造成洁白的意境。蓝色令人产生安静的遐想，宜表现水平如镜的水面。其表现基本上都是先勾勒水的大致轮廓，而后运用渲染的画法，在宣纸上层层渲染，最终达到清逸、单薄而透明的效果。

四、中国绘画中的水意蕴

南朝宋宗炳在《画山水序》中说："圣贤暎于绝代，万趣融其神思。余复何为哉，畅神而已。神之所畅，熟有先焉"。融会中西绘画艺术的著名画家朱屺瞻在《画语》中也说："我国传统艺术论意境第一。诗如此，画亦如此。"留名青史的中国绘画作品，不论是盛唐青绿山水的辉煌，还是宋代山水的工细雅致；不论是元代山水的空疏秀朗，还是明清山水的严谨缜密，都着重于从意境上用功夫，有着深厚的水意蕴，至今引人入胜，使人走进或亦真亦幻，或气势磅礴，或蜿蜒透丽，或曲径通幽的充满诗情画意的境界。受山水画的影响，中国古代园林水居通常也追求独特意境的创造。叶朗指出："中国古典美学的'意境说'，在园林艺术、园林美学中得到了独特的体现。"[2] 中国古代园林以水为命脉，营造出"水随山转，山因水活"的独特意境美。

（一）空灵含蓄的诗意之美

中国古代绘画作品，通常以山水之美表现出诗情画意，充满着空灵含蓄的诗意之美。代表性的作品如王维画作《江山雪霁图》，既有画的妙境，更有诗的意韵。《江山雪霁图》描绘了深冬山林的雪景，画中虽屋舍、人物、舟篷等景物都朦胧模糊，但在表现雪景上却造成了颇富诗意的境

---

[1] 俞剑华. 中国画论类编 [M]. 北京：人民美术出版社，1986：596-664.
[2] 叶朗. 中国美学史大纲 [M]. 上海：上海人民出版社，2002：439.

界。该画将画与诗有机地结合起来，展现出了空灵含蓄、古韵深幽的意境美，与王维恬淡、清幽、空灵的诗作风格相契合。苏轼称赞王维道："味摩诘之诗，诗中有画；观摩诘之画，画中有诗。"（《东坡题跋·书摩诘蓝田烟雨图》）再如刘松年《四景山水图》，也是一部诗情画意之作。《四景山水图》描绘了临安楼阁亭台春夏秋冬的清幽之景。该画在春夏秋冬四景页面以不同的情调组成了一曲和谐的韵律，令人在观赏中感受到了不同的诗意美。马远《寒江独钓图》，也是一部极具虚淡静雅诗意美的绘画力作。该画描绘了江面上一叶扁舟，一老翁独自垂钓，船四周除了几笔微波之外，全为空白。观江天一色，空荡浩渺，苍穹深远，寒气袭人，无不让人想起柳宗元的诗作《独钓寒江雪》。夏圭的画作同样如此，在画作中夏圭善于从江南秀美、清远的山水中发掘出诗一般的意境。如夏圭《山水十二景》，真实再现了江南山水之景，通过有力的线条、含蓄的笔锋，使整个画面充盈了山色空蒙的诗意，表现出了高远开阔的境界。再如元代画家倪瓒的山水画，充满了空灵飘逸、清丽宁静之感，使人观之顿觉进入了诗情画意般的境界。

《四景山水图》

中国古代山水园林艺术，在山水画的影响下，也极具诗意。山水园林是山水诗、山水画的物化形态。山水画以诗入画，山水园林以山水画为范本，也以诗入园，将山水画的诗情画意展现得淋漓尽致。既是诗人又是画家的王维，将其诗画情趣赋予山水，建造出了一座具山林湖水之胜，富诗情画意之美的园林——辋川别业。"不到东山向一年，归来才及种春田。雨中草色绿堪染，水上桃花红欲然。优娄比丘经论学，伛偻丈人乡里贤。披衣倒屣且相见，相欢语笑衡门前。"（王维《辋川别业》）虽辋川别业今已湮没，但读王维的诗作，依然可以感受到辋川别业浓浓的诗情画意。

（二）迷远幽远阔远的氛围之美

中国古代绘画作品，通常也会表现出迷远、幽远、阔远的氛围之美。宋代郭思纂集的《林泉高致》载其父郭熙之说："山有三远：自山下而仰山巅，谓之'高远'；自山前而窥山后，谓之'深远'；自近山而望远山，谓之'平远'。"同处宋代的韩拙在《山水纯全集》中进一步讲道："郭氏谓山有三远，愚又论三远者：有近岸广水，旷阔遥山者，谓之'阔远'；有烟雾溟漠，野水隔而仿佛不见者，谓之'迷远'；景物至绝，而微茫缥缈者，谓之'幽远'。"后人将郭熙的"三远"与韩拙的"三远"合称为"六远"。中国古代画家常以迷远、幽远、阔远之法绘画山水之景。如五代时期的董源，多描绘江南秀丽景色，连绵的山林，烟雾迷蒙，秀润多姿，远阔缥缈，堪称幽远、迷远的经典之作。董源代表作《潇湘图》，描绘了湘湖地区的风景，画面上层峦叠嶂、江天辽阔、雾气弥漫、葱郁苍茫，渲染出了迷远缥缈、空灵多变，亦真亦幻的意境，无不让人观之回味无穷。

《潇湘图》

受山水画的影响，迷远、幽远、阔远的氛围之美在中国古代园林艺术中也得到充分彰显。中国古代园林艺术追求"以咫尺面积创无限空间"，借用山水画中的"散点透视"原理，在"咫尺之内"再现自然山水迷远、幽远、阔远之美，以有限空间创造出无限意境。王维建造的辋川别业，就是中国古代园林迷远、幽远、阔远之美的代表。王维曾这样描述辋川别业："寒山转苍翠，秋水日潺湲。倚杖柴门外，临风听暮蝉。渡头余落日，墟里上孤烟。复值接舆醉，狂歌五柳前。"（王维《辋川闲居赠裴秀才迪》）在近处秋水、柴门、暮蝉的反衬下，远处的寒山、渡头落日、墟里孤烟显得分外高远幽深。辋川别业通过"以小景传大景之神"的空间手法，在"咫尺之内"营造出了自然山水迷远、幽远、阔远的氛围，堪称中国古代园林的典范。

（三）雄浑恢宏的气势之美

中国古代绘画作品还讲究山水之气势，讲究境之深远。正所谓"远取势，近取质。"宋代郭思纂集的《林泉高致》载其父郭熙之说："山水，大物也。人之看者须远而观之，方见得一障山川之形势气象。"也就是说，中国古代绘画作品要营造出恢宏的大气势，创造出雄浑的意境，这样的山水作品才能引人入胜，才能传之久远。如宋代画家范宽，常以奔放豪迈的笔调，以全景式的构图，描绘雄壮陡起的巨峰，环之以群山、坡地、林木、瀑布、泉流等，以渔舟、寺庙、栈道、房舍等点缀，画面气势恢宏，景象雄阔壮美、深厚峻拔，形成了气势逼人的雄浑意境。这也印证了南朝宋宗炳在《画山水序》中所说："于是闲居理气，拂觞鸣琴，披图幽对，坐究四荒，不违天励之藂，独应无人之野。峰岫峣嶷，云林森眇。"一画在手，于是闲居理气，饮者酒，弹着琴，忘记纷扰，展开图卷，幽雅相对，穷究山水画中四方远景，天际荒远之丛林，杳无人烟之野景，悬崖峭壁，云林森渺，人与画融于了一体。

在中国山水画的影响下，中国古代园林也以"师法自然，崇尚自然""外师造化，中得心源"为宗旨，以"一峰则太华千寻，一勺则江湖万里"的山石林泉，创造出自然山水艺术形与气的境界。中国古代园林的创作十分讲究对"气脉""气势"的运用，"气脉连贯"是中国古代园林境界整体把握的重要美学规律。中国古代园林艺术主张山贵有脉，水贵有源，通常以叠山理水的手法营造出脉源贯通、全园生动的气势之美，给人"虽由人作，宛自天开"之感。这就是通向中国古代园林"气韵生动"的最高境界。